めざせ！エース公務員

Strive to be the Best Public Servant!

若者の声を活かしながら地域活性化への新しい仕組みを考える

地元の子どもや若者からの本音を聞き、活かし、各種事業へとつなげていく。自らも同じ"若者"として奮闘するエース公務員、永井さんに話を伺った。

東京都世田谷区 子ども・若者部

世田谷区 子ども・若者部
子ども・若者支援課
若者支援担当　主任
※組織名は取材時のもの

永井美野（ながいみの）さん（35歳）

2016年4月世田谷区に入庁。世田谷保健所感染症対策課に配属。同課では新型コロナウイルス感染症対策にも従事。2021年4月に子ども・若者支援課に異動。

地元への想いと安心感、生活に密着した仕事を求め転職

世田谷区における"若者"とは、中高生世代から39歳までの区民のことをいう。入庁9年目の永井美野さんが在籍する子ども・若者支援課は、「キーワードに"若者"という言葉が含まれていることは、ウチの課でやろう」という方針だ。

自身も"若者"である永井さん。公務員を選んだ理由は、地元への貢献と教育現場に近い環境での仕事を希望したからだった。

「大学は教育学部でしたが、全国転勤もあるスポーツ商品の小売業の企業に就職しました。スポーツが好きで地方勤務も経験し、やりがいもありました。しかし25歳の頃、将来のキャリアを考えたとき、モノを売るのではなく生活に密着したサービスを仕事にしたいと考えるようになりました。地方勤務の際、帰省するたびに感じた地元世田谷の安心感。また、教育学部で学んでいたときに感じた、子どもや学生の成長に携わってみたいという想い。こうした想いの先に見えてきたのが、公務員という仕事でした」

入庁後、最初の配属先は世田谷保健所の感染症対策課。そこで数年後に、新型コロナウイルス感染症の流行下での激務を経験した。その後、現在の課へ異動した。

「当課では、若者対象の事業や施設の運営を行っています。私の主な業務は、池之上、野毛、希望丘にある区内3つの青少年交流センターの施設管理、女子大生が運営する女の子のための居場所"あいりす"の運営支援、若者による若者のためのSNS情報発信の裏方支援、さまざまな相談や活動支援など、多岐にわたります」

あいりすの利用対象は、小学5年生から24歳までの女性だ。スペースはそれほど広くないが、「おしゃべりしたり、勉強したり、のんびりできるのが良い」「ここなら気軽に来られる」など、地域の女性の居場所の一つになっている。家や学校以外の居場所も大切だと感じている永井さんにとっても、思い入れのある事業だという。

上司からのひと言! A Word from the Boss!

世田谷区 子ども・若者部
子ども・若者支援課　若者支援担当係長
村主友明さん（すぐりともあき）

永井さんは、1を聞いて10を知るタイプで、上司の言いたいことを迅速に言語化できるところも強みです。コロナ禍以降は在宅勤務も経験し、通勤時間のことも含めてワークライフバランスをうまく実現しています。仕事、学び、遊びと"リア充"を後輩に伝えていってほしいです。

「利用者と運営する提携大学（昭和女子大学）の学生との年齢が近く、利用者一人一人が"身近なお姉さん"と接することができますし、大切な居場所になっているのが良いな、と思います。実は運営側の学生にとっても、ここは学びの場になっているんです。たとえば、大学1年生のときには緊張して子どもたちとうまく触れ合えなかったけれど、試行錯誤を繰り返し、経験を重ねていくことでコミュニケーションが取れるようになり、リーダーになっていくという具合です。学生たちが人とのかかわり方を学びながら成長していく姿を見られることも、担当者としてうれしいです」

多分野の人たちのさまざまな声を聞き、協働するやりがいを知る

永井さんがつい最近まで担当していた業務が、令和7年4月から開始される「世田谷区子ども・若者総合計画（第3期）」の策定である。今後10年間、子どもや若者に対してどのような取組みを行っていくかを計画するもので、永井さんは"若者"の部分を担当したという。

「策定に当たり、無作為で抽出した15～29歳までの若者6,000人へのアンケート調査や、区内約20の施設・団体などに対してヒアリングを行い、若者の生の声をたくさん集めました。それをもとに子ども・青少年協議会という場で、区職員や区民、学識経験者、5人の現役大学生などが、個々の想いや意見を出し合いました。

すでに決められた事業をより良くしていくのはもちろんですが、若者の声をもとにゼロから新しいものごとを決めていくことができ、大変でしたが、やりがいを感じました。今、当課では、若者と一緒にものごとを決めていこうという文化が浸透してきていて、それがヒアリングや会議などで実現できたことも良かったと思っています」

今回、新しく加わった事業の一つに、せたがや若者ファンディングがある。これは、既存の"子ども・若者基金"を活用する仕組みだという。

「若者がもっと気軽に地域参加できるといいのにね、という声をもとに考案されました。若者自らにイベントや清掃活動、交流会などの企画を立案してもらい、それに対して資金や活動支援をする、という仕組みです。地域活性化につながる企画内容であれば、積極的に支援していくという取組みです。自分が思っている以上に大きな事業になりそうで、今からとても楽しみです。作って終わりではなく、どのように動かしていくのか。多くの方々にヒアリングした結果を、どう活かしていくのか。試行錯誤しながら、世田谷区がめざすものを根づかせていきたいです」

通常業務に加え、自分磨きを続けている永井さん。「最近ではDX研修の受講や、簿記の資格を取得をしました」

永井さんのある1日　Daily Schedule

8:00	出勤
8:30	始業、メールチェックなど
9:00	子ども・青少年協議会の会議運営
12:00	昼食
13:00	打合せ（オンラインを含む）
15:00	あいりすの見学者対応、活動サポート
17:15	終業

めざせ！エース公務員
Strive to be the Best Public Servant!

子ども・若者総合計画の策定では、主人公である若者を含め、いろいろな分野、ジャンルに携わる人たちとの交流もあった。そのことも仕事への活力になっているようだ。

「前職では同じことを目的とする他企業は"競合"でしたが、公務員として接するときには"協働"。ライバルではないんですよね。また、話し合いをしても、私たちの業務は営利目的ではないので、相手が身構えることなく、一緒に建設的な意見を言い合える関係を築くことができるのがうれしいです」

教育現場で奮闘する人たちをバックアップ

公務員になって9年。コロナ対策に子ども・若者総合計画と、各課の重要な業務に携わってきた。改めて、公務員としてのやりがいは、どのようなところにあるのだろうか。

「公務員の仕事は想像以上に多岐にわたり、苦労することも多々あります。たとえば、異動。課により業務内容がまったく異なるので、ゼロから覚えることも多く、まさに転職するようなイメージです。でも、異動によっていろいろな経験、知識、情報を得ることができますし、経験豊富な職員との交流は良い刺激になります。

また、私の友人には教職の道に進んだ人も多く、教育現場の現状もよく耳にします。現在の業務は、教育現場にとってもきっと何か役に立つと思います。いずれ間接的にでも教員の職場環境のバックアップもできたらいいな、と。やりがいはこれからさらに大きくなりそうです」

やりがいを感じる背景には、彼女自身の成長もある。永井さんは、多くの人との交流の中で、視野が広がり、雰囲気づくりや他者への配慮が自然とできるようになったことを実感しているそうだ。

「当課は、なんでも相談できる環境なので、自分の意見を臆せずに積極的に発言するようにしています。それは同時に、いろいろな人の意見に耳を傾け、視野を広げられる、ということでもあります。会議など合意形成の過程で、自分の意見をフラットに伝えつつ、それぞれの立場の人が意見を出し合えるような雰囲気づくりや配慮ができるようになったのは、当課での経験によるところが大きいです」

経験に無駄なことはなく、必ず仕事や人生の糧になる。学生時代の経験も然りである。

「公務員の仕事は多分野に及び、さまざまな業務があります。だから、学生時代は熱中できることに打ち込んでほしいですね。それが巡り巡って、必ずどこかで活かされると思います」

永井さんの趣味
「サーフィン」

地元は世田谷だが、現在の住まいは神奈川県の湘南。約1時間半かけて通勤している理由は、サーフィンだ。

「2019年、コロナ禍の少し前にサーフィンを始めて以来、その楽しさに夢中になりました。そして、海の近くで過ごせることが自分の心身の健康にとってベストだと感じ、思い切って引っ越しをしました。

サーフィンは、心がスッキリしてリフレッシュできますし、国内外いろいろな場所に行けます。先日は長期休暇を取得して、有名なサーフスポットであるインドネシアのジャワ島、バツカラスへ。しっかりと充電できました」と話してくれた。

公務員試験 受験ジャーナル 学習スタートブック

8年度 No.1

CONTENTS

PART 1	公務員試験入門講座	011
PART 2	合格への最短ルート！	033
PART 3	科目別学習法&オススメ本	053
	教養試験	054
	論文	077
	専門試験	078
	面接	096
PART 4	国家公務員試験ガイダンス	097
	国家総合職	098
	国家一般職	105
	国家専門職	115
	裁判所職員	122
	そのほか	126
PART 5	地方公務員試験ガイダンス	129
	地方上級	131
	東京都	145
	特別区	147
	市役所	156
	そのほか	166

連載

めざせ！エース公務員 ❶
（東京都）世田谷区

合格体験記 002
国家一般職、衆議院事務局一般職、沖縄県

「やりたい仕事」の見つけ方 172

ワークもライフも充実させる！
これからの公務員の仕事術 174

教養・論文・面接の時事 176

公務員の仕事FILE 178
福島県、島根県、沖縄県

BEST攻略ゼミ 187

定期購読のお知らせ 191

年間刊行予定 192

［表紙デザイン］KOGUMA OFFICE（鳴田小夜子）　［表紙イラスト］中島花野

合格体験記

うえち あみ
上地 愛実
琉球大学国際地域創造学部
国際地域創造学科　令和7年卒

沖縄県行政 合格
沖縄県 に採用

キーワード：現役合格／学内講座／法経以外

- 得意科目…文章理解、憲法、経済原論、経営学
- 不得意科目…民法、政治学
- 採用時の年齢…23歳
- 学習期間[延べ]…12か月
- 平均学習時間[1週間]…7時間

- 併願状況…
  - 国家総合職大卒程度法律：一次不合格
  - 国家一般職大卒程度行政沖縄：最終合格
  - 国家専門職国税専門A：最終合格
  - 裁判所一般職（裁判所事務官、大卒程度区分）：最終合格
  - 国立大学法人等職員事務九州：二次辞退

年明けからの本格スタートで合格！地元の人々の生活を豊かに

　地方公務員をめざした動機は、社会全体に貢献したいと考えたからです。会社の利益や顧客に貢献する仕事よりも、公務員として多くの人の助けになる仕事に魅力を感じました。また、大学で観光を専攻していたため、地域の魅力発信や地域振興に関心があり、地元の人々の生活を豊かにする仕事をしたいと思い志望しました。
　試験慣れのためにも複数の試験を受験しました。説明会や座談会に参加するうちに第一志望の県以外にも魅力的な官庁があり、キャリアを見直すことにつながりました。

筆記試験対策

　私は、大学の学内講座を利用しました。12月まではサークルやゼミ、アルバイトなどで忙しく、学習の時間をあまり取れませんでした。**少しずつ時間を見つけながら、判断推理や数的推理などの時間がかかる科目に手を着けました。**①
　本格的に問題演習をし始めたのは年明けからです。基本的に学内講座の講義を視聴した後に、問題集を何周も解くという方法でした。年明けからは1日7時間学習の時間を取り、徐々に時間を増やしていき、3月頃には10～12時間ほど学習するようになりました。

◆教養科目
　文章理解は早く正確に読む力が大事だと思います。朝に現代文1問、英文1問を、時間を計りながら解くようにしました。
　判断推理、数的推理はその日にやる分野を決めて、毎日少しずつ解き、間違えた問題は数日空けてもう一度解きました。
　一般知識分野は、あまり時間を割かずに、高校で履修していた科目と共

1日のタイムスケジュール

- 6:00　起床・準備
- 7:00　文章理解（現代文・英文）を1問ずつ／ニュースを見る
- 8:00　大学（自習室・図書館）へ移動
- 9:00　教養科目（判断推理・数的推理2時間、そのほか一般知識分野1時間）／適宜休憩
- 12:30　昼食
- 13:30　専門科目（憲法・行政法・民法・ミクロ経済学・マクロ経済学は毎日1時間以上／そのほか学系科目は2日おきに色々な科目）
- 22:00　夕食、リフレッシュ（好きなYouTubeを見るなど）
- 0:00　就寝

Check Point!

① 判断推理・数的推理は成果が出るまで時間がかかる科目

　判断推理・数的推理は、点数が取れるようになるまでに時間がかかる科目だ。そのため、少しずつでもいいので、早めに取り組み始めることが大切。隙間時間を活用し、問題を解く習慣をつけよう。

使用してよかった参考書類	
教養対策	Ⓐ：大学生協の参考書 Ⓑ：『公務員試験 速攻の時事』（実務教育出版） Ⓒ：『地方上級 教養試験 過去問500』（実務教育出版）
専門対策	Ⓓ：『地方上級 専門試験 過去問500』（実務教育出版）
論文	Ⓔ：『寺本康之の小論文バイブル』寺本康之（エクシア出版）

オススメ Books

『県庁おもてなし課』
有川浩
KADOKAWA／角川文庫

県庁の地方振興を担当する「おもてなし課」という部署の話です。地域の魅力を発信する側としての視点を持つきっかけになりました。

通する部分だけ問題集を解き、時事に力を入れました。『公務員試験 速攻の時事』（実務教育出版）を3月頃から読み込むことと、公務員のライトのYouTube動画を空いている時間に見るようにしました。

▶ 専門科目

私はミクロ経済学、マクロ経済学には苦手意識がなかったため、問題集を1周した後は苦手な問題や応用問題に少しずつ取り組みました。模試を受けた際に計算ミスで点を落としていたため、途中式や図形を書きながら問題演習することが大事だと思いました。

法律系科目では、民法が特に苦手で、範囲が広く覚えるのが大変でした。憲法や行政法は暗記だけでも問題が解けましたが、民法は理解することも大事だと思いました。プリントやテキストに書き込み、間違えた問題を何度も解くことで理解できるようになりました。

私は経営学の学習が楽しかったので、学習に行き詰まったら経営学の問題集を休憩代わりに解き、国家一般職でも経営学を選択しました。そのほかの科目は、財政学は経済学と共通する部分があるため、問題演習を何度も行い、行政学や政治学は頻出の部分だけ問題演習しました。

▶ 模擬試験

模擬試験は5～6回ほど受験しました。私は試験の雰囲気に緊張するタイプだったため、できるだけたくさん受けました。普段の演習ではやらないケアレスミスにも気づくことができました。

▶ 学習全般について

沖縄県の一次試験の2週間前から『地方上級 過去問500』の教養、専門を解き始めました。地方上級試験の問題に慣れることと、自分の実力を図ることに使いました。一次試験は範囲が膨大なので、苦手な部分は「皆が点数を取れるところを絶対に落とさない」という気持ちで学習しました。

✎ 人物試験対策

試験前年の8月に県のインターンシップに参加しました。3日間、観光振興課で実習を行い、公務員独自の仕事や県の視点から観光や政策について考えることができました。実際に働くイメージが持てたため、志望動機なども書きやすくなりました。

人物試験の対策は、いろいろな人に話す、相談することが大切だと思い

Check Point!
❷ どの科目を選択する？

選択解答制や科目選択制を導入している試験も多い。まずは、併願先も含めて自分が受験する試験の科目をしっかりと確認しよう。そのうえで、自分の得意科目・苦手科目を考慮し、選択する科目を決めよう。

Check Point!
❸ 過去問を解こう

公務員試験対策では、過去問を何度も解くことがマスト！ 過去に出題された問題と似たような問題が出題されることが多いので、志望先の過去問は必ず解いておくようにしよう。

ます。面接カードも一人の先生ではなく複数の先生に見てもらいました。

✏ 試験の反省

　本試験の反省として、面接試験の集中力を保てなかったことがあります。**国家一般職の人事院面接で、待ち時間が５時間近くになったことがありました。待ち時間にやることを準備しておらず、面接カードを見直したりしてるうちに、頭の中がごちゃごちゃしてしまいました。**④

　筆記試験でも人物試験でも、試験の空き時間に何をするか決めておくのがおすすめです。パンフレットや本などを持ち込んでもいいと思います。

✏ おすすめテクニック

　直前期は、**学習が手につかないときは友人と一緒に学習し、ご飯に行くことでメンタルを保つようにしていました。**⑤追い込みも大事ですが、体調や精神面に影響が出ると良くないので、適度なリフレッシュが重要です。

　また、インターネットで情報収集することも大事ですが、正確な情報とは限らないのでうのみにしないことが大事です。**SNSやネット上には優秀な人がたくさんいるかもしれませんが、プレッシャーに感じず、自分のペースで学習することが重要です。**⑥

　試験や説明会等で会うほかの受験生は将来の同期だと思って、仲良くなったり、話しかけたりするようにしていました。

✏ まとめとして

　私は学習を始めるのが遅く、本番までに焦りの気持ちがあったため、早めにコツコツ学習することをオススメします。公務員試験の道のりはとても長いですが、あきらめずに最後まで頑張ってください！

Check Point!

④ 待ち時間に何をするか決めておこう

特に面接試験では、待ち時間が長時間になることも。過ごし方を事前に決めておけば、手持ち無沙汰にならずに、時間を有効活用できる。待機場所での態度が試験官に見られている可能性もある。スマートフォンの操作などはNGだ。

Check Point!

⑤ 適度なリフレッシュが大切

休憩や息抜きをすることで、学習の効率もアップする。うまくリフレッシュしながら、長い試験期間を乗り切ろう。

Check Point!

⑥ 他人に惑わされないようにしよう

周囲の人が優秀そうに見え、不安になることがあるかもしれない。しかし、ほかの受験者も自分と同じように緊張しながら試験に臨んでいる。過度に恐れる必要はないので、自分がやるべきことに集中しよう。

学習スケジュール（令和５年５月〜令和６年８月）

		5月〜8月	9〜11月	12月	1月	2月	3月	4月	5月	6月	7月	8月
教養試験	一般知能分野	判断推理・数的推理	ほとんど勉強できていない			判断推理・数的推理						
	一般知識分野					文章理解						
							社会科学・人文科学・自然科学					
	時事					時事						
	行政系				行政学							
									その他行政系			
専門試験	法律系			憲法	行政法		憲法・行政法・民法					
					民法							
	経済系			ミクロ経済学			ミクロ経済学・マクロ経済学					
					マクロ経済学							
							財政学					
							経営学					
	論文試験					模試（計6回）						
	面接試験	県庁・市役所インターンシップ							面接カード			
										面接練習		

合格体験記

にしうち ゆうた
西内 優太
龍谷大学法学部法律学科
令和7年卒

衆議院事務局一般職 合格
衆議院事務局 に採用

- 得意科目…判断推理、数的推理、憲法
- 不得意科目…民法、経済原論
- 採用時の年齢…22歳
- 学習期間[延べ]…13か月
- 平均学習時間[1週間]…49時間

- 併願状況…
  国家総合職大卒程度法律：一次不合格
  国家一般職大卒程度行政四国：最終合格
  国家専門職国税専門A：最終合格
  裁判所一般職（裁判所事務官、大卒程度区分）：最終合格
  衆議院法制局総合職：二次不合格
  徳島県行政事務：最終合格

🔍 キーワード
現役合格　学内講座

法律の知識を活かした仕事がしたい！ 学習は主要科目を中心に

　大学で法律を学ぶにつれて、法律に携わる仕事がしたいと考え公務員を志望しました。また、大学で学んだ法律の知識を活かしたいと考え、より法律を作る、あるいは使うであろう職種を中心に受験しました。民間企業との併願等はあまり考えず、公務員になりたいと考えていました。

✏ 受験先について

　受験先は国家総合職、国家一般職、国税専門官、衆議院法制局、衆議院事務局、裁判所事務官、徳島県です。
　国家総合職、衆議院法制局は法律作成の中心であると考え受験しました。直接法律について携わることができ、大学での知識を活かせると思いました。国家一般職（徳島検察庁）、国税専門官、裁判所事務官、徳島県は、多かれ少なかれ法律を使い仕事を行うと考え、受験しました。衆議院事務局は国政の中心であり、法案作成に携わることができる部署があったため受験しました。

✏ 筆記試験対策

　大学生協が公務員講座を行っていることを知り、受講することにしました。講座でスケジュールを組んでくれることや、テキストを用意してくれていることが便利でした。また、先輩との座談会があり受験対策に非常に役立ちました。

▶ **学習スケジュール**
　大学3年生の4月から学習を始めました。公務員講座自体は5月からでしたが、学習する習慣をつけるために、4月から大学の図書館にある問題集を解いていました。

1日のタイムスケジュール
平日（大学あり）
- 9:00　朝食、身支度
- 10:00　大学の授業
- 17:00　公務員講座
- 21:00　夕食、風呂等
- 22:00　公務員試験対策
- 0:00　就寝

1日のタイムスケジュール
土・日・平日（大学なし）
- 9:00　朝食、身支度
- 10:00　公務員試験対策
- 12:00　昼食
- 13:00　公務員試験対策
- 20:00　夕食、風呂等
- 21:00　自由時間／公務員試験対策
- 0:00　就寝

使用してよかった参考書類

教養対策	ⒶＡ：大学生協のテキスト・問題集 Ⓑ：『公務員試験 速攻の時事』（実務教育出版）
専門対策	Ⓒ：大学生協のテキスト・問題集 Ⓓ：『新スーパー過去問ゼミ 会計学』（実務教育出版）
論文・面接	Ⓔ：大学生協のテキスト・問題集

　5月に講座が始まってからは、**講座で行われる主要科目（判断推理、数的推理、憲法、行政法、民法、ミクロ経済学、マクロ経済学）を学習しました**。1月までは講座について行くので精一杯でした。

　大学での講義やアルバイトのため、一週間の学習時間は講座の時間を含め20～30時間ほどでした。ただ、講座には必ず出席、またはオンデマンド配信を見るようにし、講座の授業をためないようにしていました。

　1月以降は大学の授業がなかったため、最低でも1日7時間は学習しました。**内訳としては、午前中に2～3時間、判断推理、数的推理を学習し、午後に3～4時間かけて、民法、ミクロ経済学、マクロ経済学といった苦手科目の学習を行いました。夜はなかなかやる気が出ないのですが、苦手意識のない憲法、行政法の学習をすることで、一日中学習ができるように工夫しました。**

　一般知識分野や、専門試験の政治学などは、ほとんど学習しませんでした。基本的には主要科目のみを学習し、財政学、経営学、会計学は短期間で学習しました。

◉教養科目

　私は数学、計算問題が苦手だったため、判断推理、数的推理を中心に学習しました。必ず1問は解いてから一日を終えるように心掛け、難しい問題であっても答えを見ずに考えて解いていました。1月以降は素早く解く練習を行い、解説を見てもわからない問題は割り切って捨てるようにしました。1月以降は問題を多く解き、毎日10問以上解きました。

　ほかの教養科目は、1月から英文を毎日2問解く、時事テキストを合間に見る程度のことしかしていませんでした。**あまりに膨大な一般知識分野を今から学ぶよりは、専門科目に時間を使おうと考えたためです。**

　基本的に教養試験は毎日の積み重ねが大事で、毎日続けること以外に点数を伸ばす方法はないと思います。

◉専門科目

　専門試験は憲法、行政法、民法、ミクロ経済学、マクロ経済学に力を入れました。講座で定期的に行われるテストを1つの目標に学習しました。

　私は民法や経済原論が苦手でした。これらの科目は複雑な理論が出てくるので、問題を解くのに加え、オンデマンドでもう一度授業を見て理論を理解するように心掛けました。

Check Point!

❶ まずは主要科目から学習しよう

　公務員試験では、判断推理・数的推理、憲法、行政法、民法、経済学が主要5科目と言われている。出題数が多く、合格するために重要な科目であるからだ。したがって、学習を始める際には、まずはこれらの科目に優先的に取り組み、得点源にできるようにしよう。

Check Point!

❷ 学習スケジュールを立てよう

　公務員試験は長期戦であり、やるべきことも多い。試験日から逆算して長期・短期のスケジュールを立て、工夫して取り組むようにしよう。

Check Point!

❸ すべての科目を学習しなくてもいい!? 賢く戦略を立てよう

　範囲が膨大であるにもかかわらず、数問しか出題されない科目もある。どの科目にどのくらい時間を掛けるのか、賢く戦略を立てよう。そのためにも、試験に関する正しい情報を集めることが大切だ。

憲法、行政法は、とにかく問題を解き、講座の授業を振り返るよりも問題を解いて覚えるようにしていました。

　財政学は講座が２月頃にあったため、そこで学習しました。経営学は３〜４月頃に国家一般職の試験対策として行いました。経営学を選んだ理由は、座談会で先輩に勧められたためです。会計学は５月頃に国税専門官の試験対策として行いました。

　専門記述式試験対策は、必要な試験ごとに対策を行いました。

　専門試験はさまざまな科目がありますが、**多くは手を出さず、主要科目や必要な科目のみを行うようにしました。経営学などのいわゆる副科目は１か月以内に学ぶと意識して学習しました。**

✐ 人物試験対策

　私は面接の経験がなく、苦手だろうと思っていたので、裁判所事務官の一次試験合格がわかった時点（５月頃）で、面接練習や自己分析を始めました。大学のキャリアセンター、新卒ハローワーク、公務員講座の面接練習の３つを利用し、最後の面接まで毎日どこかで面接練習を行いました。

　一人で自己分析をするのは苦手だったので、面接練習を通して、面接官役の人と一緒に行いました。自己分析を５月頃に始めるのはかなり遅いほうだと思います。筆記試験対策が疎かになっては元も子もないですが、自己分析ができてない状態で面接練習をすることはできないので、早めに始めて、春までにやっておくことをおすすめします。

✐ 最後に

　公務員試験に合格するカギは「継続して学習を行うこと」だと思います。私は公務員講座や大学で、公務員志望の友人と意識して話をしてモチベーションを維持していました。なかなか一人ではやる気が続かないと思うので、一緒に頑張る人を見つけておくことも大事だと思います。皆さん頑張ってください。

Check Point!

❹ 問題を解きながら覚える

　問題を実際に解きながら覚えることが、公務員試験の勉強の鉄則だ。問題集はあまたあるが、次々と手を伸ばさず、これと決めたものを何回も解くようにしよう。

Check Point!

❺ 完璧をめざさない

　一次試験は６〜７割点数が取れれば突破できる。すべての科目を完璧にしようとするのではなく、全科目のトータルで考えることが大切だ。そのため、苦手な科目は、頻出分野や基本問題みの学習する、といった方法にシフトすることも、作戦の一つだ。

Check Point!

❻ 人物試験対策は、誰かと一緒に行おう

　友人と一緒に面接練習をしたり、大学のキャリアセンターで面接カードの添削をしてもらうなど、ほかの人の視点でチェックしてもらうことが重要だ。

学習スケジュール（令和５年５月〜令和６年６月）

		5月	6月	7月	8月	9月	10月	11月	12月	1月	2月	3月	4月	5月	6月
教養試験	一般知能分野	判断推理・数的推理									文章理解（英文）				
	時事										時事				
専門試験	法律系	憲法				民法			行政法		憲法・民法・行政法				
	経済系	ミクロ経済学					マクロ経済学				財政学	ミクロ経済学・マクロ経済学			
													会計学		
	専門記述式試験												憲法・民法		
	論文試験												論文試験対策		
	面接試験												面接試験対策		

合格体験記

H・R
徳島大学理工学部理工学科
令和7年卒

国家一般職大卒程度行政四国 合格
四国地方整備局 に採用

キーワード：現役合格／学内講座／理系出身／教育実習

- 得意科目…数学
- 不得意科目…社会科学
- 採用時の年齢…22歳
- 学習期間[延べ]…12か月
- 平均学習時間[1週間]…40時間
- 併願状況…
  国家専門職国税専門A：二次不合格
  裁判所一般職（裁判所事務官、大卒程度区分）：二次辞退
  特別区Ⅰ類事務：最終合格
  徳島県行政事務：最終合格

理系学部かつ教員志望から、公務員試験合格へ

私は理系で数学を専門にしており、初めは教員をめざしていました。しかし、同じ公務員であるということから、国家一般職や国税専門官の説明会に参加する中で、**理系でも事務をめざせることや、数字を扱う仕事も多いことを知りました**。そこで、自分の得意分野を活かして、国民や地域の人の役に立つ仕事を行いたいと考え、大学2年生の夏頃から公務員試験を視野に入れるようになりました。

学習スケジュール

教員をめざしていたため、3年生になる前に大学の単位はある程度取得し終えており、アルバイトに励んでいました。大学3年生の春からはアルバイトを休み、1日5時間をベースに学習しました。

モチベーションを保つため、空き時間は、3年生の夏休み前までは課外活動やボランティア、趣味に費やしました。**3年生の夏休みは「学生時代に力を入れたこと」となるような活動や、ボランティア活動に励みながら**、教養科目の一般知識分野に取り組みました。3年生の後期は、ほとんど授業がなかったため、空き時間のすべてを学習に充てました。

また、4年生になる頃から、面接対策として自己分析を始め、今までの活動や学習を振り返りました。

筆記試験対策

◎ 教養科目

一般知能分野では、主に判断推理、数的推理に時間をかけて学習し、この2科目だけは、どんなに時間がなくても1日に2～3問ずつ解きました。一度解けるようになっても、放置してしまうと1問を解く時間が倍になってしまうことがあったため、特に苦手な範囲（私の場合は「割合」）を

Check Point!

① 門戸は広く開かれている

公務員の職場では、さまざまなバックグラウンドを持った職員が活躍している。学部や専攻を問わず挑戦できるので、興味を持ったらぜひチャレンジしてみよう。

Check Point!

② 試験対策以外の活動も大切に

面接試験では、「学生時代に力を入れたこと」などの質問が定番だ。サークルやアルバイト、ボランティアといった活動にも全力で取り組むことが、合格につながっていく。

1日のタイムスケジュール

- 6:00　起床、朝食。大学へ
- 8:30　大学の授業
- 11:30　判断推理、数的推理
- 13:00　昼食、休憩
- 14:00　大学の授業
- 18:00　学内講座
- 22:00　帰宅、夕食、就寝準備
- 0:00　学内講座の振り返り
- 1:00　就寝

中心に学習しつつも、得意な範囲もたまに解くように意識しました。

一方で、文章理解は得意だったため、**時間との勝負である教養試験では、ここで時間を稼ぎたいと思い、いかに素早く内容を把握できるかを意識して問題を解きました。**

一般知識分野は、主に3年生の夏頃の時間があるときに、問題を解く量とその後の復習を意識して学習しました。具体的には、よく知らない単語、国の名前、制度などが出てきた際に、関連する内容を調べ、問題として出題されそうなものを項目ごとに箇条書きでノートにまとめました。

そうすることで、5～10分の隙間時間に復習を行うことが可能になりました。また、直前期にそのノートを見直すだけで済むため、一般知識分野に時間をかける必要がなくなりました。

▶専門科目

特に経済原論に力を入れました。初めて聞く用語や考え方が多かったため、学習直後はテキストを繰り返し読み直したり、テキストを見ずに自分で内容を大まかにノートにまとめられるくらいまで理解することで、定着を図りました。その後、問題集を3周解き、考え方のコツをつかみました。

✏ 論文試験対策

時事に注目し、もし関係する話題が論文試験で出題されたら、どう答えるか考えたり、その問題に対して取り組んでいる自治体がないか調べ、答案を書く際の参考になるよう情報収集を行いました。

✏ 学習中に意識していたこと

一次試験では、午前中に教養試験が実施されるため、早寝早起きをし、朝から判断推理・数的推理の問題を解くよう心掛けました。

また、XやYouTubeで公務員試験の情報を集めたり、自分よりも頑張っている受験者を目標にすることで、モチベーションを保ちました。

しかし、SNSに自己採点の結果や、間違った情報を投稿する人もいるので、本試験が始まる前までの活用にとどめておくとよいと思います。

✏ 筆記試験を終えて感じたこと

試験を終えて感じたことは、模擬試験を受けたり、複数の試験を併願しておいて本当に良かったということです。**試験本番までに練習をしておくことで、本番での時間配分や、試験中に解いた問題の手応えがわかるだけでなく、試験の雰囲気に慣れておくことで、余計な緊張を感じなかったり、試験の形式に戸惑うことがなくなります。**

反省点としては、併願先が多くなったことにより、学習しなければいけない科目が増え、会計学を後回しにしてしまったことです。私は国税専門

Check Point!

❸ 教養試験は時間との勝負

1問にかけられる時間は平均約3～4分ほどで、じっくりと解いている余裕はない。あらかじめ時間配分を決め、作戦を立てておこう。

オススメBooks

『公務員試験 速攻の時事』
『公務員試験 速攻の時事　実戦トレーニング編』
実務教育出版

2冊を併用して使用しました。試験前の復習にぴったりです！　試験会場で多くの人が手に持っていました。

Check Point!

❹ 生活リズムを朝型にしておこう

試験は午前中から行われることがほとんどだ。試験本番で集中できるよう、普段から朝に学習する習慣をつけておくとよいだろう。

Check Point!

❺ 模擬試験を受けよう

試験本番では、難易度を見極め、確実に正答できる問題を取りこぼさないことが重要だ。時間配分や試験の雰囲気に慣れるためにも、模擬試験を受けておこう。

官が第一志望ではなかったため、会計学の手を抜いてしまい、一次試験の結果はボーダーギリギリでした。そこで自分の弱点に気づき、地方上級試験までに会計学の学習をし直したことは良かったと思います。

人物試験対策

3年生の3月頃に面接カードを書いたものの、その後放置してしまい、本格的な人物試験対策を始めたのは5月からでした。そのため、面接カードをもとに面接練習をしたり、面接カードの内容を練るといった時間を確保することが難しくなってしまいました。また、直前期は、筆記試験対策よりも人物試験対策ばかりに時間を取られてしまい、不安を感じる時期もありました。

したがって、直前期に学習する時間が取れるように、また余裕をもって人物試験対策ができるように、早めに面接カードを書き、面接カードに基づいた質問への回答を考えておくことがおすすめです。

人物試験を振り返って

官庁訪問等では、面接の前に職員とアイスブレイクとして話すことも多いため、緊張がほぐれ、話も弾む雑談のネタ(趣味やアルバイト)を準備しておいて良かったと思いました。

また私は受験時に気持ちが変わり、**第一志望だったところは内定を辞退し、説明会等で行きたいと思った第二志望先の内定を受諾しました**。振り返ってみると、**併願先にも力を入れたことで、本当に働きたいと思える職場を選ぶことができたので、良かったです**。
⑤

オススメBooks

『公務員 合格への
はじめの一歩 法律科目』
TAC公務員講座編著／TAC出版

法律の概要を大まかに学べます。詳しく学習する前に使用するだけではなく、学習後に読み直すことで、頭の中を整理することができました(特に民法!)。

Check Point!

❺ 説明会に参加し、情報収集しよう

説明会に足を運び、自分の目で確かめて志望先を決めることが大切だ。「説明会に参加し、気持ちが変わった」という受験者も多い。志望先として考えていなかった機関の説明会にも、なるべく参加してみよう。

学習スケジュール(令和5年4月～令和6年6月)

		4～7月	8月	9月	10月	11月	12月	1月	2月	3月	4月	5月	6月
教養試験	一般知能分野	判断推理・数的推理:1日5問											
										資料解釈:1週間3問			
	一般知識分野		人文科学:過去問、内容整理					人文科学:内容をまとめたノートの見直し					
								自然科学:過去問を解く				
	時事	新聞をよく読む、テレビを見る	気になったことをまとめる							『速攻の時事』を1日1項目読みノートにまとめる		ノートの見直し	
専門試験	行政系							政治学・行政学			政治学・行政学:過去問		
	法律系	憲法中心	民法中心			行政法・民法中心				法律系を満遍なく:テキスト・過去問			
								労働法	労働法		労働法:過去問		
	経済系	ミクロ経済学中心	会計学・経営学中心		マクロ経済学中心			経済原論:テキスト・過去問			経済系を満遍なく		
	論文試験		出題されそうなものをノートにまとめる					書く練習	情報収集・テーマごとに用語をまとめる／書く練習				
										友人と添削し合う			
	面接試験		試験先について知る					自己分析／面接カード記入			面接練習／面接カード書き直し		

PART

1

公務員試験入門講座

公務員に興味を持って本誌を手にしたあなた。
「実は、公務員のことをよく知らないし、
試験対策も何から手を着けたらいいのかもわからない……。
こんな自分でも公務員になれるのかなあ……」
不安と疑問でいっぱい？　いいえ、心配する必要はありません！

PART 1 は、公務員をめざす受験者に向けたガイダンスです。
正しい情報を入手し、
「採用内定」のゴールをめざして、頑張りましょう！

知っておきたい 公務員の基礎知識

> 皆さんは、公務員にどのような魅力を感じていますか。「社会的貢献度が高い」「安定した職場で、ワークライフバランスが実現できる」などとよく言われますが、公務員の仕事内容や働き方は多種多様。まずは公務員の種類について解説していきましょう。

公務員の種類と数

公務員は、国の機関に勤務する国家公務員と地方自治体（都道府県、市町村など）に勤務する地方公務員に分けられます。下図で示すように、全体の約17％が国家公務員、約83％が地方公務員です。

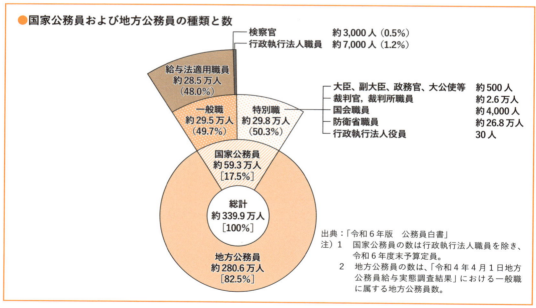

●国家公務員および地方公務員の種類と数

出典：「令和6年版　公務員白書」
注）1　国家公務員の数は行政執行法人職員を除き、令和6年度末予算定員。
2　地方公務員の数は、「令和4年4月1日地方公務員給与実態調査結果」における一般職に属する地方公務員数。

　公務員は一般職と特別職に分けられます。国家公務員の場合、一般職とは任用、給与、人事評価、勤務評定、身分保障、服務、懲戒などを定めた国家公務員法が適用される職員のことです。一般的な行政事務に従事する公務員のほか、皇宮護衛官、外交官、税務職員、労働基準監督官、航空管制官など、専門的な業務に従事する公務員も含まれます。
　特別職には大臣などの政治的な公務員や、三権分立の観点や職務の性質から国家公務員法の適用が適当でない国家公務員（裁判官、裁判所職員、国会職員、防衛省職員など）が該当します。地方公務員も同様で、首長や地方議会の議員などは特別職公務員に当たります。

国家公務員の種類

　国家公務員の一般職と特別職はほぼ同数です。一般職の採用方法には、(1)不特定多数の受験者を対象に行われる「競争試験」と、(2)特定の候補者を対象に、適性・能力・実績などによって選抜する「選考」の2つがあります。ここでは競争試験によって採用される一般職公務員について解説していきます。

▶ 行政組織で働く公務員

　一般職の国家公務員は「1府12省庁」を中心とした国の行政機関に勤務します。1府とは内閣府、12省庁とは総務省、法務省、外務省、財務省、文部科学省、厚生労働省、農林水産省、経済産業省、国土交通省、環境省、防衛省の11省と警察庁（国家安全委員会）をさします。下に掲載した「国の行政組織」図が示すように、「庁」が付く機関はほかにもありますが、これらは各省の外局に当たります（ただし、デジタル庁と復興庁は内閣直轄の例外的な組織）。これらの行政組織で働く公務員は、人事院が実施する国家総合職試験、国家一般職試験、国家専門職試験を経て採用されます（16ページで後述）。

　国家総合職試験からの採用者は、さまざまな行政機関で、政策の企画・立案または調査・研究に関する業務に従事します。また、国家一般職試験からの採用者は、各省庁の出先機関で政策の実行やフォローアップなどの業務に従事するほか、本府省に採用されることもあります。

　一方、国家専門職試験からの採用では、財務専門官＝財務局（財務省の出先機関）、国税専門官＝国税局や税務署（国税庁の出先機関）など、配属される行政機関が決まっています。特別職公務員である国会職員、裁判所職員なども同様で、あらかじめ採用先と業務内容が決まっています。

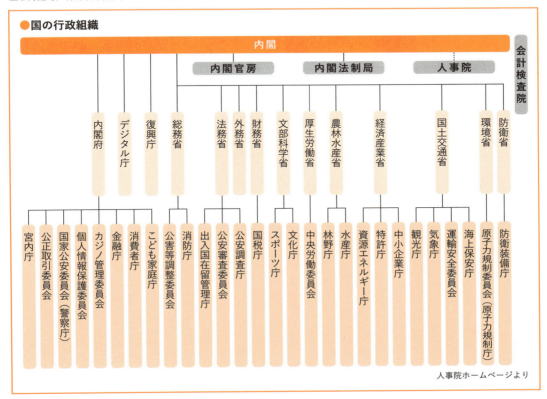

●国の行政組織

人事院ホームページより

地方公務員の種類

続いて、地方公務員について見ていきましょう。地方公務員にも特別職と一般職の別があります。特別職は「就任に当たって選挙による選出や地方議会の同意が必要とされている職」で、知事、市町村長、議員などの政治的公務員が該当します。それ以外は一般職で、競争試験や選考により採用されます。

▷ 地方公共団体の種類

地方公務員が働く地方公共団体は、①普通地方公共団体（都道府県と市町村）と②特別地方公共団体（東京23区など）に分けられます（下図参照）。

さらに、普通地方公共団体は、その役割によって基礎自治体と広域自治体に分類できます。基礎自治体は行政区画の中の最小単位で、市町村および特別区が該当します。広域自治体は国と市町村の中間に位置する存在で、都道府県が該当します。市町村の区域を越える事務を所管しており、同じ事務（行政）区分の職員であっても基礎自治体の公務員とは携わる業務が異なるのです。

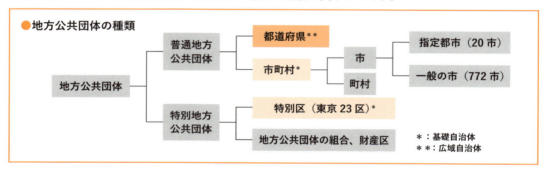

●地方公共団体の種類

▷ 地方公共団体の組織

下図は県の組織図の例です。知事－副知事の下に置かれた組織（部）を知事部局といい、各組織の業務内容に応じて、事務系職種の職員や土木、建築などの技術系職種の職員が配属されます。

知事部局のほかにも、都道府県には警察組織が置かれており、市には消防組織が置かれています。これらに所属する警察官や消防士、公立病院や保育所などで働く医療職、保育士なども地方公務員です。

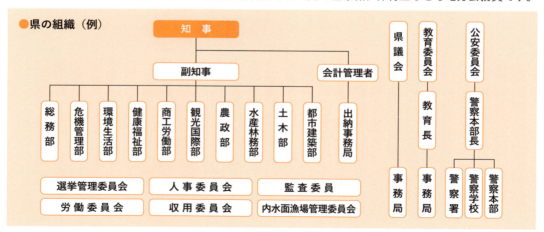

●県の組織（例）

公務員をめざす理由は？

　下のグラフは人事院が実施している「初任行政研修」の受講者を対象にしたアンケート結果の一部です。この研修は、国家総合職として新規採用された全府省の職員が参加するものです。

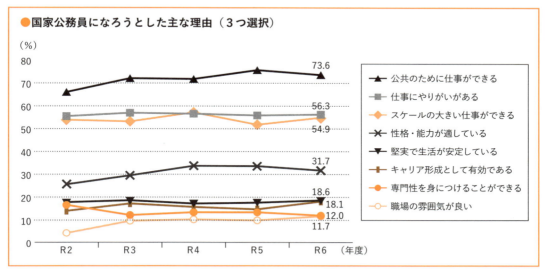

●国家公務員になろうとした主な理由（3つ選択）

　「公共のために仕事ができる」ことに加え、「仕事にやりがいがある」「スケールの大きい仕事ができる」の割合が高いことが、アンケート対象が国家総合職であることを裏づけているようです。

国家公務員 or 地方公務員　選ぶ基準は？

　「公共のための仕事に従事したい」というのは公務員志望者に共通した志望動機だと思いますが、職種を選ぶ際、そのフィールドが国家なのか地方なのかが最初の選択です。さらに、職種や働き方についてもさまざまな選択基準があるでしょう。代表的なものを紹介します。

❶業務内容、働き方で選ぶ

　国家公務員の場合、総合職は短いスパンで異動を繰り返し、さまざまな経験を積みながら国政を支えることが求められています。一方、一般職は政策の運用や事務処理などの業務に従事し、比較的時間をかけて経験を積みます。国家専門職は特定の業務のスペシャリストです。
　地方公務員は地域住民の生活を支える業務に従事します。さまざまな部署で幅広い業務に携われることが魅力といえるでしょう。

❷勤務する場所で選ぶ

　国家総合職で採用された職員のほとんどは本庁に勤務しますが、留学や在外勤務、地方自治体への出向などもあります。国家一般職の場合はエリア内での異動が基本です。
　地方公務員の場合、県などの広域自治体では転居を伴う異動の可能性もあるため、地域限定型の市役所にするという選択もあるでしょう。

❸待遇で選ぶ

　諸手当を含む給与や福利厚生、休暇の取りやすさなどを重視して選択する人もいるでしょう。ただし、給与については、民間給与の調査に基づいて行われる人事院勧告（都道府県・政令指定都市の場合は人事委員会勧告）に従って、毎年改定されています。一般の市もこれに準じるため、極端な違いはありません。

公務員試験の アウトライン

ここでは、公務員試験の概要と押さえておくべき重要事項を解説していきます。
公務員試験受験者は多くの試験を併願しています。さまざまな職種と試験の内容を研究して志望先を固め、効率的な併願パターンを考えていきましょう。

国家公務員試験の種類

国家公務員試験は、
①人事院が実施する試験（国家総合職、国家一般職、国家専門職）
②採用する各機関が実施する試験
に大別できます。

①のうち、国家総合職と国家一般職は、志望省庁への「官庁訪問」を経て、採用が決まります。これに対して、国家専門職の場合は、国税専門官＝国税局・税務署というように、あらかじめ採用先が決まっているので、原則として「官庁訪問」は不要です（財務専門官は例外で、二次試験終了後に「職場訪問」の機会が設けられています）。②採用する各機関が実施する試験も同様です。

●主な国家公務員（大卒程度）試験の種類

人事院が実施する試験

- **国家総合職試験**
  - 政治・国際・人文／法律／経済
  - 人間科学／デジタル／工学
  - 数理科学・物理・地球科学
  - 化学・生物・薬学
  - 農業科学・水産／農業農村工学
  - 森林・自然環境／教養

- **国家一般職試験**
  - 行政／デジタル・電気・電子
  - 機械／土木／建築／物理／化学
  - 農学／農業農村工学／林学／教養

- **国家専門職試験**
  - 皇宮護衛官
  - 法務省専門職員〈人間科学〉
  - 財務専門官／国税専門官
  - 食品衛生監視員／労働基準監督官
  - 航空管制官／海上保安官

採用する各機関が実施する試験

- 外務省専門職員採用試験
- 防衛省専門職員採用試験
- 衆議院事務局職員採用試験
- 衆議院法制局職員採用試験
- 参議院事務局職員採用試験
- 参議院法制局職員採用試験
- 国会図書館職員採用試験
- 裁判所職員採用試験
  裁判所事務官（総合職、一般職）
  家庭裁判所調査官補（総合職）

PART1　公務員試験入門講座

地方公務員試験の種類

地方公務員試験は、

①地方上級試験（都道府県および政令指定都市の大卒程度試験）

②市役所試験

に分けることができます。

①の地方上級試験は、「地方公共団体で実施されている上級（大学卒業程度）試験」という意味の通称です。一部を除き大半の自治体では全国統一の試験日に一次試験を実施しており、共通の問題が数多く出題されています。

②の市役所試験は基礎自治体である一般の市の職員採用試験です。実施時期や試験内容はさまざまですが、全国的に見ると、(1)6月中〜下旬、(2)7月中旬、(3)9月中〜下旬のいずれかに一次試験を実施するところが多くなっています。

国家総合職試験・一般職試験と同様、地方公務員にもさまざまな区分・職種が設けられており、都道府県では警察官、市役所では消防職を採用しています。

● **地方公務員試験（大卒程度等）の種類**

地方上級試験	市役所試験
都道府県職員・政令指定都市職員の募集職種 ※自治体によって区分名は異なります	**市役所職員の募集職種** ※自治体によって区分名は異なります

地方上級試験

都道府県職員・政令指定都市職員の募集職種
※自治体によって区分名は異なります

事務系区分
・行政、一般行政、事務、行政事務など
・学校事務、教育行政など
・警察行政、警察事務など（都道府県）

技術系区分
・土木／建築／電気／機械／化学／農芸化学農業／畜産／林業／造園／心理など

資格・免許職
・獣医師／薬剤師／保健師／司書／学芸員管理栄養士など

市役所試験

市役所職員の募集職種
※自治体によって区分名は異なります

事務系区分
・行政、一般行政、事務、行政事務など

技術系区分
・土木／建築／電気／機械など

資格・免許職
・看護師／保健師／保育士／栄養士など

公安職
・都道府県：警察官
・市役所：消防職、消防吏員など

Column　地方公務員試験の実施機関は？

国家総合職・一般職・専門職の採用試験は内閣から独立した行政機関である「人事院」が実施しています。地方公務員の場合もこれに準じる形で、都道府県と政令指定都市では専門的な人事行政機関として置かれている「人事委員会」がその任に当たります。市町村など、それ以外の自治体では人事課、職員課などが試験の実施や職員の採用を担当しているのです。

国家公務員試験では人事院が問題の作成に当たりますが、地方公務員の場合は一部の自治体を除き、問題作成を外部の団体に委託しているため、科目や問題数などで若干の違いはあるものの、全体としては共通問題が多くなっています。市役所試験も同様で、試験日程ごとにいくつかの出題タイプがあります。近年はSPI3やSCOA-Aなどの能力検査を使う自治体が増えています。

公務員試験　受験ジャーナル ● 8年度 No.1　**017**

受験資格

　試験に関する基本情報は、受験案内に記載されています。その内容をしっかり読み解くことが合格への第一歩です。下に掲載した群馬県の６年度の受験案内をもとに、受験資格を見ていきましょう。

2　受験資格

年齢	Ⅰ類試験	次のいずれかに該当する人 ①平成７年４月２日から平成１５年４月１日までに生まれた人 ②平成１５年４月２日以降に生まれた人で、次のいずれかに該当する人 　a　学校教育法による大学（短期大学を除く。）を卒業した人、又は令和７年３月３１日までに卒業見込みの人 　b　人事委員会がaに掲げる人と同等の資格があると認める人	❷
	Ⅱ類試験	平成９年４月２日から平成１７年４月１日までに生まれた人	
その他		次のいずれかに該当する人は受験できません。 ①日本の国籍を有しない人 ②地方公務員法第１６条に該当する人 　・禁錮以上の刑に処せられ、その執行を終わるまで又はその執行を受けることがなくなるまでの人 　・群馬県職員として懲戒免職の処分を受け、当該処分の日から２年を経過しない人 　・日本国憲法又はその下に成立した政府を暴力で破壊することを主張する政党その他の団体を結成し、又はこれに加入した人 ③平成１１年改正前の民法の規定による準禁治産の宣告を受けている人（心神耗弱を原因とするもの以外）	❶

❶欠格条項（公務員試験を受験できない人の条件）

「その他」欄に記載されている事項で、公務員試験を受験できない人が挙げられています。

①日本の国籍を有しない人

　国家公務員については、内閣法制局の「公務員の基本原則」に則って、「公務員は公権力の行使または国家意思の形成への参画に携わるため、日本の国籍を有しない者には国家公務員試験の受験資格がない」と定められています。

　地方公務員もこれに準じていますが、自治体の裁量に委ねられている部分もあり、「職種の業務が専門的、技術的であること」「職務内容が比較的明確であること」「公権力の行使や公の意思形成への参画に携わる確率が低いこと」などの条件に合致する職種については、日本国籍を必要としないケースが増えてきました。

> **「公権力の行使」とは？**
> - 市民の権利または自由を一方的に制限することとなる業務
> - 市民に義務または負担を一方的に課すこととなる業務
> - 市民に対して強制力をもって執行する業務
>
> で、たとえば税の賦税・滞納処分、開発行為の監視・規制、食品衛生監視などが該当します。

②地方公務員法第16条に該当する人

「禁錮以上の刑に処せられ、その執行を終わるまで又はその執行を受けることがなくなるまでの者」「当該地方自治体において懲戒免職の処分を受け、当該処分の日から２年を経過しない者」「政府を暴力で破壊することを主張する政党その他の団体を結成し、又はこれに加入した者」は受験できません。

③「準禁治産」の宣告を受けている人

　ここでいう準禁治産者とは、前後の思慮なく財産を処分する性癖のある浪費者をさします。平成11年までは親族、後見人らの請求により家庭裁判所が「準禁治産」の宣告を行い、法律行為には指定された保佐人の同意が必要とされていました。民法の改正に伴い、現在、この制度は廃止されています。

<u>※国家公務員の場合も上記の①〜③と同様の事項が挙げられています。</u>

❷年齢要件

①は受験可能な年齢の幅で、学歴などは問われていません。②では下限以下であっても受験可能な人の例外規定で、大学で飛び入学・飛び級をした人を対象とした条件などが定められています。ほかの自治体もおおむね同様の要件を定めています。

下の一覧は大卒程度の主な公務員試験の年齢上限をまとめたものです。国家公務員の場合、受験翌年の4月1日での年齢上限はおおむね30歳という試験が多くなっています。一方、地方公務員の場合は30歳以上でも受験できるところが増えています。59歳という自治体もありますが、これは実質的には年齢制限を設けていないということです。

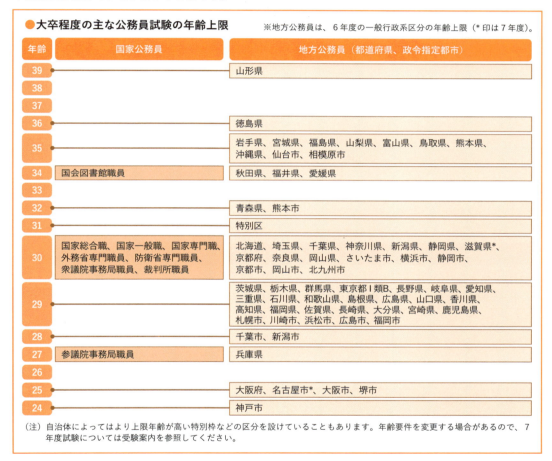

● 大卒程度の主な公務員試験の年齢上限
※地方公務員は、6年度の一般行政系区分の年齢上限（*印は7年度）。

年齢	国家公務員	地方公務員（都道府県、政令指定都市）
39		山形県
38		
37		
36		徳島県
35		岩手県、宮城県、福島県、山梨県、富山県、鳥取県、熊本県、沖縄県、仙台市、相模原市
34	国会図書館職員	秋田県、福井県、愛媛県
33		
32		青森県、熊本市
31		特別区
30	国家総合職、国家一般職、国家専門職、外務省専門職員、防衛省専門職員、衆議院事務局職員、裁判所職員	北海道、埼玉県、千葉県、神奈川県、新潟県、静岡県、滋賀県*、京都府、奈良県、岡山県、さいたま市、横浜市、静岡市、京都市、岡山市、北九州市
29		茨城県、栃木県、群馬県、東京都Ⅰ類B、長野県、岐阜県、愛知県、三重県、石川県、和歌山県、島根県、広島県、山口県、香川県、高知県、福岡県、佐賀県、長崎県、大分県、宮崎県、鹿児島県、札幌市、川崎市、浜松市、広島市、福岡市
28		千葉市、新潟市
27	参議院事務局職員	兵庫県
26		
25		大阪府、名古屋市*、大阪市、堺市
24		神戸市

（注）自治体によってはより上限年齢が高い特別枠などの区分を設けていることもあります。年齢要件を変更する場合があるので、7年度試験については受験案内を参照してください。

〈その他の要件〉

職種や試験によっては、以下のような要件が課されることがあります。

❸ 資格免許・専攻要件	❹ 住所要件	❺ 身体要件	❻ 職務経験年数
所定の資格・免許を取得していること（取得見込みを含む）。業務内容に関連する科目の専攻を要件とする区分もある	一部の市では市内に居住または採用までに転居することや、一定の時間内に通勤が可能なことを要件としている	職務遂行に必要な視力、色覚、聴力、四肢の運動機能等に関する基準（身長、体重に基準を設けている職種もある）	民間企業等経験者（社会人経験者）試験では一定の勤務経験年数（5年以上、7年以上など）の定めがある

公務員試験のスケジュール

公務員試験は、一次試験、二次試験、場合によっては三次試験、四次試験というプロセスで選考が進みます。最終合格者は「採用候補者名簿」に得点順に登載され、任命権者はこの名簿に基づいて採用面接や意向調査を行い、内定を出すという仕組みです。国家総合職と国家一般職は受験の時点では採用先は未定で、採用されるためには「官庁訪問」を行わなくてはなりません。

下の表は一般行政（事務）系試験について、7年度の一次試験の日程をまとめたものです。4～6月は一次試験のピークで、国家専門職、国家一般職、地方上級（府県・政令指定都市）など、多くの試験が実施されます。市役所試験は、6月、7月、9月の実施が多いです。近年はこれらの通常枠に加えて、早期枠、先行枠などの試験を実施する自治体が増えています。秋以降の追加募集もあり、公務員試験の実施は長期間にわたります。

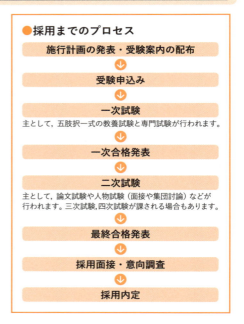

●採用までのプロセス

施行計画の発表・受験案内の配布
↓
受験申込み
↓
一次試験
主として、五肢択一式の教養試験と専門試験が行われます。
↓
一次合格発表
↓
二次試験
主として、論文試験や人物試験（面接や集団討論）などが行われます。三次試験、四次試験が課される場合もあります。
↓
最終合格発表
↓
採用面接・意向調査
↓
採用内定

主な公務員試験の一次試験日（令和7年度）

一次試験日	試験・自治体
3月12日～25日	東京都Ⅰ類B（新方式）　※受験者が選択する1日にテストセンターで受験（オンラインも可）
3月16日	国家総合職（院卒者試験／大卒程度試験）
4月2日～17日	大阪府　※受験者が選択する1日にテストセンターで受験
4月20日	東京都Ⅰ類B（一般方式）、特別区Ⅰ類、警視庁警察行政職員Ⅰ類 東京消防庁職員Ⅰ類、名古屋市
4月27日	東京都Ⅰ類A、大阪府
5月3日～18日	堺市　※受験者が選択する1日にテストセンターまたはオンラインで受験
5月10日	裁判所（総合職／特別職）
5月11日	北海道A区分行政系（第1回）
5月18日	愛知県
5月25日	国家専門職、防衛省専門職員
6月1日	国家一般職
6月15日	地方上級（北海道、愛知県、大阪府、名古屋市、堺市を除く）、市役所（A日程）
7月13日	市役所（B日程）
9月21日	市役所（C日程）
10月5日	国家総合職（大卒程度試験）：教養区分

市役所試験には主に3つの統一試験日がありますが、9月のC日程に実施する市が一番多いです

・地方自治体の早期試験や秋試験など、募集や日程が変則的な試験は除きます。
・都道府県等の名称を掲載したのは独自日程の自治体で、そのほかの自治体は基本的に統一試験日に実施されています。

公務員試験の注目トレンド①

　公務員試験は社会状況に応じて、年齢要件の見直し、試験種目（科目）の変更などの改革が行われてきました。近年、注目すべきものを紹介しておきましょう（29ページも参照）。

超早期化！　大学2・3年生でも受験可能な試験の増加

　国家総合職（大卒程度試験）：平成24年度に「教養区分」が新設され、10年以上にわたり採用が行われてきました。一次試験では基礎能力試験、総合論文試験、二次試験では政策課題試験（グループ討議）、企画提案試験（プレゼンテーション）、人物試験（個別面接）が行われます。一次試験は秋に実施され、試験の実施年の4月1日現在で19歳以上であれば受験資格が得られます。大学2年生から受験できるということです。

　国家一般職（大卒程度試験）：令和7年度から「教養区分」が新設されました。一次試験では基礎能力試験、課題対応能力試験、一般教養論文試験、二次試験では個別面接が行われます。こちらは国家一般職のほかの試験区分と同様、6月に一次試験が実施され、試験年度の4月1日に20歳を迎えている大学3年生から受験することができます。

　国家総合職・一般職ともに、最終合格者は「採用候補者名簿」に登載されますが、「官庁訪問」は大学4年次以降に行います。名簿の有効期間は国家総合職が6年6か月間、国家一般職が6年間と長いため、民間企業で勤務したり、海外留学、大学院進学などを経験した後に国家公務員として働くことが可能となります。

　地方公務員試験でも技術系職種を中心に、大学3年生から受験できる区分を新設する自治体が増えつつあります。最新情報に要注意です。

合格者名簿の有効期間を延長！

　国家、地方を問わず、公務員試験では最終合格＝採用ということではなく、最終合格者は得点順に「採用候補者名簿」に登載されます。任免権者（知事、市長など）は名簿に登載されている人の中から面接を実施し、採用（任命）する人を決めるという仕組みになっています。

　名簿には有効期限があり、1年間というところが多いのですが、近年は期限を延長するところが増えています。以下はその一例です。

- 6年6か月間・・国家総合職（大卒程度試験）：教養区分
- 6年間・・・・・国家一般職：教養区分
- 5年間・・・・・国家総合職（院卒者試験・大卒程度試験）、国家一般職
　　　　　　　　国家専門職（財務専門官、国税専門官、労働基準監督官）
- 3年間・・・・・東京都Ⅰ類B、特別区Ⅰ類、熊本県：行政、総合土木、農学

※一部の技術系区分や資格免許職などを「3年」とする自治体はほかにもあります。

押さえておこう 各試験のポイント

公務員試験は成績主義の原則に基づき、試験の合計点により合格者の選抜を行う競争試験です。国家公務員試験や地方公務員試験では、学力試験に加え、論文・個別面接などが実施されます。詳しく見ていきましょう。

公務員試験の構成

平均的な公務員試験は次のような構成になっています。

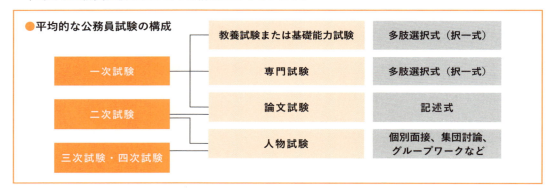

●平均的な公務員試験の構成

一次試験	教養試験または基礎能力試験	多肢選択式（択一式）
一次試験	専門試験	多肢選択式（択一式）
二次試験	論文試験	記述式
三次試験・四次試験	人物試験	個別面接、集団討論、グループワークなど

【一次試験】
　択一式の教養試験または基礎能力試験と専門試験が課されます。教養試験・基礎能力試験は全区分で共通の問題が出題されます。専門試験は区分ごとに定められた科目で構成されています。これらの試験の詳細は24〜27ページをご覧ください。
　近年は試験内容が多様化しており、地方公務員試験においては、教養試験・基礎能力試験に代えてSPI3やSCOA-Aなどの基礎能力検査を課す区分を設ける自治体が増えています。対策が大きく異なるので、できるだけ早い段階で志望先試験の種目を押さえておくことが大切です。
　論文試験は一次試験もしくは二次試験で実施されます。一次試験で実施される場合も、その評価は最終合格者の決定の際に用いられることが多いようです。

【二次試験以降】
　二次試験では主に人物試験が行われます。ほぼすべての試験で個別面接が行われており、集団討論（グループディスカッション）、グループワークなどが課されることもあります。地方自治体によっては面接を複数回実施したり、二次試験以降の成績のみで最終合格者を決める「リセット方式」を採用しています。

受験案内を見てみよう

　ここでは、令和7年度の国家一般職試験の受験案内を参照しながら、試験構成についてもう少し詳しく見ていきましょう。

試験	試験種目	解答題数 解答時間	配点比率❹	内容	
第1次試験	基礎能力試験 （多肢選択式）	30題 1時間50分	2/9	公務員として必要な基礎的な能力（知能及び知識）についての筆記試験 知能分野 24題 　文章理解⑩、判断推理⑦、数的推理④、資料解釈③ 知識分野 6題 　自然・人文・社会に関する時事、情報⑥	❶
	専門試験 （多肢選択式）	40題 3時間	4/9	各試験の区分に応じて必要な専門的知識などについての筆記試験 （出題分野及び出題数は別表（12ページ参照）のとおり）	
	一般論文試験	1題 1時間	1/9	文章による表現力、課題に関する理解力などについての短い論文による筆記試験	❷
第2次試験	人物試験		2/9	人柄、対人的能力などについての個別面接	❸

　一次試験で実施されるのは多肢択一式の基礎能力試験と専門試験（❶）で、配点比率（❹）を見ると、専門試験のウエートが大きいことがわかります。一次試験では一般論文試験（❷）も実施されますが、国家一般職の場合、その評定は一次合格者が対象で、最終合格者の決定の際にほかの試験種目の成績と総合する仕組みになっています。

　二次試験では人物試験（❸）が課されます。国家一般職は個別面接のみですが、地方公務員試験では、集団面接、集団討論、グループワークなどの併用もあります。「人物重視の採用」を掲げている自治体では、複数回の面接を課したり、一次試験や三次試験でも実施するなどさまざまです。

配点比率のパターン

　配点比率（❹）は公表している試験とそうでない試験があります。国家一般職では一次試験の配点が大きいのですが、国家総合職（大卒程度試験の教養区分を除く）では二次試験の種目が多いため、一次と二次の配点比率は1：3になっています。

　右に3つの地方自治体の配点パターンを図式化しました。配点比率が大きい試験種目に力を入れることは対策を練るうえでも大切です。

　受験案内にはさまざまな情報が記載されています。すみずみまで目を通しましょう。出題科目の構成から出題タイプがわかりますし、各試験の「基準点」が記載されていることもあります。基準点をクリアしていない試験が1つでもあると不合格になるので、要注意です。

教養試験・基礎能力試験の内容

　教養試験および基礎能力試験の出題科目は「一般知能分野」と「一般知識分野」に大別できます。一般知能分野は公務員試験に特有の科目群です。

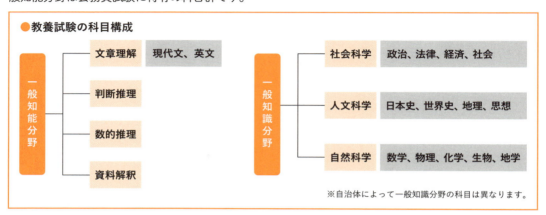

●教養試験の科目構成

一般知能分野
- 文章理解　現代文、英文
- 判断推理
- 数的推理
- 資料解釈

一般知識分野
- 社会科学　政治、法律、経済、社会
- 人文科学　日本史、世界史、地理、思想
- 自然科学　数学、物理、化学、生物、地学

※自治体によって一般知識分野の科目は異なります。

　それぞれの分野・科目の特徴を、説明しておきましょう。

一般知能分野

● 文章理解
　現代文、英文の読解問題です。長文が与えられ、①要旨把握、②内容把握、③空欄補充、④文章整序の4形式で出題されます。

● 判断推理・数的推理
　与えられた条件から状況を分析する「論理的思考力」や「情報処理能力」が問われる問題群で、数的推理は数学的な要素がより強い内容になっています。判断推理・数的推理ともに図形問題も出題されており、判断推理の図形問題を「空間概念」「空間把握」などという名称で区別している自治体もあります。

● 資料解釈
　数表や図表（グラフ）などが与えられ、それらの資料の読取りおよび処理能力（計算力）が問われます。

一般知識分野

● 社会科学
　政治、法律、経済、社会の各領域から出題されており、事務系職種の専門試験と重なるテーマが主になっています。社会はそのほとんどが時事問題です。

● 人文科学
　日本史、世界史、地理、思想などで、文学・芸術を出題する試験もあります。暗記科目ですが、出題が広いため、新たに着手するのではなく、得意科目の頻出テーマに絞った過去問攻略がおすすめです。

● 自然科学
　数学、物理、化学、生物、地学のほか、近年は「情報」も出題されるようになりました。文系学部出身の受験者の負担を考慮し、自然科学の出題を減らす試験も増えています。

　基礎能力試験は一般知識分野の出題数を減らし、一般知能分野に重きを置いた構成になっている試験で、近年、教養試験に代えて導入するところが増えています。特に、国家公務員試験では「自然・人文・社会に関する時事」5問と「情報」1問という構成になっています（25ページの「科目別出題数」表を参照）。

教養試験・基礎能力試験（択一式）の科目別出題数（大卒程度）

分野	科目	国家総合職	国家一般職	国家専門職	裁判所総合職・一般職	地方上級（全国型）	東京都I類B（一般方式）	特別区I類	市役所（B日程）
一般知能分野	判断推理	7	7	7	9	9	5	10	8
	数的推理	4	4	4	5	7	7	5	4
	資料解釈	3	3	3	1	1	4	4	2
	文章理解	10	10	10	9	8	8	9	6
	（英文の内数）	6	4	4	4	5	4	4	3
社会科学	政治・経済 政治	5（自然・人文・社会に関する時事）	5（自然・人文・社会に関する時事）	5（自然・人文・社会に関する時事）		1	1	2	
	政治・経済 法律					3	1	1	2
	政治・経済 経済					2	1	1	2
	社会					6			5
	時事・社会事情				6		5	4	
人文科学	日本史					2	1	1	1
	世界史					2	1	1	2
	地理					2	1	1	2
	思想							1	
	文化						1		
自然科学	数学					1			1
	物理					1	1	2	1
	化学					2	1	2	1
	生物					2	1	2	2
	地学					1	1	2	1
	情報	1	1	1					
計		30	30	30	30	50	40	40/48	40

※科目別出題数は6年度のものを記載（科目の分類は編集部による）。
※40/48は48問中40問選択の意。▨は必須問題、▨は選択問題。
※地方上級、市役所は自治体によって異なる場合がある。また、市役所はStandard-Iの出題内容。

▶地方上級と市役所の出題タイプ

地方上級試験には科目や出題数が若干異なる「関東型」「中部・北陸型」もあります（関東型では50問中40問の選択解答）。

市役所試験では外部団体に問題作成を委託している市が多く、年に3〜4回、共通問題が出題される統一実施日が設けられています。便宜上、6月の試験をA日程、7月の試験をB日程、9月の試験をC日程と呼んでいます。

▶選択解答制とは？

出題される全問題の中から指定された題数を選んで解答する形式です。

特別区I類では一般知能分野の20問が必須解答で、一般知識分野の28問から任意の20問を選択し、合計で40問を解答します。あらかじめ苦手科目を除外するということで臨むのも一手ですが、平易な問題があればそちらを選ぶのもよいでしょう。

専門試験の内容

専門試験は各試験の区分に応じて必要な専門的知識、技術などの能力を測るために課されるものです。たとえば、一般行政（事務）系区分の場合は、次のような科目が出題されます。

● 専門試験の科目構成

行政系科目
【政治学、行政学、国際関係、社会学、社会政策（労働経済・社会保障）、社会事情】

多くの試験で出題されているのは、政治学、行政学、国際関係です。国際関係や社会政策では主に時事問題が出題されます。暗記科目なので、短期集中で対策するのがよいでしょう。

法律系科目
【憲法、行政法、民法、商法、刑法、労働法など】

主要科目は憲法、行政法、民法で、なかでも憲法は教養試験の社会科学のベースにもなっており、最初に着手すべきコア科目です。過去問演習で攻略しましょう。行政法、民法は出題範囲が広く、対策に時間がかかります。特に民法は、試験によっては分野を区切って2科目として設定されている重要科目です。

経済系科目
【経済原論（ミクロ経済学、マクロ経済学）、財政学、経済政策、経済事情、経済史、国際経済学、統計学など】

経済原論と財政学が中心で、時事問題（経済事情、財政事情）の出題もあります。

商学系科目
【会計学、経営学】

会計学は財務専門官、国税専門官（国税専門A）の出題科目。経営学は国家、地方を問わず比較的多くの試験で出題されています。

その他の科目

複数の試験で出題されているのは、心理学、教育学、英語。国家総合職の政治・国際・人文区分のコースBでは、思想・哲学、歴史学、文学・芸術などの出題もあります。

PART1　公務員試験入門講座

事務系区分専門試験（択一式）の科目別出題数（大卒程度）

科目	国家総合職（法律）	国家総合職（経済）	国家一般職	財務専門官	裁判所事務官	地方上級（全国型）	特別区Ⅰ類	市役所（B日程）
政治学			5	3		2	5	2
行政学			5			2	5	2
国際関係			5			2		4
社会学			5	3			5	
社会政策						3		3
憲　法	7	3	5	6	10	4	5	5
行政法	12		5	8	10	5	5	6
民　法	12	3	5+5*2	5	10	4	5+5*5	5
商　法	3			1				
刑　法	3				10	2		
労働法	3					2		
国際法	3							
経済原（理）論	3	16	5+5*3	6	10	9	5+5*3	10
財政学	3	3	3	6		3	5	3
経済政策		2						
経済事情		6*1	2	2				
経済史		2						
国際経済学		3						
統計学		3		6				
計量経済学		2						
会計学				6				
経営学		3	5	6		2	5	
心理学			5					
教育学			5					
英　語			5+5*4	6				
情報数学				6				
情報工学				6				
計	40/49	40/46	40/80	40/76	30/50	40	40/55	40

※科目別出題数は 6 年度（裁判所事務官は 7 年度）のものを記載（科目の分類は編集部による）。
※ 40/80 は 80 問中 40 問選択の意。■は必須問題、□は選択問題。
※市役所は、必須解答タイプの出題内容。地方上級、市役所は自治体によって異なる場合がある。
＊ 1…うち 1 問は選択問題。　＊ 2…「総則および物権」＋「債権、親族および相続」。　＊ 3…ミクロ経済学＋マクロ経済学。
＊ 4…基礎＋一般。　＊ 5…民法①（総則・物権）＋民法②（債権・親族・相続）。

▶科目選択制とは？

　国家一般職、財務専門官、国税専門官などの専門試験で導入されている形式です。特別区Ⅰ類で導入されている「選択解答制」と異なり、選んだ科目は全問解答しなければなりません。あらかじめ科目を決めておいても良いのですが、できれば実際の問題を見てからより得点できそうな科目を選べるよう、余裕を持って準備するのが得策です。

その他の試験種目

❶専門記述式試験

　国家総合職、国家専門職（法務省専門職員〈人間科学〉、財務専門官、国税専門官、食品衛生監視員、労働基準監督官）などで課されています。また、外務省専門職員、防衛省専門職員では外国語に関する記述式試験もあります。

　地方公務員で特筆すべきは東京都で、専門試験は記述式のみになっています。東京都を受験する場合は、（併願先の）択一式対策をしたうえで、記述式の準備しなければなりません。

❷論文試験

　行政課題や社会問題などに関する課題が与えられ、指定の文字数で考察した内容をまとめます。「総合的な判断力」「思考力」「論理力」や「文章構成力」「表現力」などが問われる筆記試験です。国家一般職や東京都では関連資料が与えられ、それに関する考察を述べる形式になっています。

❸人物試験

　個別面接が中心ですが、集団討論、グループワーク、プレゼンテーション試験といった形式もあります。「人物重視」の方針で選考する自治体では、人物試験の配点が大きくなっており、最終合格者の決定を、人物試験を中心とする二次試験の結果に基づく「リセット方式」で行うところもあります。

❹適性検査

　市役所試験では「事務適性検査」が課されることもありますが、多くの場合、人物試験の参考として実施される性格検査です。

 資格取得で有利になる？

　取得している資格に対して加点されるケースもあります。以下に国家総合職の外部英語試験を活用した加点の規定について紹介します。

活用する試験	スコア等／加算点		スコア等／加算点	
TOEFL（iBT）	65点以上80点未満	15点	80点以上	25点
TOEIC Listening & Reading Test（公開テスト）	600点以上730点未満		730点以上	
IELTS	5.5以上6.5未満		6.5以上	
実用英語技能検定			1級、準1級	

　そのほか、中国語や韓国語に関する検定試験、情報処理に関する資格について加点する試験もあります。

公務員試験の注目トレンド❷

21ページに続き、ここでは試験内容や採用方法に着目した変更の試みを紹介します。

筆記試験の負担減で受験者を増やす？

近年、「公務員試験の対策は不要」ということを掲げ、民間就活で実施されている「SPI3（基礎能力検査）」や「SCOA-A（基礎能力）」といった能力検査を導入する自治体が増加しています。従来型の試験を課す区分とは別の区分を設けるところが多いのですが、奈良県など、全区分でSPI3に移行することを決めた自治体もあります。

	試験時間・問題数	試験内容	実施方法
従来型の教養試験	120分・40問	一般知識分野、一般知能分野	マークシート（会場）
SPI3 （基礎能力検査）	70分・70問	言語能力検査（30分・40問） 非言語能力検査（40分・30問）	マークシート（会場）
	35分・60問	言語能力検査（15分・40問） 非言語能力検査（20分・20問）	テストセンター、Web
SCOA-A （基礎能力）	60分・120問	言語、数理、論理、常識、英語	マークシート（会場）、テストセンター

2024年には「BEST（Battery of Essential Skills Tests）」という、自治体向けに開発された新たな試験も導入されました。職務能力試験（BEST-A）と職務適応性試験（BEST-P）の2つで構成されており、BEST-A（60分・60問）は、今後、市役所試験を中心に実施が増える可能性があります。詳しくは187～190ページをご覧ください。

なお、SPI3やSCOA-Aについては、各地のテストセンターやWebでの受検を導入する自治体が増えています。従来型の試験においても複数の受験地を設ける場合がありますが、全国どこでも、自分の都合に合わせて受けられるテストセンター方式やオンライン方式の利便性は今後ますます高まりそうです。

こんな取組みも！

❶オンライン面接の導入

個別面接を複数回実施する自治体の場合、一次面接をZoomなどのWeb会議サービスを利用したリモート形式で行うところが増えています。

❷通年採用

神戸市では、留学、部活動、研究活動等により、一般的な時期の就職活動が難しい学生、民間企業志望で就職活動していたが公務に興味が出てきた学生、第2新卒の人などを対象にした「大学卒通年枠」を設けています。

ここから始める 目標&試験対策

ここでは公務員試験の実態について説明していきます。受験に際しては、競争率（倍率）や平均点、合格最低点などの実施状況が気になると思いますが、これらは年々変化していますので、神経質にならない範囲で大枠を押さえておくことが大切です。

競争率の推移

国家総合職試験は大卒程度公務員試験の中で最難関とされています。下のグラフは法文系2区分（法律、経済）の過去10年間の競争率（一次受験者数／最終合格者数）を示しています。

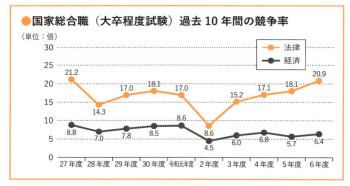

●国家総合職（大卒程度試験）過去10年間の競争率

法律区分はコロナ禍の影響が大きかった令和2年度を除き、近年は15〜20倍程度で推移しています。一方、経済区分はもともと受験者が少ないこともあり、競争率は低めです。

下のグラフは国家一般職・行政区分の試験状況を示しています。行政区分は地域採用のため、地域によって競争率が異なりますが、全国合計で見ると、ここ数年は3倍以下になっています。

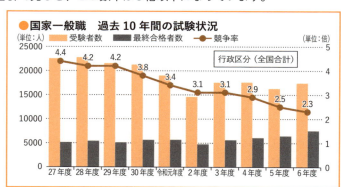

●国家一般職 過去10年間の試験状況

下のグラフは地方公務員試験の実施状況の推移です。すべての都道府県、市区町村の全区分の合計ですが、近年は受験者数が減少傾向にあり、競争率が低下していることがわかります。採用数が少ない一部の市役所を除き、競争率が10倍を超すケースは珍しくなりました。

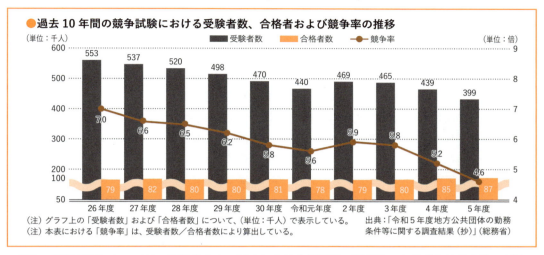

● 過去10年間の競争試験における受験者数、合格者および競争率の推移

（注）グラフ上の「受験者数」および「合格者数」について、（単位：千人）で表示している。
（注）本表における「競争率」は、受験者数／合格者数により算出している。
出典：「令和5年度地方公共団体の勤務条件等に関する調査結果（抄）」（総務省）

　近年の就活状況においては、高齢化や人口減少による人手不足の深刻化により「売り手市場」が続いており、大企業を中心に初任給などの待遇面で好条件を提示するところが増えてきました。就職活動の早期化はますます進み、大学2年生で内定をもらう人もいる中、4年生の夏以降にならないと採用先が決まらない公務員が敬遠されるのはやむをえないことなのでしょう。とはいえ、真の公務員志望者にとって、競争率が低下している現状はチャンス到来とも言えます。

　国家、地方ともに、受験の負担を減らすため試験種目や内容を見直したり、早期に内定が出せるようスケジュールを変更するなど、申込者を増やすための取組みが進んでいます。試験に関する最新情報を見逃さないことが最初の関門です。情報の収集方法については下のコラムを参照してください。

試験情報はここでチェック！

● 国家公務員

　人事院の「国家公務員試験採用情報NAVI」は国家公務員試験の情報発信ツールです。採用情報・試験情報をはじめ、人事院主催のセミナーや説明会などの情報が掲載されています。仕事内容や各省庁の紹介などは、志望先固めに役立ちます。

　最新情報の見逃しを防ぐために、メールマガジン「国家公務員試験採用情報NEWS」に登録しましょう。配信は週に1回です。

● 地方公務員

　志望先自治体のホームページで、人事委員会や人事課などが発信している情報をチェックします。前年の受験案内をよく読み込んで、試験や採用に関する情報を把握しておきましょう。採用関係の情報を発信するXやFacebookなどがあればフォローしておくこと。採用説明会やインターンシップの情報などが掲載されます。

　※実務教育出版のホームページ「公務員試験ニュース」ではさまざまな試験情報を紹介しています。ぜひ活用してください。

合格に必要な点数の目安

　人事院が実施している国家公務員試験は、各試験、区分ごとに平均点、標準偏差、最終合格点などが公表されています。受験者の筆記試験の得点は「素点」（多肢選択式試験の場合は正解数）ではなく、各試験種目ごとの平均点、標準偏差を用いて算出した「標準点」が使われます。これらの数字をもとに受験ジャーナル編集部が推計した国家一般職の「一次合格ライン推計」をPART 4 に掲載したので、参照してください（国家総合職・専門職については、実務教育出版のホームページでチェック！）。

　一般行政（事務）系の場合、「教養（基礎能力）試験で6割、専門試験で7割取れれば確実に一次合格できる」とされていますが、前述の「一次合格ライン推計」を見れば、区分によってはそれより低くても合格できることがわかります。ただし、試験ごとに最低限必要な素点＝基準点が設けられているので、それをクリアするためにバランスよく対策しなければなりません。教養試験の場合、出題ウエートが大きい一般知能分野に力を入れるのが基本です。専門試験については、出題数の多い憲法、行政法、民法、経済原論（ミクロ・マクロ経済学）を得点源にしましょう。

試験対策のプロセスは？

❶受験先を決める

　可能な限りたくさん受験することで合格可能性は高まります。まずはPART 4・5を参照し、関心が持てそうな職種をピックアップしましょう。対策の核になる第一志望は早めに決めるのが望ましいのですが、併願先は状況を見てから決めれば大丈夫です。

　近年は中央省庁、地方自治体ともに「インターンシップ」を受け入れるところが増えてきました。現場の雰囲気や仕事内容が理解でき、志望動機を深めることにもつながるので、機会があればぜひ参加しましょう。

❷学習プランを立てる

　まずは、「いつ」「何をするか」を決めましょう。ゴールまでの期間を月単位で区切った長期プランのほか、1週間単位くらいの短期プランを立て、確認しながら進めるのがおすすめです。筆記試験だけでなく、論文、面接対策にも時間を割り振らなければなりませんし、直前期には時事問題対策の時間も必要です。「合格体験記」なども参考に、無理のないプランを立てましょう。

❸教材を選ぶ

　予備校や大学の公務員講座を利用する場合は指定の教材がありますが、個別指導ではないので、カスタマイズが必要になります。

　実は、公務員試験は独学でも十分合格できる試験です。過去問攻略が対策の要で、専門試験が課される場合、法律や経済の初学者はしばらくの間は苦労するでしょうが、コツコツ進めていけば必ずマスターできます。本誌のPART 2・3で自分に合った教材を選びましょう。

イラスト・村山宇希

PART

2

合格への最短ルート!

試験までの限られた時間をどう使うかは、
合否を左右するとても重要な問題です。
受験する試験に合わせた効率の良い学習プランを立て、
合格に向かって突き進みましょう!

執筆:**柳乃 公人**（やなぎの なおと）

　勉強法研究家。京都大学大学院修了。『公務員試験受かる勉強法落ちる勉強法』
（エクシア出版）の一部執筆を担当。
　受験したすべての公務員試験に合格し、予備校への情報提供や個別指導に従事。
個別指導では、「30歳以上かつ初学の状態から短期間の対策で試験に合格」「高
卒から大卒区分の試験への合格」など、数々の実績を持つ。

私自身も、「年齢が高く、職歴なし、学
歴も高くない」という状態から、次席
合格を果たした経験があります!

公務員試験の新常識

公務員試験は人生の逆転の大チャンス

　昨今、公務員人気が落ちているというニュースをよく聞く。このような時代だからこそ、公務員になるチャンスである。受験者の中には、大学受験で失敗した人もいるだろう。しかし、公務員試験には大学のランクはまったく関係ない。ほとんどの試験で、大卒程度の試験区分であっても、大学を卒業すらしていなくてもよい。現に高卒や専門学校卒の人が、大卒程度の公務員試験に合格し採用されているケースはいくらでもある。公務員試験は、人生の逆転の大チャンスなのだ。

　一方で、公務員試験の勉強をスタートさせたものの、学習計画を他人に任せきりにした結果、問題集を1周しただけで本番を迎えてしまい、不合格になってしまう受験者も多くいる。

　公務員試験は、勉強方法次第でいくらでも逆転ができる世界である。きちんと戦略を立てて勉強し、ライバルたちを大量にごぼう抜きしてやろうではないか。

　ただし、筆記試験は合格の最低条件であり、その先にある面接が最終関門となる。近年は「筆記<面接」という傾向にあるため、**筆記に時間をかけすぎず、効率よく突破する戦略**が求められる。最小限の努力で最大限の成果を出し、面接対策に十分な時間を残そう。それが**「合格への最短ルート」**である。そのためには暗記を武器とするのがよい。実は、公務員試験は記憶力勝負なのだ。

公務員試験の本質は記憶である

　基本書は学者が書いた専門書である。大学の講義などで使われるような本は、公務員試験合格のためには不要である。基本書は参考として持っておくのは構わないが、受験勉強のメイン教材に持ってくるべきではない。

　また、公務員試験は6〜7割取れれば合格できるため、満点を取る必要はない。深い理解は必要ではなく、淡々と必要な事項を記憶することで乗り切ることができる。ブツ切り知識であっても、試験に出る知識を覚えていれば得点できる。

ゴールから逆算する

　では、いったい何から手を着けるのがベストな選択なのか。

　答えは自明である。君が現役生であろうが、既卒であろうが、社会人からの転職組であろうが、真っ先にすることは、**過去問集を購入**することである。

　何事も、ゴールから逆算することが、目標を達成する極意だ。公務員試験の場合、目標ははっきりしている。それは「最終合格および内定」である。では、そのためには何が必要か。それは**試験本番当日に合格点を取って最終合格すること、そして面接を通過して内定を得ること**にほかならない。当然のことだが、まずはこれをしっかりと意識してほしい。

PART 2　合格への最短ルート！

ちなみにこれは、将来の合格後でも変わらない。君が合格し、晴れて公務員になったとき、上司や先輩職員から仕事を頼まれることとなるだろう。その際に重要なことは、まず締切りの確認、決裁権者の予定の確認、決裁期間の想定日数、デッドライン、資料作成の時間等である。そして、合格後はこれらが常に複数存在することになる。公務員試験の科目が多いのは、日々ある仕事処理の事前練習でもあるのだ。

過去問を勉強するのではなく、過去問「で」勉強する

「過去問は実力がついてからの力試し」としてなかなか解こうとしない受験者がいるが、これは**大きな間違い**である。過去問は「このような出題をするから、準備しなさい」という出題者側のメッセージであり、インプットすべき内容だ。過去問は「**合格のための羅針盤**」である。

公務員試験では、似た問題が繰り返し出題される傾向がある。そのため、**過去問の征服なしでは合格はできない**のである。

また、過去問を解かないと、要求される知識の程度と深さを知ることができない。過去問は選択肢ごとに、スルメのごとくしゃぶり尽くすのが、基本中の基本である。

過去問を見れば、勉強する範囲を絞り込むことが可能

過去問の良いところは、出題範囲と出題形式を知ることができる点である。**過去問研究を十分に行えば、効率よく勉強することもできる**。つまり、過去問を軸に逆算し、頭に入れるべき部分を何度も何度も繰り返して覚えてしまうことが、公務員試験勉強の極意である。

一方で**出ない箇所は優先順位を下げるという思い切りも大切**である。そうしないと膨大な試験範囲という波に飲まれることになる。皆さんは将来公務員になれば、ハードな業務にも従事することになるのだ。その前にたかだか公務員試験の勉強範囲の波ごときに飲まれてはいけない。

COLUMN

ノートを作るなら「暗記ノート」に！

「まとめノート」を作るのは、時間がかかるうえに意味がないのでやめるべきだ。そんな暇があるなら、問題集に直接書き込み、何度も繰り返し読むことを優先しよう。直接書き込む量も必要最低限でよい。公務員試験では、そこまで細かい知識は要求されないので、**問題集の余白からはみ出すほどの書き込みは、不要な情報が多い**ことを意味している。「過去問ダイレクトナビ」シリーズ（42ページ参照）を参考に情報をそぎ落とし、問題を解くために必要最低限の情報のみを書き込もう。

ただし、「暗記ノート」は作ってもよい。3回以上読んでも覚えられなかった内容を、暗記ノートにまとめるのだ。何度も目を通したのに覚えられなかった事項を簡潔にまとめていこう。

ちなみに、科目別や項目別にまとめる人がいるが、区別しなくてよい。間違えた時系列で書いていこう。どうしても複数冊に分けてまとめたい場合は、教養と専門でそれぞれ分けるとよい（試験は教養と専門で分かれているので）。暗記ノートは最終的に多くても2～3冊程度にまとめたい。

そして、この暗記ノートを1日1冊毎日読んでいくのである。試験当日の休憩時間もだ。自分が何度も間違えた箇所をまとめたノートなので、効果はてきめん。何度も読んでいれば1冊10分くらいで読めるようになる。

コツは「科目別に分けない」「ケチらないで大きな字で書く」「きれいな字でなくてOK」「語呂合わせや過去問の出題歴、模試等もメモしておく」などである。

公務員試験　受験ジャーナル ⊛ 8年度 No.1　**035**

最短ルートは主要5科目から

主要5科目とは

　公務員試験の一次試験の多くは、教養科目と専門科目の五肢択一式である。大学入試共通テストの科目が多くなったものと考えればよい。

　教養科目は、一般知能分野（文章理解（現代文、英文）、判断推理、数的推理、資料解釈）、一般知識分野（人文科学（日本史、世界史、地理、思想、文学・芸術）、社会科学（政治、法律、経済、社会（時事））、自然科学（数学、物理、化学、生物、地学））である。この中で配点が高く、**重要なのは一般知能分野である。文系であっても一般知能分野は捨てられない。**

　専門科目は、大きく**法律系**（憲法、行政法、民法、商法、刑法、労働法）、**経済系**（ミクロ経済学、マクロ経済学、経済事情、経済史、財政学、経済政策、経営学）、**行政系**（政治学、行政学、国際関係、社会学、社会政策）である。

　上記の中で**主要5科目とは、**
　　判断推理・数的推理
　　憲法
　　行政法
　　民法
　　ミクロ・マクロ経済学

である。学部を問わず主要5科目の攻略が、合格への最短ルートだ。

　受験者は多いが、途中であきらめてしまう人も多いのが公務員試験である。6月末まで淡々と勉強を続ければ合格できるので、やり続けてほしい。

得点目標は7割

　得点の目標は、まず**専門科目で7割**である。もっとも、すべての科目で均等に7割という訳ではなく「トータルで」という意味だ。たとえば、公務員試験において憲法は、8割正答するのが比較的容易な科目である。一方、民法や経済学で8割取ろうと思うと、相当な勉強量が要求される。具体的な科目ごとの勘所としては、「憲法、行政法で8割、民法7割、経済学6割強」といったところである。

　教養科目については昨今、一般知識分野の重要性がやや下がってはきているが、**目標としては7割**をめざしたい。目標7割で、実際の正答率は6割以上といったところである。

　ただし、たとえば国家公務員は、配点比率が「教養：専門＝1：2」なので、基礎能力（教養）試験の一般知識の1問を取るより、専門試験の正答率を上げるほうが大切である。このように、科目ごとの重要性と勉強時間、暗記対象の配分を間違えないようにくれぐれも注意したい。特に国家公務員の基礎能力試験は、知能分野を重視する構成に変更されている。

　また近年、市役所などを中心に、一次試験でSPIやSCOAを実施するところが多くなっている。問題は、易しいものが多いが解答時間が短いため、対策が必須となる。その意味で一昔前の受験者より負担は増しているため、より効率的な勉強方法が必要である。

なお、捨て科目はあってもよい。ただし、文系出身者でも判断推理、数的推理などの出題数が多い問題は解けるようにしておかなければいけない。

経済系科目の重要性

経済学はとっつきにくく感じる人が多いかもしれない。一般的な地方上級の出題パターンでは、経済学の出題数が多い。これに対し、国家一般職では選択解答制のため、経済学を選択しないこともできる。しかし、大多数の受験者は国家一般職と地方上級を併願するため、経済学を得点源にしておくことは、合格への最短ルートとなる。

経済学は難しく感じるが、数学の知識で必要なのは簡単な微分と指数計算くらいである。公務員試験のレベルならば、問題と解法をセットで学べば合格点を取れる。典型的なパターン問題が多いので、そのような問題を手堅く取るのが定石である。ぶっちゃけて言えば、**公務員試験の経済学は暗記である。**

また、経済学は専門試験のみならず、教養試験の社会科学分野でも出題される。問題レベルは教養試験のほうが易しい。そこで戦略としては、まず教養試験レベルを解けるようになった後で専門試験レベルに進むのがいいだろう。この構成になっている理想的な参考書があるので後述する。（88、91ページ）

国家一般職を併願する際の科目戦略

国家一般職の専門試験などでは、科目選択解答制（当日に解答する科目を選ぶ方式）になっている。基本的には、憲法、民法Ⅰ、民法Ⅱ、行政法、ミクロ経済学、マクロ経済学、財政学、政治学、行政学辺りを用意しておき、当日に簡単な科目から解答するようにしたい。

ちなみに、英語（基礎）、英語（一般）という科目もある。教養試験の文章理解（英文）に加えて、緊急避難的に英語を選択する場合もあるため、簡単な対策（単語、文法、解釈など）はしておいたほうがよい。

私は法学部なので、法律科目はいけそうだけど、経済学なんてほとんど触れたことがないんですが……。

法学部生であっても、経済系を捨てると合格は難しくなってしまいます。

COLUMN 学内講座・予備校との付き合い方

私は公務員試験においては、学内講座や予備校に通わなくても対策ができると考えている。市販教材に良書が多いからである。予備校では通常1年程度を費やして全範囲を1回通すだけである。講義時間は2〜3時間だろうから、無駄が多いと感じる。単位時間当たりで学べる知識は、独学のほうが多く、優れている。

特に最近の公務員試験の教材は、予備校の講義をそのまま文字起こししたような講義本が販売されている。これらの本を使えば、予備校の講義は不要である。また、最近は、無料や安価な価格で著者の講義動画がセットになっていることも多い。

過去問を制する者が公務員試験を制する

本番に1番近いのは、当然だが過去問だ

　何をやればいいのかと聞かれれば、やはり過去問である。公務員試験を受けると決めた瞬間から取り組むべきだ。今やらずしていつやるか。誰がなんと言おうが、**本番に出題される問題に一番近い問題は、その試験の過去問**なのだ。過去問を毎日淡々と潰し、最終的に条件反射的に解けるようになることが、合格への最短ルートと言える。勉強をしてみればわかるが、**過去問の知識のみで相当部分の得点が可能**だ。過去問に似た形式の問題が、出題されやすい傾向があるからである。

　過去問の中には、難問や捨て問、捨て肢もある。難問や捨て問の選球眼については、過去問を解いていればわかってくるが、良い問題集ではあらかじめ奇問はカットされている。少なくとも、使用者が多い「新スーパー過去問ゼミ」シリーズ（41ページ参照）に載っていない知識は、受験者の多くが解けない問題であり、気にする必要はない。

どの過去問集を使用するべきか

　誤解を恐れずに言えば、過去問集はどの出版社のものでもよい。ただし、これは「合格者の多くが使う参考書を、最後まで愚直に繰り返すのならば」という条件付きである。参考書についてさまざまな議論があるが、そのようなことはどうでもよく、そんな時間があるのなら**とにかく1問解く、1問潰す**という意識が必要である。「○○の参考書で足りますか？」という質問が多く見受けられるが、そのような質問は「その参考書を1問も間違えずに解けるようになった者」のみが発言する権利がある。そのくらい完璧にするつもりで、とにかく愚直に繰り返そう。

　一つ言えるのは、**問題と解答解説が見開き完結**しているものを選ぶべきである。**問題と解説を見比べやすいからだ**。苦手科目や初めて学習する科目は、特に上記の形式を強く勧める。この辺りは「**過去問ダイレクトナビ**」シリーズや、「**集中講義**」シリーズ（42ページ参照）が採用しているので、大いに活用すべきである。

過去問の潰し方（回し方）

　国家総合職はほかの試験よりも難しいが、参考書に掲載されている国家総合職の問題は、主要科目については飛ばさずマスターするべきである。なぜなら、**国家総合職で問われた内容が、数年後に形を変えて国家一般職などで出題される傾向がある**からである。また、**試験をまたいで頻出テーマから類似問題が出題される**こともよくある。

　主要5科目については、ほかの試験（受験しない職種も含めて）の過去問も解いておくべきだ。参考書の潰し方（回し方）については後述する（44ページ参照）。

過去問集以外に必要な教材

過去問集以外で使用する教材は、試験向けに要点をまとめた「加工本」と「理解本」である。加工本は、過去問の知識を集めて整理したもので、最終的に過去問を解くために必要な知識を身につけるために有用な教材である。一方、理解本は、初学者の段階で理解の補助として使用するものである。たとえば、加工本は『行政5科目　まるごとパスワードneo2』、理解本は「最初でつまずかない」シリーズなどだ。なお、最終的には過去問集を回転することになるので、間違ってもノート作成に時間をかけすぎるべきではない。

これらの教材で**わからない部分があっても、一気に通読するのがポイント**である。前のほうに掲載されているのに後ろのほうで習う知識が必要、という場合がある（民法で顕著である）。「とりあえず進める」といういい加減さが必要である。また、たいていの事項は、ネット検索でわかりやす

く説明されたサイトが見つかるはずである。フル活用してほしい。

なお、多くの問題集に手を出しすぎることは、お勧めしない。各問題集を断片的にしか繰り返せず、身につかないからだ。合格するためには基本書や問題集の中身を9割以上マスターする必要がある。そうなると、**必然的に主力教材はメイン科目で2～3冊、マイナー科目なら1冊**という具合になるだろう。いつの間にか大量の教材を抱え込んでいるパターンが一番危ない。今やっている教材を放り出して乗り換えるというのは最悪である。

> 過去問は、教養5年・専門10年ぶんくらいやればOK。そのくらいやれば出題傾向を知ることもできます。時事や国際関係などは、最新のものでないと意味がないので、こういう科目は過去問以外の本が必要です。

COLUMN 模擬試験はドンドン受けよう

予備校や学内講座などで実施している模擬試験はドンドン受けるようにしよう。「実力がついてから」などと思わず、今受験すべきである。模試は各予備校が傾向を分析し、本番の問題を的中させるために切磋琢磨している。受験料もそれほど高くないので、模試を最低2つは受けてほしい。TACとLECが規模的に候補となる。産経公務員模擬テストもオススメだ。本番のシミュレーションも兼ねるので、可能な限り会場受験すべきである。

模試は受けた後が肝心で、点数や判定は気にしなくてもよい。まず、復習すべき問題と捨てる問題の選別が大事である。復習すべき問題は**自分が間違えた、または勘で解答した問題**、さらに**本番で出たら正答できなければならないレベルの問題**である。これらの問題は、**過去問と同様に正文化をし、同じ方法で徹底的に読み込んでマスター**しなければならない。模試の受験後に、詳細なデー

タが提供される。**正答率50%以上で自分が間違えた問題については、特に復習が必要**である。さらに、問題集の該当分野も確認し、復習することが大事だ。自分が間違えた問題は、印象に残るので記憶に残りやすい。

逆に**間違えた問題で正答率が低い問題（正答率40%以下）は、捨て問と判断して、復習対象から省いてよい**。基本的に、正答率50%以上の問題を落とさなければ、合格できる。

復習は、復習すべき問題をコピーしてノートに貼り、自家製問題集を作成している人が多い。最近ではメモアプリを利用して、自作問題集やまとめノートを作る人もいる。たとえば「Good notes」や「PDF Expert」などのアプリを使うのもよい。紙でコピーして自家製ノートを作成する場合は、表裏に貼るのではなく、「左に問題、右に解説」という形式に貼るようにしよう。

間違いない参考書はコレ

良い参考書の条件

頻出分野がはっきりしている公務員試験において、過去問の攻略は必須である。私が考える、良い過去問集の条件は以下のとおりである。

1 ── 問題と解答解説が見開き完結になっている。
2 ── 国家総合職の問題も収録している。
3 ── 似た問題を選別し、良問のみをセレクトしている。
4 ── 難問や奇問を載せていない。
5 ── 解説が簡潔であり、必要最小限である。

受験者のタイプ別オススメシリーズ

実務教育出版が刊行している特に人気のシリーズについて、その特徴をバブルチャートのイメージで紹介します。自分がどのタイプに当てはまるかを考えながら、問題集・テキスト選びの参考にしてください。

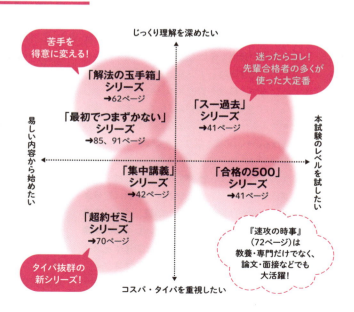

PART 2　合格への最短ルート！

「新スーパー過去問ゼミ」シリーズ

定価：1,980～2,090円（税込）
実務教育出版

社会科学［増補版］／人文科学［増補版］／自然科学［増補版］／
判断推理／数的推理／文章理解・資料解釈／憲法／行政法／
民法Ⅰ／民法Ⅱ／刑法／労働法／政治学／行政学／社会学／国際関係／
ミクロ経済学／マクロ経済学／財政学／経営学／会計学／教育学・心理学

概要　テーマごとに、「出題傾向と対策」「必修問題」「重要ポイント」「実践問題」で構成されている。マイナー科目である刑法、会計学、教育学・心理学まで出版されている。

オススメ理由　良い過去問集の条件1～5を当てはめてみると、1について、必修問題は見開き完結となっている。2から5はすべて満たしている。特に優れている点は3、4である。公務員試験には大量の過去問があるが、難問や奇問がカットされ、各テーマごとに良問が数問程度にまとめられている。テーマごとに試験別の頻出度が出ているので、志望先によっては国家総合職にしか出ていない分野を飛ばす、などの判断に使える。また、必修問題の選定が素晴らしい。経済学などの**量が多い科目は、まず必修問題のみを繰り返して**解けるようになることを勧める。加えて、「POINT」というまとめ部分にもわかりやすい。たとえば、**POINT部分のみをコピーしてノートに貼り付けていけば、まとめノートが完成する。**

「合格の500」シリーズ

定価（2026年版）：3,960～2,640円（税込）／実務教育出版

国家総合職　教養・専門試験　過去問500※
国家一般職［大卒］教養・専門試験　過去問500※
国税専門官　教養・専門試験　過去問500
地方上級　教養試験　過去問500
地方上級　専門試験　過去問500
東京都・特別区Ⅰ類　教養・専門　過去問500
市役所上・中級　教養・専門　過去問500
大卒警察官　教養試験　過去問350
大卒・高卒消防官　教養試験　過去問350　　　　　　　　※2027年度版から

概要　実際の過去問（地方上級は復元問題）が掲載されている。試験問題が公開されていない地方上級や市役所などは、受験者から情報を収集し、復元して科目別に整理してある。

オススメ理由　今も昔も定番の問題集であり、自分が受ける試験は必ず買ったほうが良い。特に、試験問題の持ち帰りができない地方上級の志望者にとっては、必須アイテムである。

長所としては問題と解答解説が1ページ内または、左右見開きで完結している点である。解答解説が裏表になっている形式に比べて、圧倒的に勉強しやすい。ただし、解説が淡々としているため、初学者段階から勉強の中心に持ってくるのは少々しんどいかもしれない。よって、普段の勉強アイテムは、「スー過去」や「ダイレクトナビ」等に譲り、直前期のチェック用に使うことが主な使用方法になるだろう。

「集中講義」シリーズ

定価：1,650円／実務教育出版

判断推理／数的推理／図形・空間把握／文章理解／資料解釈／
憲法／行政法／民法Ⅰ／民法Ⅱ／政治学・行政学／
国際関係／ミクロ経済学／マクロ経済学

概要 地方上級、市役所試験を中心に、頻出基本問題を見開き構成で解説した「スー過去」のライト版の問題集である。

オススメ理由 過去問集の理想形に近い体裁になっているので、使用を強く薦めたい。

- 試験に出る知識が出る形式で記述されている。
- 解答解説がシンプルで、間違いも簡潔に指摘されている。
- 問題と解説が見開き構成で頭に入りやすい。
- 「スー過去」や「最初でつまずかない」シリーズ（85、91ページ）との相性が良い。

「スー過去」の前に「集中講義」に取り組むべき科目としては、民法、行政法、ミクロ経済学、マクロ経済学である。これらは後述する「最初でつまずかない」シリーズと同じ著者なので相性が抜群だ。「最初でつまずかない」を読み込みながら、「集中講義」を進めるのが良い。本試験で万全を期すべき5科目については、「集中講義」を終えた後に「スー過去」を利用してほしい。

「過去問ダイレクトナビ」シリーズ

定価：1,430円／実務教育出版

政治・経済／日本史／世界史／地理／
物理・化学／生物・地学

概要 教養科目のみ出版されている。**過去問と解答解説が見開き完結**であり、あらかじめ、**問題文も赤字で正文化されており、赤シート対応**となっている。赤字の入り具合も、紙面が見にくいほど多くなく適切な文章量になっており、書き込みもしやすい。

オススメ理由 この**ダイレクトナビの形式こそが、過去問の正文化の理想形**である。受験者諸君はこの問題集を参考に、ほかの参考書も過去問の正文化を行ってほしい。読むだけで頭に入り、非常に勉強がしやすいはずである。問題数は各科目100問程度あるので、「ダイレクトナビ」シリーズを潰しておけば、知識で負けることはなくなるはずである。

もっとも、このシリーズは暗記ものがメインで、計算問題の収録はほとんどない。理系出身等で自然科学の計算問題に取り組みたい場合は、ほかの参考書で補充してほしい。

PART 2　合格への最短ルート！

「伊藤塾のこれで完成！」シリーズ
定価：1,870円／KADOKAWA

判断推理／数的推理／憲法／行政法／民法／経済学

概要　オールカラー、問題と解答解説は見開きで掲載。

オススメ理由　伊藤塾の公務員試験講座で配布している「これで完成！演習」（通称「これ完」）の書籍版である。**見開きかつオールカラーであり、トップクラスの見やすさである。掲載問題をS、A、B、Cの4段階でランク付け**している点もポイントが高い。なお、このシリーズを利用する場合は、伊藤塾の「○○の点数が面白いほどとれる本」（大学受験の参考書。通称「黄色本」で有名なシリーズである）との相性がいい。

「出るとこ過去問セレクト」シリーズ
定価：1,870円／TAC出版

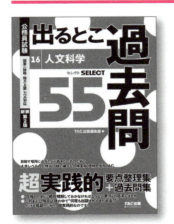

数的処理上／数的処理下／自然科学／社会科学／人文科学／
憲法／民法Ⅰ／民法Ⅱ／行政法／ミクロ経済学／マクロ経済学／
政治学／行政学／社会学／国際関係／経営学

概要　専門、教養科目とも発売。問題と解答解説が見開き完結しており、難問、奇問をカットして100問程度に収めた参考書である。

オススメ理由　コンセプトや構成が前述した「集中講義」に近いので、同様の使用ができる。「出るとこ過去問」シリーズでは「集中講義」にはない社会学と経営学が出版されており、社会学と経営学の「スー過去」を潰すには時間がない場合に、このシリーズを使用するとよい。

「本気で合格！過去問解きまくり！」シリーズ
定価：1,782～1,881円
東京リーガルマインド

数的推理・資料解釈／判断推理・図形／文章理解／社会科学／
人文科学Ⅰ／人文科学Ⅱ／自然科学Ⅰ／自然科学Ⅱ／憲法／民法Ⅰ／民法Ⅱ／
行政法／ミクロ経済学／マクロ経済／政治学／行政学／社会学／財政学

概要　科目別の過去問集。ほぼ全科目出版されている定番の参考書である。

オススメ理由　何度か書名が変わっているが、2012年頃の「Quick Master」シリーズから全問題見開き完結の構成になり、条件1の完成度はトップである。ただし、量が多いため「**まずは過去10年分のみを解く→マスターできればさらにさかのぼる**」とよい。余裕があるなら、全科目このシリーズでガリガリ解くのもアリである。

過去問集はこう使う

過去問はいきなり答えを読む！

「過去問集を買ったものの、どう取り組めばいいのかわからない」と言う人がいる。自力で解くのが受験勉強であると思っている人も多い。

しかし公務員試験は、試験範囲が広い。大切なのは、本番の日に合格点以上を正答することなのだ。自力で解いていたのではまったく時間が足りない。

そこで、最初から**いきなり答えを読もう**。

問題と解説を次々と読んでいき、その中で必要な事項を実践的な形で頭にインストールしていくのである。この方法ならば、自力で解くよりも時間がかからない。

具体的には、**問題を読んだらすぐに答えを読む**。初学者は考える必要はない。まずは典型的な問題をどんどん頭に入れていくのが大切なのである。考える必要がある問題は、実力がついてからで十分だ。公務員試験は**典型的な問題がほとんど**なので、初めのうちはほとんど考える必要はない。

得点力は、条件反射で解ける問題の数に比例する。**最優先で身につけるべきは過去問**であるというのが、**どんな試験においても合格のための常識であり定石**である。

過去問集への書き込みが大事

答えを読んで、その問題を解くのに必要な知識を、直接問題文に書き込もう。正文には〇をつけ、誤文は間違っている箇所を訂正し、正文にする。「過去問ダイレクトナビ」シリーズや「集中講義」シリーズは、この形式でまとめてあるので参考にしてほしい。特に「ダイレクトナビ」シリーズは最も理想的な形式になっているため、暗記科目はこのシリーズから始め、まとめ方を学んだ後にほかの科目に応用していくとよい。

問題集を汚すことをためらってはいけない。**問題集をノートにするつもりで取り組もう**。解説で不明な点は、必要に応じて参考書も参照し、その問題集自体を参考書にしてしまうのだ。

「基本書の理解→問題集で確認」という常識を捨てる

基本書は、問題を解くために必要な知識やその周辺知識を知るために読む。つまり、過去問から逆算するのである。

基本書から読んでいたのでは間に合わないどころか、量が多すぎて挫折してしまうこともあるから注意しよう。基本書には、問題の解き方は書かれていない。また、すべてが試験に出るわけでもない。**「基本書の理解→問題集で確認」という常識を捨てる**ことが、合格への最短ルートである。基本書は、出題されていない箇所は読む必要はない。重要な部分のみ絞って読むべきである。問題で出題された知識の確認という観点で読もう。

過去問集の正文化をしよう

基本書を読むのは、過去問をひととおりやった後である。過去問の知識が核となり、理解が深まるからである。また、基本書を読むときは全部通読する必要はない。自分に必要な箇所のみを読むので十分である。合格に必要なところだけを自分で選ぶことができる選球眼を養うことが、合否を分けるポイントだ。

過去問の正文化をするときは、解説を写すわけではない。**正答を得るための知識は実は少ない。1つの選択肢につき、せいぜい3～5行でまとめよう。**それ以上になる場合は、余分な記載があると思ってよい。この点はぜひ「ダイレクトナビ」シリーズを参考にしてほしい。問題集によっては、グダグダとどうでもよい解説をつけているものがあるので、注意しよう。

専門科目については、誤答も根拠をもって消せるようになる必要がある。一方で時間をかけられない一般知識分野については、誤答を消すための知識に振り回されないことが必要である。5択なのだから単純に4倍スピードが違ってくる。

効率の悪いやり方の
典型例に注意しよう

作業を進めているうちに、誤答選択肢にありがちな特有の言い回しやフレーズ、似た用語との入れ替えなどに気づくだろう。そういったものをどんどんストックしていこう。ほかの科目でも同様の言い回しが使われていることが見えてくるはずだ。

答えを読むときに重要なことは、**1問終わるごとに、自力で正答できるかどうかチェックをすることである。**自力で解けない問題は、本番でも解けない。これをわかっていない受験者は多い。**「問題を読む→わからない→答えを読む→納得→次の問題」というのは、効率の悪いやり方の典型例**である。この状態は、勉強している気にはなるが実は勉強になっていない。特に判断推理、数的

推理、経済学は、もう一度自力で解き直して確実に解けるようにしておこう。

横の反復と縦の反復

人間の記憶力は優れていない。普通にやっていると、1冊正文化が終わった頃には、ほとんど忘れてしまっていることが多い。そこで以下の方法を使おう。

> **1日目** 最初の過去問の正文化を行う。
> **2日目** 前日やったものをざっと復習してから2日目の作業を行う。
> **3日目** 1～2日目にやったものをざっと復習してから3日目の作業を行う
> **4日目** 2～3日目のやったものをざっと復習してから4日目の作業を行う。

一度新しい問題をやったら、最低3日連続で見直すということである。私はこれを「横の反復」と呼んでいるが、スイッチフルバック方式とかヒンドゥーメソッドなどとも呼ばれている方法だ。要は、間髪空けずにこまめに復習するのだ。この方法を利用すれば、1冊終わった頃には、3回の復習が完了していることになる。

「横の反復」をしながら1冊やり終えたら、今度は1冊を一気に復習しよう。できれば1日で全部を読み切るのが望ましい。これを「縦の反復」と呼んでいる。「科目を一気に概観する」のを何度も繰り返すことで、理解と知識が定着していく。

繰り返しているうち正答番号を覚えてしまうことがある。縦の反復の際には、誤答の選択肢がなぜ誤答なのかを説明するつもりで読もう。

最終的には、この縦の反復を直前期までに何回できたかが重要になる。直前に1日で見直せるような問題集が何冊か作られる。そしてその問題集の中でも、マスターすべき部分と読まないでいい部分を選別できるかが大切だ。このように、日頃から直前期のことも意識して取り組もう。

合格スケジュール

まずは主要科目を攻略しよう

　公務員試験で一番時間が掛かる科目は、判断推理・数的推理、民法、経済学である。「計算問題がある」「原理を理解するために時間が掛かる」「単純に量が多い」というのが理由である。また、出題数が多いため、これらの科目で得点を見込めないと合格はおぼつかなくなってしまう。すぐに着手しよう。受験勉強の開始直後は、これらの科目に勉強を集中させてもよい。特に試験まで1年以上ある場合は、最初の3か月程度は主要科目のみの学習でもよいだろう。最初から暗記中心の行政系科目に手を出すと、主要科目に十分な時間を確保できない。

　本番まで1年を切っている場合は、戦略を立てて勉強していくことが大切である。戦略を立てずに、科目変更や、科目全体を捨てるといった選択はしないようにしよう。今の自分の勉強が試験時にどの程度の点数となるのか、意識して勉強していこう。この視点を持っていれば、合格までの距離を適切に測ることができる。

計画は勉強時間ではなく、勉強量で立てる

　スケジュールは**1週間単位で作成**するのがいいだろう。**予備日を1日設定**し、計画をすべて達成したなら自由に遊んでもよい。

　計画は勉強時間ではなく、量で考えるべきだ。公務員試験において、1冊の問題集を読み終わるのに1か月以上かかるようなスケジュールでは、そもそも間に合わない。理想は「1週間で1冊」を終わらせる計画を立てるべきである。模試に合わせて計画していくのもいい。

　量で計画を立てることで、デッドラインが生まれる。「今週はこの分野を終わらせる」という締切りによって、集中力が自然と生まれてくる。時間単位の勉強では、こうはいかない。

合格スケジュール

準備期間	基礎力養成期	実力養成期	直前完成期	
試験について調べる	得点源になる最優先の科目	出題ウエートが大きくじっくり力をつける科目	効率の良い学習でポイントをつかむ科目	本試験
	一般知能			
		一般知識	時事対策	
	経済系	行政系	直前期の仕上げ	
	法律系			
		論文対策	面接対策	

また計画は、詳細な小目標を立てると、達成感ややる気が出る。この問題集を1冊終わらせるという大雑把な計画ではなく、「今週はこの問題集の何ページまでは終わらせる」という「細かく落とし込んだ計画」が必要である。

もっとも、過大な計画を立てて挫折すると、勉強が嫌になってしまう。勉強を3日以上やらない日が続くと、取り戻すのに多大な労力がいる。自分の体力と集中力と相談し、できそうな計画を作成することも大事だ。**自分がやれそうだと思う勉強量の7～8割程度にとどめておく**のがよいだろう。

良い計画例（量で立てる）

・今週の計画

憲法	「過去問500」50問
数的推理	「玉手箱」第5章まで
行政系	「まるパス」通読
	「スー過去」3章まで

悪い計画例（学習時間で立てる）

数的推理1時間、経済学1時間、民法1時間
→予定どおりに進まなかった場合、勉強計画が狂ってしまう

無駄な時間の排除

計画を1日単位に分割した場合、無駄な時間を徹底的に排除しなければならない。インターネット、SNS、テレビ、コンビニ等に注意だ。特にSNSは、時間を消費しやすいので1日の時間を決めたほうがいいし、情報が錯綜しやすいのでそもそもやらないほうがよい。

自分がどんなことに時間を使っているか把握することは、受験に限らず、公務員になった後も重要な能力である。一度、純粋に勉強している時間を測ってみるとよい。驚くほど勉強していないことがわかるはずだ。トイレ、歯磨き、風呂、通勤時間等の隙間時間を積み上げれば、2時間くらい

になることもある。無駄な時間を勉強時間に転換しよう。

規則正しい生活をしよう

1日単位のスケジュールも重要だ。睡眠時間は6～7時間取ろう。夜12時以降は勉強の能率が下がるので、夜遅くの学習は避け早起きをすることが望ましい。朝5時に起きて勉強することを推奨する。日中に学習時間が取れる受験者ならば、朝5時に起きれば午前中だけで6時間くらい勉強できる。途中に仮眠を入れても、1日12時間以上勉強できるようになる。働きながら受験する場合は、朝5時から頑張って2時間半、昼休憩に30分、定時帰宅してから3時間、と細切れの時間を積み上げれば、合計6時間勉強することも可能だ。

試験の開始時間は午前中だ。規則正しい生活をして、学習リズムを試験時間に合わせよう。週の計画を7分割（予備日を含めると6分割）して、常に週の計画を意識して勉強を進めよう。ただし、きっちりそのとおりにやる必要はない。計画どおりにできなかった部分は、予備日にリカバリーしよう。

My参考書を作って持ち歩く

「暗記ノート」のようにハンディな教材を作って、常に携帯しよう。最近は暗記ノートをGoodnotesなどのアプリで作成して、細切れで見返す受験者もいる。電車に乗っている時間、トイレの時間等細切れの時間を活用して、見直しをするのだ。このような積み重ねが、大きな差となってくる。

また、やる気が出ないときの管理も重要だ。やる気が出ないときは、新しいものではなく、今までやってきた教材を復習するとよい。それすらやる気がない場合は、暗記事項をICレコーダーに吹き込んでおいて再生したり、ipadならテキス

ト読み上げ機能等を利用して、ただ聞き流すだけでも勉強になる。重要なのは、勉強しない日を極力作らないことだ。

勉強時間の1つの目安は最低600時間

勉強の絶対時間はやはり必要である。量より質をうたう受験者の多くは、そもそもの勉強量が足りていない。ほかの人より量や効率的な方法で上回るように心掛けよう。

具体的な絶対量として、本試験までに最低600時間をまず目標にしよう。1日8時間やれば3か月掛からない時間である。まずは一気に基礎力を付けて、後はひたすら復習。合格まで1年程度勉強をしていれば、軽く1,000～1,500時間になっているのが通常だ。

いずれにしろ、今すぐに勉強を始めよう。試験日から逆算して、間に合うように計画を立てて、それを実行していくことが大切だ。

問題集を中心とした勉強を短期間で一気にやる。そしてそれを繰り返す。**逆転にはスピードと反復が必要なのだ。**

勉強時間を計る

勉強時間は、厳密にストップウォッチなどで計測することをオススメする。計測結果はStudy plusというアプリで記録するのがよい。繰り返しになるが、実際に計測してみると、驚くほど勉強していないことに気づくはずだ。

しかし、勉強を続けるうちに集中力が増し、勉強時間が自然と増えてくるものである。出るところを集中的に繰り返し復習して覚え、高速回転しまくろう。また、休憩時間は上限を決めておく必要がある。人間はどうしても集中力が切れてしまうので、休憩時間の管理が必要だ。

集中力が落ちてきたら、休憩を取る以外にも、場所を変える、15分程度仮眠する、自宅がダメなら図書館やカフェに行く等、工夫できることはいくらでもある。休憩は、次の勉強の能率を上げるために行う、という意識が必要である。

1日の過ごし方

勉強の始まりは復習からをオススメする。すでにやった内容であるから、負荷は低いはずだ。その後は専門と教養を交互に混ぜながら1日を過ごすのがオススメだ。今日は数的推理しかやらないといったような一点突破型は、脳が疲労する割に効率は悪い。勉強の最後30分～1時間程度は復習に充てるとよいだろう。

また、**「暗記事項は直前に詰め込めばよい」という考え方は危険**だ。人の記憶は復習しない限りドンドン抜けていく。それを防ぐにはこまめに復習するしかない。公務員試験は文章理解等の一部科目を除いてほぼ暗記科目である。直前などといわずに、最初から覚えていかなければならない。「暗記事項は直前」と言っている受験者は、「直前まで勉強しない」と言っているに等しい。普段から記憶を貯蓄していこう。

良い1日の例

起床→前日の復習→専門→教養→専門→教養→……（中略）→その日の復習→就寝

悪い1日の例

午前に憲法、午後に数的推理（復習なし）

自分でダイレクトナビのように正文化する場合は、書き込みを赤ペンではなく、オレンジペンでするといいよ！赤ペンでは赤シートを被せてもうっすら見えてしまうけど、オレンジペンだと完全に消えるんだ。勉強方法のちょっとしたコツは、『図解でわかる試験勉強のすごいコツ』（平木太生著、日本実業出版社）も参考になるね。

勉強する順序

「伸び代科目」「ほどほど科目」「後回し科目」がある

受験科目には、「やればやっただけ伸びる科目（伸び代科目）」「一定以上まで伸びるが、それ以上はコスパ・タイパが悪い科目（ほどほど科目）」「両者の中間で、学習時期の後半の対策でよい科目（後回し科目）」が存在する。公務員試験の勉強は、点数が伸びる科目から着手するのが鉄則だ。

・伸び代科目：一般知能、憲法、行政法

一般知能、憲法、行政法は、勉強量と得点が比例していく科目である。勉強開始日から一定のペースで勉強すべきだ。特に判断推理と数的推理は配点が大きいので、力を入れて取り組もう。

・ほどほど科目：民法、経済学

ほどほど科目は早めに着手し、基本に徹しよう。民法と経済学で挫折する受験者が多いが、この2科目は出題数が多く、放置するわけにもいかない科目。そこで、早めに基本を押さえるのが何より重要になる。基本知識で勝負する戦略がオススメであり、それ以上の知識はコスパ・タイパとも悪い。

・後回し科目：一般知識、行政系

行政系科目と一般知識は、上記の科目の1冊目の問題集が終わってから始めるくらいで十分である。公務員試験は、専門重視なので、比重は一般知識より行政系に力を注ぐこと。

力を入れて取り組む科目

一般知能は、力を入れて取り組もう。教養試験の勉強時間の半分以上をこれらに当てる必要がある。判断推理、数的推理は、出題数が多く配点が大きい。文章理解、資料解釈も、勉強すれば確実に点数が上がるので、対策をしよう。文系で数的推理が得意でない場合は、文章理解や資料解釈を得点源にしなければならなくなる。

民法と経済学は、完璧をめざさず、6割正答を一つの目標とすることが、勉強時間を短縮するポイントである。基本的には、憲法、行政法と行政系科目で勝負することになるだろう。地方上級の場合、行政系科目は過去問の知識が繰り返し出題されており、勉強したときの見返りが大きい。

地方上級や国税専門官等で出題される刑法・商法は、放置してもよい。タイパ・コスパが悪すぎるからだ。

一般知識は、自然科学3科目（数学、物理、化学が候補）、人文科学1～2科目（日本史が候補）程度は、とりあえず放置しても問題ないだろう。世界史や地理は、ほかの科目に影響するので取り組むことをオススメする。

時事は重要科目

時事は、あらゆる科目に登場するという点で隠れた重要科目である。『速攻の時事』と『速攻の時事 実戦トレーニング編』の最新年度が発売された日に購入し、何度も繰り返し見返そう。また、直前には本誌 No.5「直前対策ブック」を通読しておいて損はない。

なお、「直前対策ブック」は公務員になった後も毎年購入することをオススメする。白書の内容がコンパクトにまとまっており重宝するはずだ。

ミラクル記憶術

思考ではなく記憶量

ここでは記憶方法について説明していく。公務員試験においては、文章理解以外の科目は、事前に用意しておいた知識の差で決まるといってよい（数的推理や経済学等は思考力が必要だという反論がありそうだが、公務員試験レベルならパターン問題がほとんどで、結局は記憶である）。

公務員試験は科目数が多く、試験に制限時間があるので、現場で思考して解答するのは不可能だ。基本は**記憶したことを条件反射的に解く**しかないのである。そもそも公務員試験の解答時間は1問当たりせいぜい5分が限度だ。このような時間制限の中、思考力で解く暇はなく、問題文を読んだ時点で解法や正答が浮かぶレベルにしておく必要がある。

そこで、日々の勉強でパターン解法や知識を、いかに増やすかにかかってくる。結局、地味で無味乾燥な勉強が、受験の主要作業なのだ。試験に出題される大量の知識を、高速で大量反復する必要がある。

つまり、公務員試験勉強の本質は**「試験に出ることを覚える」**ことに尽きる。問題と解法、知識をセットでいかに蓄積していくかということである。これは数的推理や経済学等で、解説を読んでも自分でパターン分類できないような問題は、飛ばしてよいことを意味する。公務員試験では完璧主義はやめよう。飛ばすべきものは飛ばしてよい。

また、自分で解答を考える必要もない。解答から逆算して必要な知識を得るだけだ。自力で解くのは模試だけで十分である。あとは**答えを見ながら問題集を高速で大量に回転させていこう。**

わかりやすい本を使う

当然のことだが、わかりやすい本のほうが覚えやすい。できる限り公務員試験に特化したわかりやすい本を選ぼう。講義をそのまま参考書にしたものや動画が付いてくるもの等が販売されているので、初学の科目はこのような本を使うと理解が進む。専門的な基本書などはオススメしない。推薦する本と使用方法は後述する。

その場で反復しながら覚える

記憶したい事項を、漫然と読んだり写したりする人がいるが、勉強した気になるだけで意味がない。読むだけで済むのは、すでに記憶している事項の維持のみである。初回の記憶は、必ずその場で反復する必要がある。記憶は、まず短期記憶をし、それを長期記憶に変化させる必要がある。短期記憶ができていないものは、すぐ忘れてしまう。何かを覚えようとするときは、覚える対象から目を離して反復することが大切だ。

ただ公務員試験の場合は、選択肢を見て判別できる程度でよい。暗唱できなくても、文字を見て内容が頭に浮かぶレベルでよいのだ。解法の反復が必要なのは、判断推理・数的推理や経済学くら

いだろう。ほかの科目は選択肢が切れればよい。

判断推理・数的推理や経済学は、解説を読み込んで理解できたからといって、そこで終わりにしてはダメだ。必ず解説を見ずに解き直そう。解説を読んでも解けない問題も出てくるだろう。そのときは、解けるようになるまで反復と自力演習を繰り返す。これで、判断推理・数的推理や経済学もパターン演習ができるようになる。

このように、公務員試験では、その場で見て内容がなんとなく思い出せる程度の「**再認記憶**」で十分で、自力でイチから書くことができるまでの「**再生記憶**」は不要だ（専門記述式を除く）。まずは**頻出事項について、再認記憶レベルにまで持っていく**ことが目標になる。

しゃべって覚える

一般的に、読むよりは実際に書くほうが、書くより人に教えるように話すほうが、記憶に残る。再認記憶をする手っ取り早い方法は、覚えた事項を勉強仲間どうしでしゃべってみることである。自分の理解度がわかるし、記憶も強化されていく。最近ではChatGPTを使って、話した内容に間違いがないか指摘させることもできる。またICレコーダーやスマホに覚えたい事項を吹き込んで再生したり、iPadにテキスト類を読み込んで読み上げ機能を使うという方法もある。五感をフル活用して記憶を強化しよう。

紙に書く場合は、簡潔に暗記ノートを作って忘れやすい事項を毎日見直す程度にしておき、いちいち書いて覚えることは避けたほうがよい。書く時間で数倍読み込むことができるし、マークシート式では書くことは要求されていないからだ。

基本書を覚えない

問題集以外の本を読むのはやめよう。基本書を初回から全部暗記しようなどとしたところで、挫折するのは目に見えている。

基本書は体系立てて書かれているため、試験に出る分野と出ない分野が出てくる。そもそも全部覚える必要はない。まず過去問を見て覚えて、記憶するべきところを把握してから基本書に戻るとよい。初学の科目は、初歩的な本をざっと通読する程度で十分である。「**忘れてもよいからとにかく前に進める**」「**出るところを覚える**」「**復習で再度頭に入れる**」の繰り返しである。凡人はスピードと回転数が命だ。復習が極めて大事なのである。

忘れてもあきらめない

頭に入れても忘れる日は来る。だが、一度も覚えていないことと、一度覚えたが忘れてしまったこととは、大きな差がある。復習を繰り返す中で記憶は強化され、再記憶の時間が短縮し、どんどん整理されてくる。1～3回程度で覚えられるのは天才だけである。凡人は集中してスピードと反復回数でカバーするのだ。復習は過剰すぎるくらいがちょうどよい。勉強はシステムである。自分なりの復習方法をシステム化し、機械のごとく愚直に繰り返すのだ。電車に乗っている時間、休憩時間、トイレ等の隙間時間に、復習をどれだけやったかだ。

復習システムの具体例

・問題を3日連続で見直す
・一冊やり終えたら1日で一気に見直す
・一冊を数十分程度で見直せるようになるまで繰り返す

イラスト：小林孝文

PART 2 合格への最短ルート！

受かる人の記憶テクニック

1 100周をめざせ

私は「100周をめざしなさい」と指導している。短期間で高速に大量に回転させることが、試験勉強の奥義だからだ。

なお、大多数の受験者は、完璧にマスターする（＝"つぶす"）前に合格できてしまうだろう。つぶせなかったとしても、試験には合格できるのだ。

2 外で勉強する

物理的に勉強時間を増やすためには、外で勉強するのがオススメである。自習室は人の目があるため、強制的に勉強ができるようになる。余裕があるなら有料自習室でもよい。朝イチから夜遅くまでほぼ毎日自習室で勉強して「自習室のヌシ」をめざそう。このような人の合格率は、高い傾向にある。

自宅で勉強する場合は、机の上を徹底的に片づけよう。これだけで勉強時間が増えるものだ。

3 オススメのメモアプリ

私は、GoodnotesとPDF Expertを愛用しているが、それぞれ一長一短ある。Goodnotesは、ラインを引きやすいのだが、見開きで表示することができない。左に問題、右に解説という表示ができないのが難点である。PDF Expertは、見開きができるが、まっすぐ線を引けない。好みで使い分けるとよいだろう。

4 丸暗記には語呂合わせ

ただの丸暗記という事項もけっこうある。理屈どうこうではない内容だ。そういったものの暗記には、語呂合わせ等でリズムよく覚えよう。自分の言葉やイメージを混ぜて意味を補強すると、覚えやすくなる。

5 マーカーって要る？

世間ではマーカー不要論等もあるようだが、視覚的に訴えるという観点では有効である。しかし、やみくもに塗るのではなく、問題集の3割以下にしよう。全部の行を塗るのは意味がない。重要なポイントのみに絞ることが大切だ。

6 やる気が出ない日も、とりあえずやる

休養日以外は、勉強を絶対に休んではいけない。休養日以外に、30分でも暗記ノート等の見直しを行った受験者と勉強時間ゼロの受験者では、前者のほうが圧倒的に合格率は高いだろう。やる気が出ようが出なかろうが、淡々と勉強するのみである。無勉強の日を排除するように心掛けよう。

7 「暗記ノート」は科目を気にしない

どうしても覚えられないものは、暗記ノートに書き出す。科目に関係なく、時系列に書いていけばよい。隙間時間にチェックしていこう。毎日1回読み込めば、合格の可能性は飛躍的に高まる。

8 休養日は日曜日を避ける

1週間に1日は休養日を取ってもよいと思うが、日曜日以外にすべきだ。日曜日は模試等が入る可能性が高い。休むなら平日にしよう。ただし、それは勉強が予定どおりに進んだときの成功報酬である。当然ながら、計画どおりでない場合は勉強をして取り返す必要がある。

成功報酬を自己管理できるのは、試験でも仕事でも大きな能力である。「今週〇〇まで終わったら、〇〇でデザート」といったように手帳に記録することをオススメする。

PART

3

科目別学習法&
オススメ本

ここでは、PART 2 の学習プランに基づき、
各試験の攻略法を整理していきます。
合格者に定評のある参考書のレビューも満載！
正しい学習ツールを選んだら、それが合格に向けた第一歩です！

執筆：**柳乃 公人**（やなぎの なおと）

● **教養**

一般知能
　判断推理 054
　数的推理 058
　資料解釈 064
　文章理解 066
一般知識 069
　社会科学 071
　人文科学 073
　自然科学 075

● **論文対策** 077

● **専門**

　法律系 078
　経済系 088
　行政系 093

● **面接対策** 096

※掲載している本の価格は、すべて税込価格です。
※年度版の本の画像は、原則として前年度のものです。令和 8 年度試験を受験する方は、「2027年度版」をお買い求めください。

教養 一般知能分野

主要科目 判断推理

パターン暗記がカギ

判断推理は、数的推理よりは数式を使う必要がないぶん取り組みやすいといえる。公式もほとんどないが、対策は必須である。パターンを知っているかどうかで差が出る科目だからだ。出題数も多いので、徹底した対策が必要である。

まずは出題傾向を把握しよう。頻出テーマの問題を解いて慣れていくことが必要だ。問題集としては『判断推理がわかる！ 新・解法の玉手箱』（以下「解法の玉手箱」。62ページ参照）を推薦する。この問題集は、数学が苦手な人向けに書かれており、算数レベルの復習もあるため、楽に進められるはずである。掲載されている問題は主に市役所や地方上級レベルが多い。よって、「解法の玉手箱」の問題のほとんどは、絶対に間違えてはいけない問題である。

この本の使用方法としては、まず問題を読んで、すぐに正答と解説を読むことである。自力で解けるに越したことはないが、解けなくてもまったく問題ない。

そして、ここからが超重要なのだが、解説を読んで理解したら、必ず解説を一旦閉じて、その場でもう一度問題を解いてみることである。このように、問題と解法をパターンとして覚えていくのだ。判断推理はパターンが少ないので、数学が苦手な人も絶対にあきらめてはいけない。ベン図、論理記号、対応表を使いこなすことが、とりあえ

ずの目標である。

解けなかった場合は、もう一度解説を読み、また問題だけを見て解いてみよう。問題によっては5回くらい繰り返すこともあるだろう。**なかなか先に進まずイライラするかもしれないが、これに耐えた者が勝者となる。**

なお、**この本が終わるまで過去問や模試、ほかの問題集に着手してはいけない。**とにかく1冊を完全にマスターするのが最優先である。

実際の試験では、このようにして覚えたパターンを組み合わせて解いていくことになる。当然ながらのんびり思い出す時間はないので、問題を見た瞬間に条件反射で解法が思い浮かぶくらいまで、繰り返し問題演習を行う必要がある。

2冊目以降は

2冊目の問題集としては、『畑中敦子の判断推理ザ・ベストNEO』（以下「ザ・ベスト」。62ページ参照）を薦める。こまめに改訂がされており、**最新傾向を常に反映した問題集だ。**

最初から**地方上級が第一志望と決まっているなら、「解法の玉手箱」や「ザ・ベスト」で基礎固めをし、対応する分野を同時並行で『畑中敦子の地方上級・Ａ日程 出る順 数的処理』**（畑中敦子著、エクシア出版。以下「出る順」）**を進めるのもアリ**だ。基礎固めと同時に過去問を勉強できるのでオススメである。**社会人枠を受験する人は**

054 公務員試験 受験ジャーナル ● 8年度 No.1

PART 3　科目別学習法&オススメ本　教養

● 判断推理の勉強法 ●

できれば
1週間程度で『「判断推理」勝者の解き方 敗者の落とし穴NEXT』と同『トレーニング』(63ページ参照) を読んで裏ワザ、頻出分野を把握する。

MUST
「解法の玉手箱」をマスターする。
（3週間程度）

MUST
「ザ・ベスト」をマスターする。
（1か月程度）

MUST
「解法の玉手箱」と「ザ・ベスト」を周回する。（本番までに最低5周）

できれば
地方上級志望の人は、「出る順」を進める。

『畑中敦子の社会人採用数的処理ザ・ベスト』（畑中敦子著、エクシア出版）も活用すれば安心だ。
　基本的に「解法の玉手箱」と「ザ・ベスト」をマスターしておけば、国家一般職と地方上級で合格レベルに達することができる。あとは最新年度の過去問を「過去問500」等で演習するとよいだろう。「解法の玉手箱」と「ザ・ベスト」をマスターしても、本番でまったく解法が浮かばない問題は、捨て問だと判断してよい。
　また、判断推理は初見の問題が出やすい科目であるが、そのような問題は解けない人が多いので、気にする必要はない。解ける問題で確実に点数を取ることが大切である。

 合格者からのアドバイス

・**学習する科目の順番**
　1日中学習するためには、体力や集中力の維持が大切なので、学習する科目の順番を工夫しました。
　1日のスタートダッシュ：法律科目
　→**昼休憩後**：苦手な数的推理と判断推理をなんとか頑張る。得意科目のミクロ経済学とマクロ経済学のさらなるレベルアップをめざす
　→**夕方**：財政学などでもうひと頑張り
　→**体力が限界に近くなってくる夜**：時事問題や小論文、専門記述式試験の憲法といった、まったく違った科目
　この方法でモチベーションを整え、毎日21時頃まで学習を続けることができました。（国家専門職合格）

・**眠いときは…**
　眠いときは昼寝をしました。10分程度机に突っ伏して寝ると眠気が取れ、集中することができます。10分以上寝てしまうと逆効果なので、気をつけてください。（国家一般職合格）

過去問に挑戦

判断推理

　A～Cの３人がじゃんけんを３回したところ、３回とも３人のうちいずれか１人が勝った。次のことがわかっているとき、確実にいえるのはどれか。（市役所５年度）

・３人は１回ずつ勝ち、勝ったときの手はいずれも異なっていた。
・Aは３回目にパーを出し、Cは１回目にグーを出した。
・BはCより先に勝った。
・Bは１回目と２回目で異なる手を出した。

1　Aは１回目にパーを出した
2　Bは２回目にチョキを出した。
3　Cは３回目にパーを出した。
4　グー、チョキ、パーを１回ずつ出した人がいた。
5　２回続けて同じ手を出した人が１人だけいた。

解説　対応関係

　３つ目の条件よりBはCより先に勝っているので、勝った人の順番は①ABC、②BAC、③BCAのいずれかである。つまり、１回目はAかBが勝っている。Aが勝ったかBが勝ったかで場合分けをして考える。

（１）　１回目はAが勝った場合（①の場合）
　１回目はCがグーを出して負けているので、Aはパーで勝っている。勝った人は１人なのでBはグーで負けている。①の場合、３回目はCが勝っているので、パーを出しているAは負けたことになり、Cはチョキで勝ったことがわかる。このとき、１回目はパー、３回目はチョキで勝っているので、１つ目の条件よりBは２回目にグーで勝ったことになる。しかし、これでは４つ目の条件に反してしまうので不適である。

	１回目	２回目	３回目
A	○パー	×チョキ	×パー
B	×グー	○グー	×パー
C	×グー	×チョキ	○チョキ

（２）　１回目はBが勝った場合（②③の場合）
　１回目はCがグーを出して負けているので、Bはパーで勝っている。勝った人は１人なのでAはグーで負けている。勝ったときの手はいずれも異なっているので、Aが３回目に出したパーは負けていて、Cがチョキで勝ったことがわかる（したがって③は不適）。このときBは負けているのでパーを出している。１回目はBがパーで、３回目はCがチョキで勝っているので、２回目はAがグーで勝ったことになる。よって、結果は下の表のようになる。

	１回目	２回目	３回目
A	×グー	○グー	×パー
B	○パー	×チョキ	×パー
C	×グー	×チョキ	○チョキ

　選択肢を検討すると、確実にいえるのは**2**のみである。よって、正答は**2**である。

正答　2

過去問に挑戦

判断推理

図Ⅰのように11枚の正三角形をつなげた図形がある。この図の三角形の辺の箇所を同じ角度で折り曲げて組み立てると図Ⅱのような正八面体を作ることができる。この正八面体のうち3面は2つの三角形が重なる。その重なる三角形の組合せとして正しいのは次のうちではどれか。(地方上級5年度)

図Ⅰ

図Ⅱ

1　アとカ　　2　イとサ　　3　エとコ
4　エとサ　　5　オとク

解説　展開図

立体の平行面は1つしかないので、展開図上で平行面の箇所が2つある場合は、面が重なっていると考えることができる。正八面体の展開図上で平行面は下図の斜線部のような場所である。

このような場所が複数ある面を探せばよい。

キの平行面はアとオの2か所になる。これより、アとオは重なる三角形である。

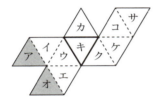

クの平行面はイとサの2か所になる。これより、イとサは重なる三角形である。

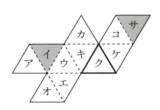

エの平行面はカとコの2か所になる。これより、カとコは重なる三角形である。

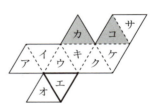

以上より重なる三角形はアとオ、イとサ、カとコであるから、正答は**2**である。

正答　2

主要科目 数的推理

数学ではない

数的推理は、公務員試験において最も頭を悩ませる科目である。私立文系の受験者は、数学に苦手意識がある人がもともと多い、ということもあるだろう。しかし、数的推理は数学ではなく**パズル問題**である。一番近いのは**中学受験の算数**だ。理系出身者は「方程式を立てれば解ける」というだろうが、方程式よりも早い解法もあり、訓練すれば誰でも解ける。

公務員試験のヤマとなる科目なので、**一日でも早く勉強を開始**しなければならない。また、間を空けると勘が鈍ってしまうため、毎日解く必要がある。受験までまだ時間があるという人も、この科目だけは早くから勉強を始める必要がある。問題のパターンを理解・ストックし、アウトプットすることによって点数が安定する。地道な繰り返しが大切だ。

初心者にオススメの本

公務員試験は、一般知識の科目をいくつか放置しても、一般知能で得点を積み上げれば合格できる。言い換えれば、一般知能の頻出分野を落とさないことが基本となる。よって、数的推理についても、判断推理と同様に、頻出テーマの攻略が不可欠だ。

学習には、『**数的推理がわかる！ 新・解法の玉手箱**』（以下「解法の玉手箱」。62ページ参照）を推薦する。まずはこの本で、基礎を徹底的に叩き込もう。『畑中敦子の数的推理ザ・ベストNEO』（以下「ザ・ベスト」。63ページ参照）のほうがレベルがやや上なので、先に「解法の玉手箱」で勉強したほうがスムーズに進められる。

復習が必須

まずは「解法の玉手箱」を判断推理と同様に全問進めていこう。ここで忘れていけないのが**復習**である。「1冊やり終えてから復習しようと思っていたけれど、その頃にはすべて忘れていた」なんてことはザラである。1つの問題をマスターしたら、3日連続で復習しよう。できれば自力で解きたいが、時間がなければ、「問題を見て解法が頭に浮かぶかどうか試す」だけでも全然違う。1冊やり終える前から並行して復習も進めることがポイントだ。

理想は「**1問を3日連続で復習→その週の終わりに復習→1か月後に復習**」というペースだ。この調子で行えば、1か月で5回復習したことになる。復習のスピードはどんどん速まる。本番までに何十回も繰り返すことができれば◎である。

合格者からのアドバイス

・**記録が大事**
　1日の学習の中で気をつけていたことは、
①学習を始める前にその日のTODOリストを作成する
②スマホの電源を切る
③学習が終わったらその日のタイムテーブルと反省点やコメントを残す
です。
特に、③は効果的でした。日常のちょっとした出来事が面接のネタになったり、志望先を考えるきっかけになることもあるため、しっかりと書き留めて見返せるようにしておくことは大事です。（国家専門職合格）

「解法の玉手箱」の次は

「解法の玉手箱」が終わったら「ザ・ベスト」に移行しよう。国家一般職、地方上級の数的推理は、この2冊だけで解法パターンを十分に学べて、合格レベルに達することができる。

とにかく、同じ問題を何度も繰り返して解法パターンを身につけることが大切だ。**問題を見た瞬間に即座に解法が思い浮かぶ**くらい繰り返し、問題をできるだけたくさんストックしておこう。特に**流水算など、「〇〇算」の解法は必ず覚えよう**。

「数的推理は数学ではない」が、中学レベルの数学の知識は必要なので、苦手な人は「解法の玉手箱」の「第0章　算数・数学のおさらい」「第1章　数学苦手さんでもこれならわかる」などで復習しよう。

余裕があれば、時間配分や腕試しとして、「過去問500」シリーズで数年分の問題を自力で解いてみよう。

なお、地方上級の志望者は、判断推理と同様に「出る順」の利用も検討したい。

確率は捨てるな

立体図形の問題は、勘で答えざるをえない部分もある。いくらでも難問を作れるため、パターン化しずらい。よって、立体図形は、面積と体積の頻出問題が解ければよく、**難問は捨てていい**。

一方で、**確率は絶対に捨ててはいけない**。確率が苦手な人は、順列と組合せの区別がついていないケースが多いので、しっかりマスターしたい。

数的推理の問題は、誰も解けないような捨て問が比較的多い。中学レベルの数学は最低限理解しておくべきだが、解説を見てもわからない問題は、さっさと捨てて先へ進もう。本番では、解けそうな問題から解いていくのが重要だ。**後回しにすべき問題は、「立体」「問題文自体が長い」「登場人物が多い」**などの特徴がある。

● 数的推理の勉強法 ●

できれば

1週間程度で『数的推理 勝者の解き方 敗者の落とし穴NEXT』と同『トレーニング』（63ページ参照）を読んで裏ワザ、頻出分野を把握する。

↓

MUST

「解法の玉手箱」をマスターする。（3週間程度）

↓

MUST

「ザ・ベスト」をマスターする。（1か月程度）

↓

MUST

「解法の玉手箱」「ザ・ベスト」を周回する。（本番までに最低5周）

↓

できれば

地方上級志望の人は、「出る順」をやっておく。

過去問に挑戦 🖊

数的推理

　ある農家では、収穫したみかんをMサイズとSサイズに振り分ける選別機にかけて、MサイズとSサイズに選別した。その後、サイズが正しいかどうかの点検作業を行ったところ、次のことがわかった。

○点検の結果、実際にはMサイズのみかんが80%、Sサイズのみかんが20%であった。

○実際にMサイズだったみかんのうち、選別機でSサイズに選別されていたものが10%あった。

○実際にSサイズだったみかんのうち、選別機でMサイズに選別されていたものが20%あった。

　選別機でMサイズだったみかんのうち、点検作業の結果、実際はSサイズだったみかんの割合として正しいものはどれか。（地方上級5年度）

1 $\dfrac{1}{11}$　　　**2** $\dfrac{2}{11}$　　　**3** $\dfrac{1}{17}$

4 $\dfrac{1}{19}$　　　**5** $\dfrac{22}{19}$

解説　比、割合

　すべてのみかんの数を100として、条件を表にまとめていく。1つ目の条件より次のようになる。

		選別機		合計
		M	S	
実際	M			80
	S			20
合計				100

　2つ目の条件より、実際はMサイズだった80のうち、選別機でSサイズとされていたものが10%あったので、選別機でSサイズとされたものは、80×0.1＝8となる。

		選別機		合計
		M	S	
実際	M	72	8	80
	S			20
合計				100

　3つ目の条件より、実際はSサイズだった20のうち、選別機でMサイズとされていたものが20%あったので、選別機でMサイズとされたものは、20×0.2＝4となる。

		選別機		合計
		M	S	
実際	M	72	8	80
	S	4	16	20
合計		76	24	100

　これより、選別機でMサイズだったみかんは76で、このうち、実際はSサイズだったみかんは4であったので、その割合は $\dfrac{4}{76}=\dfrac{1}{19}$ となる。

　よって、正答は**4**である。

正答 4

PART 3 科目別学習法&オススメ本 教養

過去問に挑戦

数的推理

　A、B、Cの3人が同じ場所から同じ道を通って同じ目的地へ徒歩で向かった。Aは、Bの出発15分前に出発し、Cの到着4分後に到着した。Bは、Cの出発7分後に出発し、Aの到着11分後に到着した。A、B、Cはそれぞれ一定の速さで移動し、Bは分速60m、Cは分速70mだったとすると、Aの速さはいくらか。（国家一般職6年度）

1　分速48m
2　分速50m
3　分速52m
4　分速54m
5　分速56m

解説　旅人算

　BはCより7分遅く出発し、Cより15分遅く到着している。したがって、BはCより8分余計にかかっている。Cが目的地まで行くのにかかった時間をx分とすると、Bは$(x+8)$分かかっているので、$70x=60(x+8)$、$70x=60x+480$、$10x=480$、$x=48$より、Cは目的地まで48分かかっている。AはCより8分早く出発し、4分遅く到着しているので、Cより12分余計に時間がかかっている。目的地までの距離は、$70×48=3360$より3,360mで、Aは$48+12=60$より、これに60分かかっているから、$3360÷60=56$より、Aの速さは分速56mとなる。

　よって、正答は**5**である。

正答　5

数的推理は、学習の初期は典型問題のマスターをめざしましょう

判断推理・数的推理のオススメ本

数学が苦手な人向け。詳しい解説が売りの参考書。算数のおさらいあり

『判断推理がわかる！ 新・解法の玉手箱』
『数的推理がわかる！ 新・解法の玉手箱』

資格試験研究会編／実務教育出版／各1,760円

概要 初歩から講義形式で解説しているシリーズ。問題を解く中で初学者が疑問に思うような箇所には、多数のアイコン表示で補足説明が付けられ、計算式や論理展開も極力省略せずに丁寧に記述してある。いたずらにテクニックに走らず、誰にでも扱いやすい解法や解答時間がかからない解法を提唱しており、基礎レベルから確実に力をつけるには最適な2冊である。

オススメ理由 算数の復習から始まるので、数学が苦手な人でも楽に進められる。問題のレベルは易しめのものが多いが、本書に掲載されている問題がほとんど正答できるようになれば、十分合格できる。本書と「ザ・ベスト」があれば、過去問集はほぼ不要である。

　いきなり過去問に取り組んでみたものの、あえなく撃沈した人にも優しい救世主のような本だ。判断推理では対偶や集合、真偽を使った論理式の問題から、数的推理では小数・分数・面積・割合などの基本的な計算方法の復習からスタートし、最終的には主要テーマ・解法がひととおりカバーできるように構成されている。2023年刊行の新版では、最新の出題傾向に対応して、「実際に過去問が解けるようになるための知識」を精選し、紙面デザインも一新してさらに取り組みやすく改訂された。

　本書に掲載された問題を解けるようになることが、判断推理・数的推理攻略の第一歩である。

PART 3　科目別学習法&オススメ本　教養

『畑中敦子の判断推理
ザ・ベストNEO』
『畑中敦子の数的推理
ザ・ベストNEO』

畑中敦子著／エクシア出版／各1,980円

概要　超有名講師の畑中敦子氏が、講義形式で解法を説明した本。現在出版されている判断推理・数的推理の本では、本書と「解法の玉手箱」が二大巨頭である。

オススメ理由　改訂がこまめ。やや難しい問題も収録されているが、苦手な人でも読みこなすことができる。とにかく、勉強の初期から本書を徹底的に活用してほしい。立体図形の対策を過度に気にする人もいるが、本書に載っている程度で十分である。

『畑中敦子×津田秀樹の
「判断推理」
勝者の解き方 敗者の落とし穴NEXT』
『畑中敦子×津田秀樹の
「数的推理」
勝者の解き方 敗者の落とし穴NEXT』

津田秀樹著　畑中敦子監修／エクシア出版／各1,760円

概要　「ザ・ベスト」の畑中敦子氏と『新版 公務員試験マル秘裏ワザ大全』で有名な津田秀樹氏とのコラボ本。知識ゼロのレベルから解説している。

オススメ理由　テーマが頻出順に掲載されており、読み進めるだけで自然と頻出分野が把握できる。また、解説も極めて丁寧で、裏ワザも習得でき、全体像を把握しやすい。ただ、解説が丁寧な反面、収録問題数が少ないため、同シリーズの「トレーニング本」で補ってほしい。

資料解釈

捨て問にしてはいけない

　資料解釈の出題数そのものは少ない。国家一般で3問、地方上級で1問程度である。特に地方上級志望者の中には捨てている人もいるが、大間違いである。対策をした人としていない人とで差が出る科目であり、本番で解ける速さも違ってくる。

　問題集は、『畑中敦子の資料解釈　ザ・ベスト NEO』（以下「ザ・ベスト」。65ページ参照）がオススメである。資料解釈は、まともに計算していると時間不足になることから、時間短縮の解法テクニックがどうしても必要になる。この本では、時短テクニックが数多く紹介されている。

　また資料解釈は、毎日解く必要がある。「ザ・ベスト」が終わった後も、毎日1問ずつでもよいので自力で解いていこう（もちろん電卓の使用はNGである）。数多くの過去問に触れる必要があることから、「ザ・ベスト」をひととおり解いたら、「集中講義」「スー過去」も解いていこう。

資料解釈は最後に解く

　数多くの過去問を解いていると、選択肢のカラクリがわかったり、勘が働くようになる。例を挙げると、**一番計算が簡単そうな選択肢が正解だった、というパターン**である。おそらくこれが正解だ、というアタリをつけてから、計算していくとよい。また、計算は3ケタ以内で行うこと。それ以上では、時間が不足する。

　また、本番では解答時間の不足を防ぐため、**資料解釈は最後に解答する**ようにしたい。早く解ける一般知識から先に解き、残りの時間をどれだけ資料解釈に割くことができるかがポイントだ。

　資料解釈の問題は、時間をかけて計算すれば確実に解ける。それを捨てるのは致命傷になりかねないので、最低限、「ザ・ベスト」を活用して問題に慣れておきたい。

合格者からのアドバイス

・**気分転換にわざわざ歩く**
　リフレッシュ時間を作る工夫をしていました。私は車で大学に通っていたのですが、学習する科目を変えるたびにテキストや問題集を車まで取りに行っていました。私の中ではそれが散歩のようなリフレッシュの時間になり、新たな気持ちで別の科目の学習を始められたのだと思います。（国家専門職合格）

・**問題を解きまくる**
　私は、移動中は必ず問題集を解くことを習慣化し、家から大学までの往復3時間を徹底的に活用しましたまたその際はイヤホンのノイズキャンセリング機能を使いました。（国家一般職合格）

● 資料解釈の勉強法 ●

「ザ・ベスト」をマスターする。（1か月）

▼

「集中講義」「スー過去」に掲載されている過去問を、1日1問毎日解く。（試験前日まで）

資料解釈のオススメ本

PART3 科目別学習法&オススメ本 教養

『畑中敦子の資料解釈 ザ・ベストNEO』

畑中敦子著／エクシア出版／1,540円

概要 過去問を講義形式で解説した問題集。2色刷りで計算省略のテクニックを多数掲載している。

オススメ理由 「時間さえあれば解けるのに、その時間が足りない」という資料解釈の決定版ともいえる参考書である。過去問を解く前に、まずは本書でしっかりテクニックを学んでおきたい。

COLUMN 「捨て問」の見分け方

　公務員試験で出題される問題には「捨て問」が混ざっている。「過去問500」や模試、本番では、捨て問には要注意だ（「ダイレクトナビ」や「集中講義」「スー過去」にはクセのある問題は掲載されていない）。
　捨て問は容赦なく切るべし。判断基準は、以下のとおりである。
- **解説を読んでも理解不能な問題**：誰が読んでも理解不能であるから合否に影響しない
- **明らかに作業量が多く5分以上かかる問題**：後回しにすべし
- **二度と出題されなさそうな問題**
- **正答率が4割を切るような問題**：正答率5割以上の問題を解けるようにすべし

　このような問題は、ドンドン捨ててよい。何をやるかより何をやらないかのほうが重要である。公務員試験は教養（基礎能力）・専門ともに満点の6～7割程度得点できれば十分に合格できる。
捨て問に執着せず、全体で合格点を取れればよいと割り切ろう。
　毎年、数的推理で1～2問程度、専門も科目にもよるが1問程度は捨て問がある。模試や予想問題集は難易度が高めに作られているので、捨て問はもっと多いだろう。模試では正答表（結果表）に掲載されている正答率を確認して、正答率4割を切る問題はバッサリ捨ててよい。

文章理解

得点源にすべき重要科目

　文章理解は、どの試験でも現代文・英文ともに出題数が多く、合否の分かれ目になる重要科目である。

　近年は英文の出題が増えているにもかかわらず、特段の対策を取らずに試験に臨んでいる人が多い。この科目で失点が多いとほかの科目の負担が増えるため、総合的に見ても文章理解は得点源にするべきである。

　また、誤りの選択肢の切り方がほかの科目にも応用できるので、文章理解を学習しておくと、ほかの科目の得点力も上昇する傾向にある。

　まずは誤りの選択肢の勘所を脳に染み込ませるため、『新版 公務員試験マル秘裏ワザ大全』（以下「裏ワザ大全」。68 ページ参照）を読んでおこう。注意すべき点として、最初から裏ワザに頼らないことだ。**基本的には過去問をしっかり解いてマスターすべきで、あくまでも裏ワザは補助的に知っておくものだ、という点を忘れない**ように。**まったくわからない問題**（正答率が低いと思われる問題）**が出たときに選択肢を数個落としたり、最後に迷ったときに使ったりするとよい。**1 回解いただけではマスターできないので、「選択肢としてこれはおかしい」という勘が働くようになるまで、何回も読み込む必要がある。公正な試験ほど選択肢には受験者を迷わせる工夫があるが、出題には一定のパターンがあり、それを見抜けば知識が不完全でも正解できる。公務員試験では、正攻法でも裏ワザでも正解すれば同じ1点。裏ワザの活用はズルではなく有効な戦略だ。知識だけでなく、選択肢の特徴や出題パターンを理解し、効率よく点を取るスキルを身につけることが合格への近道となるのだ。

自力で毎日最低1問解く

　「裏ワザ大全」が終わったら、『文章理解　すぐ解ける〈直感ルール〉ブック［改訂版］』（以下「〈直感ルール〉ブック」。68 ページ参照）、「集中講義」、「スー過去」を自力で解いていこう。**1日1問でいいから、毎日必ず解く**ようにしたい。文章理解は、知識で解ける科目ではないので、自力で解けるようになる必要がある。実力がついたかどうかの実感が湧きづらいため、モチベーションが下がりやすい科目だが、地道に毎日演習を続けた人が最後に勝つ。毎日1問演習し続けることだけを考え、あとは限られた時間をほかの科目に回すのが得策である。

　なお、予想問題集や模擬試験は、選択肢の作り方や本文のレベルが、本番とは異なることが多いので、必ず過去問で演習しよう。

　また本番では、**選択肢を先に読む**のがポイントだ。「問題文を読んだ後、選択肢を読んで、また問題文に戻る方法」と、「選択肢を先に読んで明らかに誤りの選択肢を落とし、判断に迷う選択肢のみ問題文で確認する方法」では、後者のほうが早いのは明らかである。

文章理解の問題文の読み方

　問題文を読むときは、重要な文を探すことを意識しよう。要旨把握の問題は、それだけで解けることが多い。英文では全訳がわからなくてもあきらめてはいけない。重要な文内容は繰り返し述べられることが多いので、粘り強く読んでいけばわかる。

[重要な一文の探し方]
- 逆説や「むしろ」の直後の文
- 「〜と思う」「〜すべきだ」で終わる文
- 最初と最後の文（英文ではこの2文を読んでから、ほかの箇所を読む）
- 要約文（「つまり」「すなわち」から始まる文。英文では最上級の表現や「;」がある文）
- 選択肢に頻出するキーワード

　重要な一文探しと「裏ワザ大全」で紹介されているテクニックを身につければ、文章理解は得点源になる。本番では9割正答を目標にしたい。特に自然科学や数的推理が苦手な人は、文章理解で失点してしまうと致命傷になる。

英文は国家一般職の専門の英語対策にもなる

　英文は、大学受験の勘を取り戻せば十分である。『速読速聴・英単語 Core 1900 ver.6』（松本茂著、Z会）が公務員試験での出題に近い時事英語を掲載しているため、オススメだ。別段自力で読む必要はない。先に右ページの訳文を読み、その後に英文部分を読めば十分である。英文は、大意がつかめるかどうかがカギとなるからだ。英文が苦手な人は、単に文章の読み込みが不足しているケースが多い。英文で2問以上落とす人は、「文章の読み込み」を徹底する必要がある。

　ただし、国家一般職を受験する人は、専門で英語を選択する事態に備えるため、キーワードとなる単語を覚えたり、英文を何度も読んだりしたほうがよい。国家一般職の専門の英語（基礎）は、共通テストや私大入試より易しい英文であることも多いため、絶対に選択することを勧める。ただし、時事英語が頻出なので要注意だ。不安な人は大学受験のときに使ったような薄めの文法参考書（『大岩のいちばんはじめの英文法』（大岩秀樹著、ナガセ）など）で復習するといいだろう。

　国家一般職が第一志望の人は、教養の文章理解の英文対策をすれば、対策する科目を一つ減らすことができる。民法などで伸び悩んでいる人は、考える余地があるだろう。

　「裏ワザ大全」のテクニックは英文でも使えるので、過去問でぜひ練習をしてもらいたい。単語が1〜2個わからないからといって、あきらめる必要はない。解く際は全訳にこだわる必要もなく、キーセンテンスや大意が理解できればよいので、演習量を増やそう。問題演習を重ねるうちに、そのキーセンテンスが文章の最初か最後に出てくることが多いことに気づくはずだ。そこまで至れば、合格ラインである。

● 文章理解の勉強法 ●

「裏ワザ大全」を読む。
（1週間程度）

「〈直感ルール〉ブック」「集中講義」「スー過去」を1日1問を自力で解く。（本番まで毎日継続）

英文は『速読速聴・英単語 Core 1900 ver.6』を1日1つ読み、何度も繰り返す。

文章理解のオススメ本

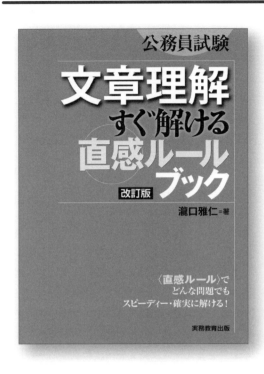

『文章理解 すぐ解ける〈直感ルールブック〉[改訂版]』
瀧口雅仁著／実務教育出版／1,980円

概要 冒頭に問題を解くためのルールが掲載され、そのルールを使ってお試し問題と実戦問題を解いていく形式である。

オススメ理由 解説が詳しく正攻法の解き方を紹介しており、問題も豊富である。本書と「集中講義」「スー過去」の過去問を繰り返し解けば、文章理解を得点源にできる。「裏ワザ大全」を読んだ後で本書を解くと効果的だ。

『新版 公務員試験 マル秘裏ワザ大全』
【国家総合職・一般職／地方上級・中級用】

津田秀樹著／エクシア出版／1,540円

概要 選択肢を分析・研究し、選択肢のみから解答する裏ワザを開発した本。教養と専門両方扱っているが、文章理解で特に使える。

オススメ理由 選択肢どうしを比較し、テクニックだけで解いてしまおうという本である。

本書のみで対策を終わらせるのは不十分だが、テクニックそのものは知っておいて損はない。特に第2～3章が必読だ。2択まで絞ったとき、残りの1つは「選択肢的におかしい」から消去できることが多い。本書を読んでいるかどうかで差が出る。

PART 3　科目別学習法&オススメ本　教養

教養　一般知識分野

範囲が広くて厄介な分野

一般知識分野の科目

社会科学：政治、法律、経済、社会（地方上級では社会が中心）

人文科学：日本史、世界史、地理、思想、文学・芸術（近年はほとんどの試験で、思想、文学・芸術は出題されていない）

自然科学：数学、物理、化学、生物、地学

　公務員試験における教養試験のうち、半分以上は一般知能が占めている。これらの科目は参考書も充実しており、前述の方法で臨めば必ず得点できるようになる。

　一方で一般知識は厄介である。なぜなら、上の一覧にあるように、**高校までの文系・理系全科目の全範囲からそれぞれ1～2問出題される**ようなものだからだ。その傾向は特に、地方上級では顕著である。

　なお、国家公務員では、令和6年度から出題科目が「自然・人文・社会に関する時事、情報」となり、問題数も6問に削減された。一般知能の比

重が以前より高まったことは間違いない。また、以前は社会科学系、人文科学系、自然科学系の各科目の知識がストレートに出題されていたが、今回の変更に伴い、社会科学系、人文科学系、自然科学系に時事を絡めた問題が出題されるようになった。

　しかし、勉強すべき事項は同じである。基本的には「スー過去」や「ダイレクトナビ」『速攻の時事』等を何度も繰り返して基礎を固めれば十分に正答できる。

　どの試験でも各科目0～3問程度しか出題されないので、多くの時間をかけても数点にしかならない。とはいえ、全部捨てるのは得策ではない。何をどの程度やればいいのかわからないため、尻込みする人も多い。

　しかし、対策は存在する。まずは放置してよい科目を紹介し、その後に対策すべき科目を中心に述べていく。

放置してよい科目

（私立文系出身者を想定）

自然科学：数学、物理、化学

　これらの科目は、文系出身者には難しく、コスパが非常に悪い。基本的に放置してよい。

人文科学：文学・芸術、思想

　文学・芸術は東京都で、思想は特別区でしか出題されない。

> 内容がわからない部分は、大学受験用の参考書を活用しよう！それが一般知識で得点を伸ばす秘訣だ。

公務員試験　受験ジャーナル ◎ 8年度 No.1　**069**

一般知識分野のオススメ本

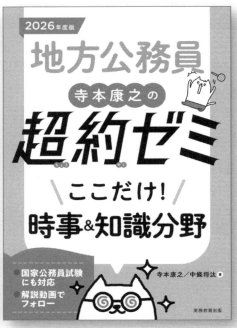

解説動画がうれしい

『寺本康之の超約ゼミ 大卒教養試験 過去問題集 [年度版]』
寺本康之・松尾敦基共著／実務教育出版／1,760円

『寺本康之の超約ゼミ ここだけ! 時事&知識分野 [年度版]』
寺本康之・中條将汰共著／実務教育出版／1,430円

概要 一般知識全体の学習には、「寺本康之の超約ゼミ」シリーズを薦める。寺本康之氏は精力的に公務員試験参考書を執筆し続けており、このシリーズは2025年度版から刊行された。**最新の傾向が反映**されており、**YouTubeチャンネル**では同シリーズの**解説講義が配信**されている。

オススメ理由 『寺本康之の超約ゼミ 大卒教養試験 過去問題集』は、1冊の中に教養試験全16科目の重要テーマの解説がまとまっており、過去問も掲載されている。要点の暗記と過去問演習の繰り返しにより、教養試験の頻出分野を効率良く学習することができる。

『寺本康之の超約ゼミ ここだけ！ 時事&知識分野』は、時事と予想問題で構成されている。今までの時事本とは違い、**時事を自然科学、人文科学、社会科学の3分野に分類して掲載**している点が特徴である。時事の問題はこれらの分野に絡めて出題される傾向が強まっており、その傾向に対応した1冊となっている。**予想問題が見開きで完結**している点も使いやすく、オススメだ。解説講義の動画は、おおむね20分以内に抑えられているので、隙間時間に聞いてもよいだろう。

PART 3　科目別学習法&オススメ本　教養

社会科学

独自の対策は必要ないが、時事はしっかり対策をすること

　社会科学の出題科目は、地方上級の受験案内では「社会科学（政治、法律、経済、社会）」などとなっている。広く浅く出題され、専門科目と重複する内容が多いのが特徴である。専門科目を勉強している人は、憲法、政治学、国際関係、経済原論、社会学などの勉強で代用できるため、独自の対策は必要ない。

　ただし時事と経済については、時事対策本を活用しよう。『寺本康之の超約ゼミ　ここだけ！時事&知識分野』（70ページ参照）では、経済絡みの時事は「社会科学（経済分野）」に含まれている。そのほか、『速攻の時事』『速攻の時事　実戦トレーニング編』（72ページ参照）が定番である。多くの受験者が活用している参考書であるから、必ず通読してほしい。社会科学の過去問集としては『過去問ダイレクトナビ　政治・経済』（42ページ参照）、『一問一答 スピード攻略 社会科学』（資格試験研究会編、実務教育出版）を活用すれば十分である。

政治

　専門科目の政治学、行政学、国際関係に対応しているので、これらの科目の対策を優先したほうが効率が良い。教養試験のみの受験者は、頻出テーマから学習を始め、試験直前に時事的内容を暗記しよう。時事は、地理や世界史と重複する内容やそれらの知識をベースにした内容が出題されるので、人文科学の知識があれば、より少ない労力で理解できる。普段からニュースや新聞をチェックして、国内政治の動向と国際政治の変化に目を配っておく程度で十分だ。

法律

　頻出テーマは憲法の人権と統治である。基本的な内容が多いので、徹底した過去問演習が効果的だ。基本知識は、ほぼ専門科目の出題範囲と重なる。そのほかには、最新判例と法改正の知識を補えばよい。教養試験のみの受験者は、試験のレベルに合わせて憲法を重点的に攻略していくと良い。ベースは高校の政治・経済で、その上に専門科目の憲法の基礎的な内容を上乗せする形だ。人権は、条文よりも判例を重視しよう。統治は、条文を中心に、各国の政治制度などと関連づけながら学習すれば、相乗効果を期待できる。

経済

　専門試験で経済系科目を選択する受験者は、特別な対策は必要ない。初学者は、まず需要と供給や均衡などの基本を理解しよう。財政や金融は、暗記だけで対処できるので、過去問を使ってインプットすればよい。経済事情の対策は、『速攻の時事』などを使って直前期に一気に暗記するのが効率的である。

社会

　出題数が多いので対策が不可欠だが、時事的内容は試験が近づくまで内容が確定しない。例年2月頃に『速攻の時事』『速攻の時事　実戦トレーニング編』が発売されるので、そこから準備を開始することになる。『速攻の時事』で知識をインプットし、『速攻の時事　実戦トレーニング編』で問題演習をするのが王道だ。ただし、直前期の学習を効果的に進めるには、事前の準備が大切となる。毎日、ニュースや新聞に触れる習慣を身につけて、社会の動向を大まかにつかんでおこう。

公務員試験　受験ジャーナル ◉ 8年度 No.1　**071**

社会科学のオススメ本

『速攻の時事[年度版]』1,320円
『速攻の時事 実戦トレーニング編[年度版]』1,210円
資格試験研究会編／実務教育出版

概要 全12章に分けて時事テーマを解説。☆印で出題可能性を3段階で明示している。

オススメ理由 時事は、公務員試験における隠れ主要科目だが、受験者が統計や白書を読んでいる暇はない。

本書は、時事問題の分析に欠かせない統計や白書を、試験の正解の選択肢である「出る文」の形でまとめている。「実戦トレーニング編」では、同じ章立てかつ見開き構成で、予想問題を掲載している。

例年2月頃発売されるので、発売されたらすぐに購入し、通読すること。試験直前に1回読むだけでは不十分である。**「出題可能性」は気にせず**、すべてをしっかり読み込んでおく必要がある。

この本は2冊セットだと思ってほしい。**通読後は「実戦トレーニング編」の問題を中心に何度も読み込もう。**「実戦トレーニング編」については、**問題は解かずに最初から答えを見て**効率良く暗記したい。

『公務員試験をあてる! 時事のまとめ[年度版]』
TAC公務員講座著
TAC出版
1,210円

概要 TACによる時事対策本。ジャンル別に掲載され、テーマ毎に問題あり。2色刷り。TACのウェブサイトでフォローあり。

オススメ理由 公務員試験の受験界隈では、『速攻の時事』と本書が二大巨頭である。重要テーマは2ページで解説、それ以外は1ページと、メリハリの効いたページ構成だ。

本誌No.5「直前対策ブック」では、白書の内容をコンパクトにまとめる予定です。

このほか、時事本には『時事のトリセツ』(坪倉直人監修、東京リーガルマインド)や『公務員試験の教科書　時事本』(ましゅー著、キャリアード)といったものもあります。特に後者は、フルカラーで、300問の予想問題を搭載した無料アプリと連携するなど、注目の本です。

人文科学

楽勝科目の人文科学

　人文科学は自然科学より対策がしやすいので、既習・未習を問わず、絶対に勉強すべきである。また科目の特性上、早めに対策を開始したほうがよい。特に世界史と地理の知識は、ほかの科目と重複する内容が多いため、放置してはいけない。

　また、特に日本史と世界史は、スピードが重要だ。**最初のステップを1週間以内に終わらせよう**。参考書をひととおりざっと読んで、全体を見渡すことが大事である。覚えられない事項は「一般知識 出るとこチェック」シリーズ（学校法人麻生塾編著、TAC出版。76ページ参照）の**語呂合わせも利用**してみよう。

　苦手な人は、歴史の流れを知るため、まずはマンガから読むとよい。「マンガ 日本／世界の歴史がわかる本」シリーズ（小和田哲男監修、小杉あきらイラスト、三笠書房）を一読した後、『寺本康之の人文科学 ザ・ベスト ハイパー』（74ページ参照）を見れば、公務員試験で頻出の事項がわかる。過去問で問われた内容が再び出ることも多いため、「過去問ダイレクトナビ」シリーズで習熟してほしい。

日本史

　大学受験の際に学習したことがある人は、教科書の太字を一読すればよいだろう。

　日本史で誤答の選択肢を見抜くポイントは、まったく関係のない時代の用語が入っていることだ。そのため、何時代の用語なのか常に意識することが大切である。また、**頻出は江戸時代と明治時代**であるため、この2テーマをマスターすることが最優先だ。**江戸時代から始めて現代まで進めたうえで、余裕があれば室町以前に戻る**といい。

世界史

　まともに勉強すると終わらない。対象を絞ることが大事だ。**力を入れるのは中世以降のヨーロッパ、アメリカ、中国、近現代史**である。ギリシャ、イスラムなどは後回しでよい。

　マニアックな事項にこだわらず、広く浅く勉強しておけば十分である。過去問が解ける程度の知識があればよい。誤答の選択肢は、人物や国を入れ替えているケースが多い。

地理

　予備知識は不要で、いきなり過去問演習に取り組みたい。気候と産業が頻出分野だ。『過去問ダイレクトナビ 地理』に掲載されている内容で十分なので、この本を1冊完璧にすることを目標にしよう。

　時事で話題になっている国の出題も多いため、地図で位置を確認しておこう。また、気候区分（特に地中海性気候）も絶対覚えること。語呂合わせが充実している『一般知識 出るとこチェック 地理』もオススメする。

人文科学のオススメ本

『一問一答 スピード攻略 人文科学』

資格試験研究会編／実務教育出版／1,430円

概要 分野ごとに要点チェックを設け、過去問の選択肢を掲載している。

オススメ理由 20年分以上の過去問の選択肢を掲載しており、問題選定の良さが光る一冊である。書名には「スピード攻略」とあるが、学習初期から、試験直前まで繰り返し読むべき本だ。特に出題頻度の高い問題には「よく出る」マークが付けられているので、重点的に覚えたい。〇×形式の一問一答で、赤シート付きである。

『寺本康之の人文科学 ザ・ベストハイパー』

寺本康之著／エクシア出版／1,650円

概要 2色刷。出るとこだけを講義調で解説。著者のYouTubeチャンネルのサブスク（月額600円程度）で講義が配信されている。

オススメ理由 頻出事項のみを講義調で解説している。日本史や世界史の歴史の流れを押さえられるにもかかわらず、薄いのも魅力である。写真やイラストは少ないので、「マンガ 日本／世界の歴史がわかる本」シリーズを読んだ後のほうが、効率が良い。

自然科学

勉強する科目・分野を絞る

　私立文系出身の受験者には厳しい科目群ではあるが、放置してはいけない科目も存在する。特に、生物と地学はしっかり対策したい。すべての範囲を勉強するには時間が足りないので、絞って勉強すべき分野である。

数学

　高校2年までの範囲からの出題が多い。

　理系、国公立文系出身で共通テストの数学を受験した人には楽勝科目である。大学入試の数学に比べて難易度は低い。試験対策としては、最新3年分の過去問を「過去問500」で確認し、得意な人は「スー過去」で確認するくらいでよい。自力で解く必要もなく、眺める程度で十分である。大学受験のときの勘を取り戻すだけでよい。それ以上の対策はコスパ・タイパが悪い。

　一方、**私立文系出身者は、基本的に放置**でよい。ただし、経済学の理解には数学が必須なので、指数法則と微分の基本的なルールは理解しておくこと。

物理

　力学と電磁気が主な出題範囲である。理系出身者以外は素直に放置するのが得策だろう。近年は計算不要の問題が増加傾向にあるので、そのような問題だけ対策しておくのも、一つの方法だ。

化学

　高校の化学のほぼ全範囲が出題範囲である。理系出身者には楽勝科目となるので、「岡野の化学が初歩からしっかり身につく」シリーズ（岡野雅司著、技術評論社）（ただし、「理論化学②＋有機化学②」は不要）を読み、並行して「過去問ダイレクトナビ」シリーズで過去問を確認しておく程度で十分である。

　一方、文系で化学を勉強しなかった人は、コスパ・タイパが悪いので放置でよい。**無機・有機は暗記で得点できるが、暗記量が多く中途半端になる可能性が高い。**まずは専門科目やほかの科目を仕上げたうえで、余裕があれば着手したい。

生物

　計算がほぼなく、共通テストより簡単な知識問題が多いので、文系でも絶対に放置してはいけない科目である。

　『一般知識 出るとこチェック 生物・地学』（76ページ参照）は、薄いがよくまとまっている。しかし、遺伝など、この本だけで理解するのは難しいテーマもある。その場合は、『忘れてしまった高校の生物を復習する本』（大森徹著、KADOKAWA/中経出版）などを補助的に使用するとよい。

地学

　公務員試験の地学は、楽勝科目に分類されるので絶対に放置してはいけない。ただし、地方公務員の多くで、自然科学のほかの科目より出題数が少ない点は、注意する必要がある。

　特に注意したいテーマは、岩石と気象だ。時間がない人は、この2テーマだけでも対策をしておこう。理解が難しい部分は、大学受験の対策本で補強するとよい。

自然科学のオススメ本

「一般知識 出るとこチェック」シリーズ

政治・経済／日本史・世界史／地理／
思想・文学・芸術／生物・地学／数学・物理・化学
学校法人 麻生塾編著／TAC出版／各1,100円

概要 公務員予備校麻生塾の講師が、頻出分野に絞って出題ポイントを解説。語呂合わせが多いのが特徴である。

オススメ理由 このシリーズで特によいのは、生物・地学、地理である。ほかの科目も、語呂合わせが参考になるので、持っておいても損はない。

本書と「過去問ダイレクトナビ」シリーズを読み込んでいけば、かなりのスピードで知識が定着する。

 合格者からのアドバイス

　公務員試験はしっかりと対策した人を合格させる試験だと思います。「学歴に自信がない」「自分は地頭がよくない」「面接がかなり苦手」など周りと比べてしまうことがあるかもしれませんが、正しい方向性で対策すれば必ず受かります。私でも1年間努力して合格できました。

　ただ、努力については、よく「努力は裏切らない」という言葉を耳にしますが、半分本当で半分うそだと思います。正しいやり方で努力しないと簡単に裏切られます。そうならないために、ただがむしゃらにやるのではなく、今何をする必要があるのかを考えながら取り組んでほしいです。

　また、周りを頼る力も必要です。これは公務員試験に限らず就職活動全般にいえることかもしれません。昔から「自分のことは自分でやりなさい」「人様に迷惑をかけることはするな」というような風潮があり、どうしても他人を頼ることが苦手な人がいます。私もその1人でした。しかし、就職活動を通じて周りを頼ることの大切さに気づきました。1人で抱え込んでも時間の無駄です。迷ったり、困ったら、誰かに相談してください。大学のキャリアセンターの方、先輩、同じ公務員をめざしている仲間、家族など、誰か1人でもいいので相談できる人を作っておくことが、合格への秘訣かもしれません。（地方上級合格）

論文対策

論文には書き手の考察力、論理力、表現力などが表れる。そのため、どのような問題意識を持っているのかを探るとともに、文書作成能力を測るツールとしても活用される。

まずは、論文対策の本を1冊買って、論文の概略を理解しよう。次に具体的な対策を行うのがオーソドックスな勉強法である。

対策としては、以下を繰り返すことになる。
①過去に出題された課題を調べる。
②実際に答案を書いてみる。
③誰かに読んでもらう（添削を受ける）。
④不備があれば書き直す。

①について、過去の課題例は、多くの自治体がホームページで公表しており、複数の自治体で似た課題が出題されている。論文対策本に載っている模範解答を読むのもよい。②は、時間を計って書くことが大切だ。③、④は、大学のキャリアセンターなどに依頼するほか、予備校などの添削指導を利用するという方法もある。論文は実際に書いてみて、誰かに読んでもらうことが大切だ。

論文対策については、本誌 No. 4「出題予想ブック」でじっくり解説する予定なので、併せてチェックしてほしい。

『採点官はココで決める！合格論文術』

春日文生著／実務教育出版／1,540円

概要 公務員試験でたくさんの論文を見てきた元採点官が、「何をどう書けば合格なのか」という受験者の疑問をスッキリ解消してくれる1冊だ。

オススメ理由 論文を送ると著者が無料で採点してくれるサービス付き。実際の試験での評価基準に基づいた考え方と減点されない書き方がわかる。本書に掲載されているピンチの切り抜け方やさまざまなテーマの合格論文を読んでおけば、イメージが湧き、安心できる。

専門 法律系科目

法律系は、まず民法から始めよう。マスターした問題数が実力に比例するので、可能な限りたくさんの問題を解いておくことが大切である。ただし、民法はそれをやると実力がつくのは間違いないが、量が多すぎて挫折するので注意してほしい。演習量が適当で努力が反映されやすいのは、憲法と行政法である。ここで点数を稼ぐのだ。合格者と不合格者との差が大きいのは行政法である。しっかり対策しよう。

主要科目　憲法

どの試験でも出題される。条文が少なく出題範囲が狭いため、**得点源になる科目**である。

問題の素材は、ほとんどが最高裁判例か条文からの出題で、「こういう場合は、こういう結果」という要件効果を覚えていけば、十分合格点を取ることが可能である。基本は暗記なのである。

いきなり過去問から始めてもよいが、『**改訂版 公務員試験　憲法の点数が面白いほどとれる本**』（伊藤塾著、KADOKAWA。以下「点数が面白いほど取れる本」）を持って置き、適宜参照すると知識が整理しやすくなる。**200ページ弱と薄く、フルカラー**で見やすい。

過去問への取り組み方としては、誤答の選択肢がなぜダメなのかを理解したうえで、**正文に書き直してテキストとして何度も読み込むこと**につきる。似た問題が何度も形を変えて出題されているので、それらを重点的に覚えていこう。問題集としては、まず「集中講義」か『これで完成！憲法』（以下「これで完成！」。87ページ参照）を薦める。初学者や時間がない人にも取り組みやすい。どちらかをやった後は「スー過去」に移ろう。余裕があれば国家総合職まで手を着けてよい。

六法はハンディな『S六法』（三省堂編修所編、三省堂）か『ケータイAssist六法』（三省堂編修所編、三省堂）がオススメだ。『S六法』は縦書き。『ケータイAssist六法』は横書きでカッコ書きを脚注にして条文の骨格を把握しやすくしている。

判例は、問題集に出てきたものを覚えれば十分だ。まとめとして『ココで差がつく！必修判例 第2版』（TAC公務員講座著、TAC出版）があればよいが、**平成30年以降の判例が載っていないため、時事本等で補強する必要がある**（たとえば、令和3年の孔子廟事件などが重要だ）。

● 憲法の勉強法 ●

「集中講義」か「これで完成！」を正文化して読む。
（2週間程度）

↓

「スー過去」を正文化して読み込む。（1か月程度）（国家総合職の問題はとりあえず飛ばしてよい。わからないところは「点数が面白いほどとれる本」を参照する）

↓

正文化した問題集を周回する。
（直前まで）

過去問に挑戦

憲法

日本国憲法14条1項では「すべて国民は、法の下に平等であつて、人種、信条、性別、社会的身分又は門地により、政治的、経済的又は社会的関係において、差別されない」とされている。これに関する記述として、妥当なものはどれか。（市役所5年度）

1 法の下に「平等」とは相対的平等のことであり、合理的な区別は許容されるというものである。
2 法の下に「平等」について、現実的な差異に基づき、その格差を是正するために措置を講じることは禁止されている。
3 「人種」には、人間の人類学的種別だけでなく、国籍も含まれる。
4 「社会的身分」とは、人が社会において継続的に占めている地位のことであり、嫡出でない子の地位はこれに含まれない。
5 憲法14条1項は、後段で列挙した事由での差別を禁止しているが、列挙された事由以外での差別は禁止されていない。

解説　法の下の平等

1．妥当である。各人には性別、能力、年齢等のさまざまな差異があり、機械的に均一に扱うことは不合理であるため、「平等」とは、同一の事情と条件の下では均等に取り扱われるべきとする相対的平等をいうと解されている。
2．現実的な差異に基づき、その格差を是正するために措置を講じることは禁止されていない。女性に対し、雇用等につき特別枠を設けて優先的な処遇を与えるなどは許される（積極的差別是正措置）。
3．「人種」とは、人間の人類学的種別をいい、国籍は含まれない（最大判昭30・12・14参照）。
4．「社会的身分」とは、人が社会において継続的に占めている地位のことであるが（最大判昭39・5・27）、嫡出でない子の地位がこれに含まれると解する見解もある。もっとも、最高裁判所は、嫡出でない子（非嫡出子）の地位が「社会的身分」に当たるか否かについては、その判断を行っていない。
5．憲法14条1項は、後段で列挙された事由以外による不合理な差別も禁止している（例示列挙説）。

正答　1

主要科目 民法

　条文数は1,000条以上と量が多く、受験者泣かせの科目である。深入りは禁物だ。苦手な人や捨てている人もいるだろう。とはいえ、国家一般職では2科目に分かれ、地方上級で4問以上出題されるため、完全に民法から逃れるという選択は難しい。ここでは時間がない受験者向けの最低限の攻略法を紹介するので、まずは以下に従い、6〜7割の正答を目標としてほしい。

● 民法の勉強法 ●

「集中講義」と「最初でつまずかない民法Ⅰ・Ⅱ」を読む。（3週間程度）

▼

「集中講義」の読み直しをし、「スー過去」で補強する。（2か月）

▼

「集中講義」と「最初でつまずかない」の問題部分を周回する。（直前まで）

　民法については**『最初でつまずかない民法Ⅰ・Ⅱ』**（以下「最初でつまずかない」。85ページ参照）を薦める。この教材は**「集中講義」と同じ著者が執筆しており、相性が抜群**である。勉強の主力は「集中講義」の読み込みに充ててほしい。「最初でつまずかない」にも適宜問題が入っているので、**同時に「集中講義」の読込みをしよう**。「スー過去」まで手が回ればやるに越したことはないが、深入りしてしまうとほかの科目にも影響が出る。「集中講義」を使って過去問の論点を押さえられれば、十分合格点が取れるだろう。

　なお、「集中講義」のレジュメ部分はあまり気にする必要はない。「最初でつまずかない」を読んでいれば十分である。とにかく「集中講義」に出ている知識だけを淡々とマスターしていこう。この本に出ていない知識は捨てる方針で行くほうが無難である。

　基本書や判例集等は不要である。判例も、過去問に出てきた事項だけで十分である。どうしても判例集が欲しければ、前述した『ココで差がつく！必修判例』があればよい。辞書としても使える。

　民法は、問題を解きながら具体的なイメージを持つと、理解が進みやすい。問題事例は、身近な人物で置き換えて考えてみよう。

　どちらにしろ、民法は理解や記憶にも時間がかかる。やっかいなことに、前のほうで習う事項が後ろで習うことを理解していないとわからない場合が多い。たとえば、通常民法は総則から学習するが、総則は物権や債権の共通事項であるため、本来物権と債権がわかっていないと真の理解はできない。この辺りが、その場その場で得点できるほかの科目との違いである。まずは2〜3割の理解でよいから通しで最後まで1周することが大切だ。スピード感をもって行おう。

　公務員試験のヤマともいえる科目であるため、**専門科目はまずは民法から勉強しよう**。極端にいえば、最初は民法と経済学と数的推理だけをやってもいいくらいである。それくらい民法は重要だ。

　範囲が膨大なので、過去問で出ていないテーマはあえて捨てる必要がある。過去問は厳選し、出るところだけを徹底的に潰すということを繰り返そう。淡々と勉強してほしい。

過去問に挑戦

民法

X、YおよびZが甲土地を等しい持分で共有している場合の記述として、妥当なものはどれか。

1　Xが農地である甲を宅地に改変しようとするときは、YまたはZの同意を得ることにより、共有者の過半数の同意を得なければならない。
2　XがYおよびZの同意なく自身の持分を第三者Aに譲渡した場合、Xの行為は無権利者の処分となる。
3　Xは自身の持分に対してであれば、Y・Zの同意なしに第三者Bのために抵当権を設定することができる。
4　Xは、甲土地の全部について、その持分に応じた使用をすることはできず、甲土地の3分の1のみ使用することができる。
5　Xは、いつでも共有物の分割を請求することができるから、分割をしない旨の特約をすることは許されない。

解説　共有

1．農地である甲を宅地に改変するのは、共有物の変更に当たり（最判平10・3・24）、他の共有者の同意を得なければならない（民法251条1項）。したがって、XはYおよびZの同意を得ることが必要となる。

2．共有者の持分権の本質は所有権であり（民法206条）、自身の持分は自由に処分することができる。したがって、Xの行為は無権利者の処分とはならない。

3．妥当である。共有者の持分権の本質は所有権であり（民法206条）、自身の持分に抵当権を設定することは自由にできる。

4．各共有者は、共有物の全部について、その持分に応じた使用をすることができる（民法249条1項）。

5．各共有者は、いつでも共有物の分割を請求することができるが、5年を超えない期間内で分割をしない旨の契約をすることができる（民法256条1項）。

正答　3

本問では、物権の頻出テーマである所有権の中の「共有」について、条文を中心に問われています

主要科目　行政法

　行政法は、絶対に得意にしなければならない勝負科目である。出題範囲は、民法に比べれば狭く、パターン化された問題が多い。対策をした人としなかった人との得点差が一番出やすいのが行政法である。対策をきちんと行い、是が非でも得点源にしなければならない。ちなみに本来、行政法は憲法、民法に加え、民事訴訟法の知識がないと理解が難しい科目ではある。しかし、公務員試験レベルの行政法は、単純なパターン問題のオンパレードなので、淡々と勉強していけば高得点が望める科目である。

　行政法の基本書も、近年使いやすい新シリーズの刊行があった。まずは『最初でつまずかない行政法』(以下「最初でつまずかない」。85ページ参照)で全体像をつかむところから始めよう。できれば1周目は1週間程度で読みきるスピードが必要である。問題集は「集中講義」が使いやすい。「最初でつまずかない」と同じ著者が執筆しており、相性は抜群である。事例を通して、行政法総論、行政手続法、行政不服審査法、行政事件訴訟法、地方自治法等を理解していけばいい。「スー過去」を使って正文化しながら、さらに多くの問題に触れておくと力がつく。最初はわからないことがあると思うが、表現に慣れれば理解できることが多いので、まずは上記に沿って勉強していってほしい。

　なお、行政法は特定の法律がないぶん、判例が重要な科目である。念入りに押さえてほしい。

● 行政法の勉強法 ●

「最初でつまずかない」を読む。(2週間程度)

↓

「最初でつまずかない」を読み直しつつ「集中講義」の問題を解く。(1か月)

↓

「スー過去」を正文に加工して読む。(1か月)

↓

「集中講義」と「スー過去」を読み直す。(直前まで)

合格者からのアドバイス

・SNSの活用

　私は情報収集としてSNSのX (旧Twitter)をおすすめしたいと思います。公務員試験関係のアカウントをいくつかフォローするとそれに関連した多くのアカウントが表示されるので、さまざまな方面から情報を得ることができました。たとえば、人事院が運営する国家公務員採用試験のアカウントからは、官庁訪問や説明会、セミナーなどの情報を、公務員試験の予備校のアカウントからは、効果的な学習テクニックや過去問の傾向分析などの情報を見ることができます。また、自分と同じ年に試験を受ける受験者のアカウントをフォローしたことで、ライバルの学習状況や悩みを知ることができました。
(国家専門職合格)

PART3 科目別学習法&オススメ本 専門

過去問に挑戦

行政法

国家賠償法に関する次の記述のうち、妥当なものはどれか。（地方上級5年度）

1　国または公共団体の公権力の行使に当たる公務員が、その職務を行うについて、違法に他人に損害を加えたときは、国または公共団体が、これを賠償する責に任ずるが、公務員に故意または過失があったときは、その公務員に対して求償権を有する。
2　公務員の選任または監督に当たる者と、公務員の俸給、給与その他の費用を負担する者とが異なるときは、費用を負担する者もまた、その損害を賠償する責に任ずる。
3　公の営造物の設置または管理に瑕疵があったために他人に損害を生じた場合に、他に損害の原因について責に任ずべき者があるときでも、国または公共団体は、求償権を有しない。
4　国または公共団体の損害賠償の責任については、国家賠償法の規定のほか「民法」の規定によるが、この「民法」には、失火責任法は含まれないとするのが判例である。
5　国家賠償法は、被害者が、日本国民ではなく外国人である場合でも、常に適用されるものである。

解説　国家賠償法

1．国または公共団体の公権力の行使に当たる公務員が、その職務を行うについて、故意または過失によって違法に他人に損害を加えたときは、国または公共団体が、これを賠償する責に任ずる。この場合において、公務員に故意または「重大な過失」があったときは、国または公共団体は、その公務員に対して求償権を有する（国家賠償法1条1項・2項）。
2．妥当である（国家賠償法3条1項）。
3．道路、河川その他の公の営造物の設置または管理に瑕疵があったために他人に損害を生じたときは、国または公共団体は、これを賠償する責に任ずる。この場合において、ほかに損害の原因について責に任ずべき者があるときは、国または公共団体は、これに対して求償権を有する（国家賠償法2条1項・2項）。
4．国または公共団体の損害賠償の責任については、前3条の規定によるほか、民法の規定による（国家賠償法4条）が、判例は、この「民法」には、失火責任法も含まれるとする（最判昭53・7・17）。
5．国家賠償法は、外国人が被害者である場合には、相互の保証があるときに限り、これを適用する（国家賠償法6条）。

正答　2

最頻出の国家賠償法から、条文と重要判例の基本知識を問う問題です

公務員試験　受験ジャーナル　8年度 No.1　083

労働法

　簡単なので、特に地方上級受験者は対策しておいて損はない。『法律5科目　まるごとエッセンス』(九条正臣著、実務教育出版。以下「まるごとエッセンス」)と「スー過去」を使って、正文化して読み込めば得点源になる。

● 労働法の勉強法 ●

「まるごとエッセンス」を読む。（2週間程度）

上記の本を参照しつつ「スー過去」を正文化し、読み込む。（1か月程度）

「スー過去」を読み直す。（直前まで）

> 公務員試験対策としては不要ですが、民法の基本書は、「有斐閣ストゥディア」シリーズ（有斐閣）が読みやすいです。

商法

　主に国家総合職（法律）と国税専門官で出題されるが、出題の中心となる会社法は1,000条オーバーの法律で、コスパ・タイパともに悪い。対策する場合は『過去問攻略Vテキスト　商法』（TAC公務員講座著、TAC出版）がほぼ唯一の過去問集となるが、オススメはしない。

刑法

　独特の用語と理論が難しく入りにくい科目ではあるが、一度理解すれば得点が容易である。しかし、地方上級では2問程度しか出題がなく、ほかの試験では国家総合職（法律）か裁判所事務官くらいしか出題される試験がない。そのため、タイパが悪いので、時間をかけて対策するのは得策ではない。対策する場合は「まるごとエッセンス」と過去問10年分くらいで十分だ。

合格者からのアドバイス

・図書館で勉強

　受験生活中は、友達と週に1～2回、大学の図書館で学習していました。定期的に外に出たり、友達と話すことで、リラックスすることができ、メンタルの安定につながりました。受験生活は長いので、いかにストレスをためずに学習を続けるかが大切です。（地方上級合格）

・『受験ジャーナル』の購読

　試験勉強が行き詰まったときや、勉強のペースがわからなくなったときに『受験ジャーナル』を読んでいました。実際に働いている職員の姿を知ることができ、モチベーションアップにつながりました。（地方上級合格）

法律系のオススメ本

PART3　科目別学習法&オススメ本　専門

『最初でつまずかない民法I
[改訂版] 総則　物権　担保物権』
『最初でつまずかない民法II
[改訂版] 債権総論・各論　家族法』

鶴田秀樹著／実務教育出版／各2,200円

概要　「集中講義」民法の著者による「最初でつまずかない」シリーズの民法版。各分野の説明の後に過去問を配置。2色刷、図版多数。

オススメ理由　「集中講義」の著者が執筆していることから、「集中講義」と「スー過去」への接続がしやすくなった。本書を読みつつ、「集中講義」も同時並行で読み込んでいくことをオススメする。2分冊でやや厚く、少し尻込みするかもしれない。しかし、かゆいところに手が届く親切設計で、基礎的な過去問も掲載されている。まずは掲載されている過去問と「集中講義」の問題をマスターしよう。最終的に「スー過去」で補強していけば民法で泣くことはない。

『最初でつまずかない行政法』

吉田としひろ著／実務教育出版／1,870円

概要　「集中講義」行政法の著者による「最初でつまずかない」シリーズの行政法版。各分野の説明の後に過去問を配置。2色刷、図版多数。

オススメ理由　行政法参考書の決定版である。民法と同様、この本を読みながら「集中講義」の問題も同時並行で読んでいくことをお勧めする。なお、著者の吉田としひろ氏は「吉田利宏」名義で公務員向けの法制執務関係の著作もある。合格後はぜひ、こちらの実務書も読んでほしい。

法律系のオススメ本

「公務員試験に必要な点数を取る」という観点で割り切った本

「寺本康之のザ・ベストハイパー」シリーズ
憲法、行政法、民法Ⅰ、民法Ⅱ

寺本康之著／エクシア出版／1,650〜1,760円

概要 オールインワン形式と安価なサブスクで著者による講義あり。2色刷。

オススメ理由 項目別の解説があり、その後に○×チェックと、実際の過去問が掲載されている。分量が多いが、重要な部分はすべてランク付けされており、判例に破線が引かれ、どういう事項が争点となっているかがわかる作りになっている。

　このシリーズはわかりやすい部類だが、それなりに分厚いため挫折する可能性もある。まずは、「重要度★★★、頻出度★★★」と指定されているところをザっと読む。読んだらすぐ、その章の○×問題と過去問を、正文化しながらやる。過去問を見ていくプロセスで、必要な知識を本文に戻って復習するというやり方が早い。過去問が足りないと感じたら「スー過去」を使う。

　★★以下は、相当学習が進んでからでよい。具体的問題に当たって理解していくことが大切である。何をどの程度わかればいいかは、問題を通じてでしか理解できないからである。

　なお、この本を読み切れないと思った場合は、YouTubeで著者の寺本康之氏が著書を用いて月額千円以内で講義動画を配信しているので、利用してもいいだろう。刑法、商法、労働法の講義も展開しているので、法律科目に力を入れたい受験者にはオススメである。

PART 3　科目別学習法&オススメ本　専門

「過去問トレーニング 伊藤塾のこれで完成!」シリーズ

憲法／民法／行政法／経済学／判断推理／数的推理
伊藤塾著／KADOKAWA／各1,870円

概要　全編フルカラーのシリーズで、問題と解答解説は見開き構成。

オススメ理由　伊藤塾の公務員試験講座の教材の書籍版。**見開きオールカラー**で、受験界トップの見やすさである。合格点を取るための重要問題、頻出問題を選定、S、A、B、Cの4段階でランク付けしているので、重要問題のみ読み込むことで早く回すことも可能だ。直前期に、このランク分けのありがたさがわかってくるだろう。

『郷原豊茂の民法(1) 新・まるごと講義生中継 第2版』
1,540円

『郷原豊茂の民法(2) 新・まるごと講義生中継 第2版』
1,760円

郷原豊茂著／TAC出版

概要　TACの人気講師による講義を紙面化した人気シリーズ。2色刷、図版多数。

オススメ理由　大学受験時代に実況中継系の参考書に慣れた受験者なら違和感なく進めることができるだろう。民法の論点のうち、公務員試験に出る重要な論点のみを厳選し、頭に残りやすい形で説明している。問題は付いていないが、具体例を交えた解説が多いので、分野ごとに読んだ後にほかの問題集を解いていけばよい。

専門 経済系科目

経済系科目の学習では、多少わからないことがあってもざっと通読してしまうことが重要である。わからなくても先へ進む勇気を持とう。最初から完璧に理解しようとしたところで挫折するだけだ。1〜2回ざっと通読した後は問題演習をメインにして、わからなかった部分のみ参考書に戻るというやり方を勧める。問題を通じてなんとなくわかってくるという感じである。

主要科目 ミクロ・マクロ経済学

経済学は受験者を悩ませる科目で、国家一般職や特別区Ⅰ類ではミクロ経済学とマクロ経済学の2科目に分かれている。選択解答制を導入している試験ならほかの科目に逃げることは可能であるが、地方上級では必須回答のうえ10問前後が出題されるので、捨てれば即不合格を意味する。早期に着手し6〜7割程度の得点をめざそう。

「最初でつまずかない」と「集中講義」の利用方法

入門書は、**公務員試験に特化している点、教養試験の対策もできる**という独自の設計から、『最初でつまずかない経済学　ミクロ編、マクロ編』（以下「最初でつまずかない」。91ページ参照）を薦める。

やり方としては、まず同書を一読して、その後、掲載されている問題に取り組むというのが定番だ。本書は解説本というよりも**問題集であると理解して、問題演習に利用する**とよい。

最初のうちは、考えても解けない。そこで、ひとまず**解説を読んで解き方を覚える**。そして、**すぐに自力でもう一度解いてみる**ことが重要である。ひたすらこれを**繰り返す**。苦しいかもしれないが、**経済学はこの作業を省略すると、永遠に解けるようにならない**。公務員試験の経済学は、暗記科目なのである。

基本問題が取れれば十分合格点に達する。コスパ・タイパを考えて勉強を進めよう。難問までマスターする必要はない。

● 経済学の勉強法 ●

「最初でつまずかない」を読みながら「集中講義」の問題をマスターする。（ミクロとマクロそれぞれ1か月）

残り時間で「スー過去」を覚える。（必修問題を中心にミクロマクロそれぞれ1か月）
上記の読み直し。

まず、下準備として、簡単な微分（基本的に三次関数までできれば十分）と指数関数だけは丸暗記する必要しておく。覚えておくのは次の2つである。
- x^n を微分すると nx^{n-1} になる
- $a^n \times a^m = a^{(n+m)}$

これさえマスターできていれば、何とかなる。

過去問に挑戦

ミクロ経済学

ある財の市場の需要関数と供給関数は以下のように与えられる。

$D=450-P$

$S=2P-100$

（D：需要、S：供給、P：価格）

いま、この財の市場価格が150以下になるように、政府が企業の供給に対して1単位当たりTの補助金を与えるとする。このとき、Tの最小値として最も妥当なのはどれか。（国家一般職6年度）

1　0
2　20
3　50
4　75
5　100

解説　補助金

当初の均衡点Eにおける価格Pを求めると、

$450-P=2P-100$

∴ $P=\dfrac{550}{3}(=183\dfrac{1}{3})$

これは150より大きいので、市場価格が150となる1単位当たり補助金Tが求めるべき値である。

需要関数により、市場価格が150であるときの需要量は$450-150=300$である。また、補助金給付後の供給曲線は、

$P=\dfrac{1}{2}S+(50-T)$

であるので、これに$P=150$と$S=300$を代入すると、

$150=\dfrac{1}{2}\times 300+(50-T)$

∴ $T=50$

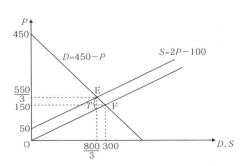

よって、正答は**3**である。

正答　3

ミクロ経済学は「最適消費の計算」、マクロ経済学は「GDP統計」が頻出テーマです。

財政学

　日本の財政事情、予算や制度など事情問題と、計算問題を含む理論問題に大別でき、試験によって事情問題と理論問題の出題ウエートが異なる。

　勉強する時期は**ミクロ・マクロ経済学の対策がひととおり終わってから**のほうが理解しやすく、能率がよい。財政学の理論問題はミクロ・マクロ経済学の理解を前提にしているからである。

　事情問題は要するに時事問題であるから、直前期に暗記すればよい。国家一般職の受験者で経済の計算問題が苦手な人は、ミクロ・マクロ経済学は選択せずに、「財政学・経済事情」を選び、出題の多い時事問題対策に専念してもよいだろう。

　使用教材は**「スー過去」だけで十分**である。ただし、**絶対に最新版を購入**すること。「スー過去」シリーズは、最新の出題傾向に合わせて約3年ごとに改訂されているが、**財政学のみ**最新の財政データを反映させるために**毎年改訂**されている。したがって、**財政学の勉強を始めるのは、最新の「スー過去」財政学の発売以降**となる。発売時期は**12月頃**。その頃までにミクロ・マクロ経済学をひととおり終らせよう。

　さらに時事問題対策としては『速攻の時事』を徹底的に読み込むこと。最新の経済事情の把握のため本誌No.5「直前対策ブック」も読んでおこう。両者とも最新データを盛り込んだ年度版なので、速攻で購入して繰り返し読み込めば、合格点は十分確保できる。

● 財政学の勉強法 ●

ミクロ経済学、マクロ経済学をひととおりやってから最新の「スー過去」財政学を正文化して読み込む。（3週間程度）

▼

『速攻の時事』を徹底的に読み込み、本誌No.5「直前対策ブック」を読んで、最新の情報を押さえる。（直前まで）

経営学

　学問としてはおもしろいが、ほかの科目と被る部分があまりなく、勉強しにくい。また、**国家一般職では難易度が年度によってバラつきがあるため、選択はお勧めしない。地方上級では2問程度出題**されるが、手が回らない人が多いと思う。地方上級が第一志望の場合は、最低限**「スー過去」経営学を正文化**して繰り返し読んでおこう。**地方上級と特別区の過去問のみの正文化で構わな**い。特別区は5問出題されるので、別途「過去問500」を入手し、できる限り押さえておこう。辞書代わりに『過去問攻略Vテキスト　経営学』（TAC公務員講座著、TAC出版）があればよいが、通読の必要はない。

会計学

　国税専門官（国税専門官A）の必須および選択必須問題と記述式の選択科目として出題される（東京都の専門記述式でも出題）。「スー過去」は出版されているが、商学部や経営学部出身者以外には選択をお勧めしない。出題レベルは簿記2級レベルなので、すでに簿記2級以上を取得していれば得点源になる。簿記2級レベルの勉強時間は300時間以上といわれており、併願等を考えてもコスパ・タイパともに悪い科目である。

　両試験とも記述式での選択が可能だが、憲法など対策を立てやすい科目があるので、会計学を選択をしないのが賢明だ。

経済系のオススメ本

公務員試験経済学の決定版の参考書

『最初でつまずかない経済学　ミクロ編』[改訂版]
『最初でつまずかない経済学　マクロ編』[改訂版]

村尾英俊著／実務教育出版／各2,200円

概要　教養レベルと専門レベルの2段階に分けて徹底解説。2色刷、グラフ・図版多数。

オススメ理由　分厚いがすばらしい出来である。必要な数学の解説も丁寧だ。「理屈より問題を解けるように」「公務員試験の経済学は暗記だ」というコンセプトも好印象。これを読めば、**教養試験レベル、専門試験レベルの両方が解けるようになる**。解説は、基礎から丁寧に説明している。問題は、すべて国家一般職・地方上級レベルの過去問で、例題形式で多くの問題に当たれるのも魅力。

「最初でつまずかない」シリーズは「集中講義」と同じ著者なので、併用しやすいですよ。教養レベルから専門レベルへの2段階対策で執筆されている参考書は、現在「最初でつまずかない」シリーズのみ。受験者思いの本です。

経済学は、「最初でつまずかない」と「集中講義」をマスターしたら「スー過去」に取り組んでもいいですが、とりあえずは必修問題のみでOK。「スー過去」はつまみ食い程度で十分です。

4色オールカラーで見やすい

『新・らくらく
ミクロ経済学入門』
『新・らくらく
マクロ経済学入門』
『新・らくらく
ミクロ・マクロ経済学
入門 計算問題編』

茂木喜久雄著／講談社／各2,420円

▶概要　経済学の各テーマをわかりやすく解説。重要事項は「key point」で掲載している。「マクロ入門」「ミクロ入門」「計算問題」の3冊構成。図版・グラフ多数。

▶オススメ理由　説明は、極力かみくだかれている。国家一般職、地方上級、国税専門官等の例題が、随所に掲載されており、例題を通じて理解する構成になっている。サイズがB5版と大きく、フルカラーなので非常に見やすい。

「新・らくらく」シリーズを愛用している人は、軽く本文を読んだ後に、掲載されている例題の答えを見て、それを自力で解き直してマスターしていきましょう。「計算問題編」までこなせば、このシリーズだけで、国家一般職・地方上級の合格レベルまで達することが可能です。
「スー過去」はこの3冊が終わってからでOK。その際もまずは「必修問題」のみで十分です。

専門 行政系科目

科目を構成する各テーマの独立性が強いので、どのテーマからでも始められる。そこで、自分がすっと理解できそうなテーマ、興味のあるテーマから手を着け、徐々にほかのテーマに広げていくとよいだろう。頻出テーマから順に学習するという方法もある。また、決まった事項が繰り返し出題されやすいという特徴がある。したがって、一度基礎的な知識をインプットした後は、「スー過去」などを使い積極的に問題演習に取り組んでほしい。

政治学

権力・国家論、政治思想、政治史、政党、選挙、議会等の出題がある。出題数は国家一般職で5問、地方上級で2問である。概念自体は難しくないが、**国家一般職は難化傾向**にあり、選択するには注意したい科目である。

政治学は、なんといっても絶対に『**公務員試験行政5科目まるごとパスワード neo2**』(高瀬淳一著、実務教育出版)(以下「まるパス」)**から始める**ことだ。前書きに「1日6ページ読んで1か月でマスター」と書かれているが、**各科目2日以内に一気に読み切るスピードが大切**である。**政治学は60ページほどなので**、これで政治学の全体像をつかもう。行政系科目は概念が難しくないため、過去問集は**いきなり「スー過去」で大丈夫**である。

「まるパス」をノートにまとめたりカードにしたりするのは不要である。元々まとめられた教材である以上、これをまとめ直しても劣化版ができるだけだ。どうしても覚えられない事項は、「記憶ノート」に書き殴るくらいで十分である。

また、基本書は必要ない。「まるパス」でわからないところは「スー過去」で解説してくれていることが多く、公務員試験レベルでそれ以上の知識は不要だ。最初から公務員試験に特化したまとめ本を反復暗記すればよい。

余裕があれば、国家総合職の問題を過去5年分くらい確認しておこう。国家総合職の問題が形を変えて国家一般職で出題される傾向があるからである。ただし、あくまで余裕がある人の話であって、合否は「まるパス」と「スー過去」をどれくらい潰したかなのだ。

行政学

政治学と同様の勉強法が通用するうえ、政治学より範囲が狭い。「まるパス」では40ページほどの量しかない。国家一般職でぜひ選択したい科目だ。出題数は、国家一般職で5問、地方上級で2問である。

勉強方法は、まずは「まるパス」を1日で一気に読む。その後は「スー過去」を正文化し、直前まで周回することである。1週間もあれば全体像がつかめ、1か月で合格ラインに達することも可能な科目だ。

行政学は、**時事絡みの問題も出題**されるので要注意である。『速攻の時事』を発売日に購入して、繰り返し読んでおくこと。

イラスト:小林孝文

社会学

　地方上級では特別区、東京都（記述式）くらいでしか出題がないので、それ以外の受験者は優先度が下がる。受験先の出題科目をよく確認してほしい。

　国家一般職（選択）と特別区ではそれぞれ5問出題されるので、『寺本康之の社会学　ザ・ベストプラス』（寺本康之著、エクシア出版）で対策しよう（「まるパス」には載っていない知識が、こちらに載っていることがある）。

　社会学は、政治学や行政学より、過去問の重要性が高い。過去問を多めに潰し、国家一般職で選択する際は「スー過去」のほか、模試や予想問題なども当たっておきたい。この場合も自力で解く必要はなく、正文化して読み込むだけでよい。

社会政策

　地方上級の社会政策は、簡単なので捨ててはいけない。

　社会政策は、社会保障分野と労働分野に大きく分かれている。要するに厚生労働省絡みの分野だと考えればよい。定番知識は「まるパス」で学んでおこう。

　また、この科目も**時事絡みの要素が強い**。時事本である『速攻の時事』でも、例年6章が「厚生」、7章が「労働」である。時事対策をしていれば、自ずと社会政策の対策にもなっている。

国際関係

　時事、地理、世界史とも被る複合的な科目であるが、国家一般職の問題が難化している。英文の問題や最新の時事の出題があり、対策が難しいため、選択は勧めない。

　地方上級では2問出題されるが、手が回らない人が多いだろう。「スー過去」までカバーできればそれに越したことはないが、最低限「集中講義」の正文化はやっておこう。

　国際関係は時事的要素が強いため、模試問題が本番で的中する可能性が高い。また、『速攻の時事』は絶対に読み込んでおこう。新聞の国際面（「新聞ダイジェスト」を毎月買ってもよい）の見出しに目を通し、国の場所を地図で確認しておけば万全である。

合格者からのアドバイス

・**目と耳でインプット**

　勉強するときは「声に出す」ことを意識しました。自習時も移動時も、周囲に聞こえない程度の声量で問題や解説を音読していました。これによって、音で内容を把握し、目と耳でインプットができます。（国家一般職合格）

・**先生になりきる**

　私は「自分が先生になったつもりで」問題を解いていました。先生になりきると、解答をいかにわかりやすく伝えるか、ということを意識することができます。家族に生徒役をしてもらい、言葉をかみ砕きながら解説することで、理解がはかどりました。（国家一般職合格）

・**余った時間はメンタル維持に使う**

　私の学習スタンスは圧倒的に質にウェイトを置いており、時間をいかに短く使い、最大限の学力的成長を生むかということを目的にしていました。余裕のできた時間は、趣味や運動、友人や恋人とのコミュニケーションなどに使い、週末は外出や趣味のゲームなどをして100％の実力を出すための精神衛生やメンタル維持をするようにしました。（地方上級合格）

行政系のオススメ本

PART3 科目別学習法＆オススメ本 専門

公務員試験経済学の決定版の参考書

『公務員試験 行政5科目まるごとパスワード neo2』

高瀬淳一著／実務教育出版／1,430円

概要 政治学、行政学、社会学、社会政策、国際関係の5科目32分野の頻出項目を精選し、頻度別3段階に分けて解説。2色刷。

オススメ理由 公務員試験に出題される事項に特化しており、3段階の頻出度（「よく出る」「出ている」「出るかも」）に分けて解説している。まとめ方がよく、知識ゼロからでも使える良書である。行政系科目の短期攻略に欠かせない本なので、ぜひ繰り返し読んでほしい。

「まるパス」の使い方

①とりあえず通読する。各科目1〜2日で一気に読んでしまおう。
②「スー過去」に出てきた用語やキーワードをマークする。
③1〜2週間に1回くらいのペースで繰り返し読み直す。
④最終的に1冊全体を30分程度で見直すレベルにまで繰り返し読み込む。

『公務員試験 行政5科目まるごとインストール neo2』

高瀬淳一著／実務教育出版／1,430円

概要 政治学、行政学、社会学、社会政策、国際関係の5科目32分野の頻出項目を精選し、頻度別3段階に分けて解説。2色刷。

オススメ理由 選択肢を切るテクニックを学べるので、「まるパス」と同時に使用してほしい。

「まるイン」の使い方

「まるパス」を何度か通読した後に、本書の「〇〇の解き方を学ぶ」を中心に読んでいこう。問題を解く必要はなく、いきなり解説を読んで大丈夫である。その際に「常識論で消す」「定義で消す」「本質論で消す」「キーワードで消す」といった、選択肢を切るためのテクニックをインストールしていこう。この視点を持っているかどうかで差がついてくる。過去問を読む際の参考にもなるはずだ。

「〇〇の解き方を学ぶ」を3回程度、それ以外の部分はオマケ程度に拾い読みしておけば十分である。これを高速回転すれば、「まるパス」単独よりも得点力を上げることができる。

面接対策

国家公務員試験では個別面接が主だが、集団討や集団面接を併用する試験もある。また、国家総合職・一般職の「官庁訪問」では、集団討論やグループワークなどを実施する省庁もある。

地方上級や市役所試験では「個別面接＋集団討論」というタイプの自治体が多い。

近年は公務員試験の学習をしていない人でも受験しやすい試験が増加しており、そうした試験では個別面接に加えて、グループワーク、プレゼンテーションなど多様な面接試験が実施されている。また、オンライン面接も、国家・地方とも広く実施されている。

3大質問（志望動機、自己PR、今までに最も力を入れて取り組んだこと）など典型質問については、オリジナリティーが感じられる回答を準備しておこう。面接対策でも実践が必要だ。大学の講座や予備校などで模擬面接を受ける機会があるなら、積極的に参加しよう。集団討論やグループワークは、過去の課題例を参照してテーマを予想し、友人と意見を交換するだけでも良い練習になる。なお、論文・面接対策は、時事問題対策と並行して行うのが効率的だ。『速攻の時事』は、行政および社会の現状と今後向かうべき道を知るのに役立つ。

なお、本誌No.6「面接完全攻略ブック」で、面接対策を大きく取り上げる予定だ。

『寺本康之の面接回答大全』

寺本康之著／実務教育出版　1,540円

概要　公務員試験の面接でよく聞かれる114の質問に対して、超リアルで役に立つ回答例・アドバイスが満載。

オススメ理由　独自のメソッド「回答フレーム」を利用すると、自分の回答作りが難なくできる。本書で、回答例をテンプレ化して思考回路を整理しよう。応用しやすい回答例をたくさんインプットできる。同シリーズの『寺本康之のプレゼンテーション大全』もオススメだ。

PART

4

国家公務員試験
ガイダンス

公務員試験全体のアウトラインは見えましたか？
PART 4 では、国家公務員試験について、
詳細な情報をお届けします。
試験の制度や内容を十分に研究しましょう。

- 国家総合職 098
- 国家一般職 105
- 国家専門職 115
- 裁判所職員 122
- 外務省専門職員 126
- 防衛省専門職員 126
- 衆議院事務局職員 127
- 衆議院法制局職員 127
- 参議院事務局職員 128
- 参議院法制局職員 128

国家総合職

国家総合職試験の種類

国家総合職試験は「院卒者試験」「大卒程度試験」に分かれる。司法試験の合格者を対象とする院卒者試験の「法務区分」を含め、試験は春季に行われる（春試験）。そのほか、秋には、専攻分野にとらわれない広範な見識を有する学生や外国の大学の卒業者など多様な人材の採用を目的とする大卒程度試験の「教養区分」が実施される。

国家総合職試験の種類

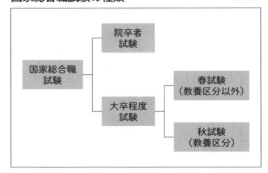

受験資格とスケジュール

院卒者試験、大卒程度試験の受験資格とスケジュールは、下の表のとおりである。

国家公務員試験を受けるには、受験資格を有することが必要であるが、「BASIC DATA」では、年齢要件（令和8年4月1日現在の年齢）のみを掲載している（ただし、下限が明記されていない試験は上限年齢のみ表記）。なお、いわゆる飛び入学・飛び級の者については、年齢要件の下限未満であっても卒業（見込）を条件に受験できる。

試験の内容や出題科目等の詳細は、99～104ページを参照してほしい。

BASIC DATA （令和7年度）

院卒者試験

春試験（法務区分以外）	年齢要件	30歳（上限）
	受験案内	6年12月25日～ホームページ掲載
	受付期間	2月3日～25日（インターネット）
	第一次試験日	3月16日（日）
	第二次試験日	4月13日（筆記試験、性格検査） 5月7日～16日（政策課題討議試験、個別面接）
	最終合格発表	5月30日
春試験（法務区分）	年齢要件	30歳（上限）
	受験案内	6年12月25日～ホームページ掲載
	受付期間	2月3日～25日（インターネット）
	第一次試験日	3月16日（日）
	第二次試験日	5月7日～16日
	最終合格発表	5月30日

大卒程度試験

春試験（教養区分以外）	年齢要件	22～30歳
	受験案内	6年12月25日～ホームページ掲載
	受付期間	2月3日～25日（インターネット）
	第一次試験日	3月16日（日）
	第二次試験日	4月13日（筆記試験、性格検査） 4月21日～5月16日（個別面接）
	最終合格発表	5月30日
秋試験（教養区分）	年齢要件	20～30歳
	受験案内	7月8日～ホームページ掲載
	受付期間	8月1日～25日（インターネット）
	第一次試験日	10月5日（日）
	第二次試験日	11月22日または29日（企画提案試験） 11月23日または30日（政策課題討議試験、個別面接）
	最終合格発表	12月18日

試験の概要：大卒程度試験（教養区分以外）

大卒程度試験（教養区分以外）には、法文系の4区分、理工系の4区分、農学系の3区分がある（右図参照）。

一次で基礎能力試験（択一式）、専門試験（択一式）、二次で専門試験（記述式）、政策論文試験、人物試験が課される。採用されるためには「官庁訪問」を行い、面接などを受ける必要がある（104ページも参照）。

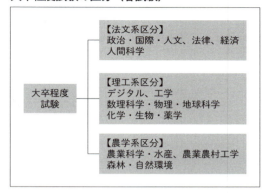

大卒程度試験の区分（春試験）

【法文系区分】
政治・国際・人文、法律、経済
人間科学

【理工系区分】
デジタル、工学
数理科学・物理・地球科学
化学・生物・薬学

【農学系区分】
農業科学・水産、農業農村工学
森林・自然環境

試験	試験種目	解答時間	問題数	配点比率	内容、出題科目等（○付き数字は出題数を表す）
一次試験	基礎能力試験（択一式）	2時間20分	30問	2/15	知能分野24問（文章理解⑩、判断・数的推理〈資料解釈を含む〉⑭）知識分野6問（自然・人文・社会に関する時事、情報⑥）　※102ページ参照。
	専門試験（択一式）	3時間30分	40問	3/15	科目、出題数は区分により異なる（別表参照）
二次試験	専門試験（記述式）	3時間	2題*	5/15	出題科目は専門試験（択一式）に準ずる
	政策論文試験	2時間	1題	2/15	政策の企画立案に必要な能力その他総合的な判断力および思考力についての筆記試験
	人物試験	－	－	3/15	個別面接、性格検査
英語試験		－	－	－	外部英語試験を活用し、スコア等に応じて総得点に15点または25点を加算

＊工学区分は1題または2題。

法文系区分の区分別出題科目（専門試験〈択一式〉）

試験区分	出題科目等（○付き数字は出題数を表す）
政治・国際・人文コースA 政治・国際系	55問中40問解答 必須問題（25問）▶政治学⑩、国際関係⑩、憲法⑤ 選択問題（30問中15問解答）▶行政学⑤、国際事情③、国際法⑤、行政法⑤、民法（担保物権、親族および相続を除く）③、経済学③、財政学③、経済政策③
政治・国際・人文コースB 人文系	55問中40問解答 必須問題（25問）▶政治学・国際関係・憲法⑤、思想・哲学④、歴史学④、文学・芸術③、人文地理学・文化人類学②、心理学①、教育学③、社会学③ 選択問題（30問中15問解答）▶思想・哲学⑥、歴史学⑥、文学・芸術③、人文地理学・文化人類学②、心理学③、教育学③、社会学④
法律	49問中40問解答 必須問題（31問）▶憲法⑦、行政法⑫、民法⑫ 選択問題（18問中9問解答）▶商法③、刑法③、労働法③、国際法③、経済学・財政学⑥
経済	46問中40問解答 必須問題（31問）▶経済理論⑯、財政学・経済政策⑤、経済事情⑤、統計学・計量経済学⑤ 選択問題（15問中9問解答）▶経済史・経済事情⑤、国際経済学③、経営学③、憲法③、民法（担保物権、親族および相続を除く）③

試験の概要：大卒程度試験（教養区分）

試験内容は下表のとおり。大学3年の秋に受験可能で、合格者名簿の有効期間は6年6か月。官庁訪問は採用を希望する年度の前年度に行う。

試験	試験種目	解答時間	問題数	配点比率	内容、出題科目等（○付き数字は出題数を表す）
一次試験	基礎能力試験（択一式）	Ⅰ部：2時間 Ⅱ部：1時間30分	Ⅰ部：24問 Ⅱ部：30問	Ⅰ部：3/28 Ⅱ部：2/28	Ⅰ：知能分野（文章理解⑩、判断・数的推理〈資料解釈を含む〉⑭） Ⅱ：知識分野（自然・人文・社会〈時事を含む〉、情報㉚）
	総合論文試験	4時間	2題	8/28	幅広い教養や専門的知識を土台とした総合的な判断力、思考力についての筆記試験 Ⅰ：政策の企画立案の基礎となる教養・哲学的な考え方に関するもの① Ⅱ：具体的な政策課題に関するもの①
二次試験	政策課題討議試験	1時間30分程度	－	4/28	課題に対するグループ討議によるプレゼンテーション能力やコミュニケーション力などについての試験
	企画提案試験	Ⅰ部：1時間30分 Ⅱ部：1時間程度	Ⅰ部：1題	5/28	企画力、建設的な思考力および説明力などについての試験 Ⅰ部：政策概要説明紙（プレゼンテーションシート）作成 Ⅱ部：プレゼンテーションおよび質疑応答（政策概要説明紙〈プレゼンテーションシート〉の内容について試験官に説明、その後質疑応答）
	人物試験	－	－	6/28	個別面接、性格検査
英語試験		－	－	－	外部英語試験を活用し、スコア等に応じて総得点に15点または25点を加算

※一次試験の合格者は基礎能力試験の結果によって決定。総合論文試験は一次試験合格者を対象として評定したうえで、最終合格者の決定に反映。

過去3年間の試験実施結果

※（　　）内は女性の内数。
※受験者数は、一次試験の最後の試験種目を受験した人数。
※競争率＝一次受験者数÷最終合格者数。
※採用予定数（「約」「名」は省略）：6年度は令和6年2月発表の数値（ただし教養区分以外）、5年度は令和5年3月発表の数値（ただし教養区分以外）、4年度は令和4年3月発表の数値（ただし教養区分は令和4年9月発表の数値）。
☆1…令和7年4月採用：1省で5〜9名程度、9省庁で各4名以下の採用予定あり。令和8年4月採用：12省庁で採用予定あり（令和6年9月18日現在）。
☆2…令和6年4月採用：1省で5〜9名程度、11省庁で各4名以下の採用予定あり。令和7年4月採用：11省庁で採用予定あり（令和5年9月4日現在）。
☆3…令和5年4月採用：1省で5〜9名程度、9省庁で各4名以下の採用予定あり。令和6年4月採用：11省庁で採用予定あり。

試験区分	申込者数		一次受験者数		一次合格者数		最終合格者数		競争率（倍）	採用予定数
政治・国際・人文＊	1,649	(732)	1,295	(584)	371	(145)	199	(81)	6.5	70
	1,308	(549)	993	(420)	415	(157)	211	(89)	4.7	75
	1,300	(565)	945	(417)	380	(130)	196	(65)	4.8	70
法律	7,325	(3,577)	6,185	(3,099)	701	(274)	296	(130)	20.9	105
	7,834	(3,649)	6,363	(3,011)	825	(324)	352	(136)	18.1	125
	7,954	(3,760)	6,511	(3,144)	796	(293)	380	(131)	17.1	135
経済	987	(294)	821	(254)	267	(67)	128	(37)	6.4	45
	1,071	(301)	813	(234)	290	(71)	142	(33)	5.7	50
	1,342	(412)	1,048	(338)	310	(72)	154	(41)	6.8	55
人間科学	254	(176)	196	(137)	81	(59)	43	(31)	4.6	15
	350	(236)	258	(176)	64	(40)	33	(19)	7.8	10
	370	(247)	280	(190)	54	(30)	28	(17)	10.0	10
デジタル	127	(30)	101	(22)	88	(17)	35	(2)	2.9	25
	153	(32)	111	(24)	98	(22)	49	(10)	2.3	25
	147	(31)	107	(24)	81	(17)	47	(12)	2.3	20
工学	842	(139)	651	(104)	522	(86)	260	(48)	2.5	85
	898	(161)	640	(120)	561	(102)	294	(56)	2.2	75
	1,200	(255)	906	(209)	388	(72)	195	(33)	4.6	70
数理科学・物理・地球科学	135	(23)	99	(14)	49	(6)	26	(5)	3.8	5
	169	(38)	124	(26)	40	(8)	21	(6)	5.9	10
	162	(38)	115	(29)	32	(6)	16	(5)	7.2	10
化学・生物・薬学	288	(146)	241	(120)	57	(24)	40	(17)	6.0	15
	311	(137)	234	(102)	61	(19)	32	(9)	7.3	15
	381	(177)	283	(137)	44	(13)	23	(6)	12.3	10
農業科学・水産	334	(160)	286	(142)	249	(126)	151	(73)	1.9	40
	437	(191)	368	(167)	224	(99)	116	(52)	3.2	35
	428	(203)	370	(183)	217	(108)	114	(58)	3.2	30
農業農村工学	128	(33)	112	(30)	87	(24)	60	(16)	1.9	20
	146	(45)	126	(39)	84	(26)	55	(16)	2.3	20
	163	(45)	146	(43)	115	(34)	64	(19)	2.3	20
森林・自然環境	180	(64)	154	(51)	81	(22)	47	(17)	3.3	15
	209	(73)	175	(60)	117	(42)	55	(23)	3.2	15
	227	(88)	186	(72)	71	(24)	38	(10)	4.9	15
小計	12,249	(5,374)	10,141	(4,557)	2,553	(850)	1,285	(457)	7.9	440
	12,886	(5,412)	10,205	(4,379)	2,779	(910)	1,360	(449)	7.5	455
	13,674	(5,821)	10,897	(4,786)	2,488	(799)	1,255	(397)	8.7	445
教養	4,734	(1,937)	3,092	(1,293)	804	(222)	467	(136)	6.6	☆1
	4,014	(1,656)	2,531	(1,048)	621	(185)	423	(138)	6.0	☆2
	2,952	(1,162)	1,884	(763)	416	(109)	255	(87)	7.4	☆3
合計	16,983	(7,311)	13,233	(5,850)	3,357	(1,072)	1,752	(593)	7.6	
	16,900	(7,068)	12,736	(5,427)	3,400	(1,095)	1,783	(587)	7.1	
	16,626	(6,983)	12,781	(5,549)	2,904	(908)	1,510	(484)	8.5	

＊4・5年度は政治・国際。

（上段から6年度、5年度、4年度）

試験の概要：院卒者試験

法務区分以外の9区分と法務区分では、試験種目が異なる。法務区分以外では、一次で択一式の基礎能力試験と専門試験、二次で専門試験（記述式）、政策課題討議試験、人物試験が課される。なお、採用されるためには「官庁訪問」を行い、面接などを受ける必要がある。詳細は、104ページも参照。

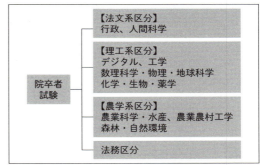

院卒者試験の区分

試験区分	試験	試験種目	解答時間	問題数	配点比率	内容、出題科目等（○付き数字は出題数を表す）
行政 人間科学 デジタル 工学 数理科学・物理・地球科学 化学・生物・薬学 農業科学・水産 農業農村工学 森林・自然環境	一次試験	基礎能力試験（択一式）	2時間20分	30問	2/15	知能分野24問（文章理解⑩、判断・数的推理〈資料解釈を含む〉⑭） 知識分野6問（自然・人文・社会に関する時事、情報⑥）
		専門試験（択一式）	3時間30分	40問	3/15	科目、出題数は区分により異なる※
	二次試験	専門試験（記述式）	3時間	2題*	5/15	出題科目は専門試験（択一式）に準ずる※
		政策課題討議試験	1時間30分程度	−	2/15	課題に対するグループ討議によるプレゼンテーション能力やコミュニケーション力などについての試験
		人物試験	−	−	3/15	個別面接、性格検査
	英語試験		−	−	−	外部英語試験を活用し、スコア等に応じて総得点に15点または25点を加算
法務	一次試験	基礎能力試験（択一式）	2時間20分	30問	2/7	知能分野24問（文章理解⑩、判断・数的推理〈資料解釈を含む〉⑭） 知識分野6問（自然・人文・社会に関する時事、情報⑥）
	二次試験	政策課題討議試験	1時間30分程度	−	2/7	課題に対するグループ討議によるプレゼンテーション能力やコミュニケーション力などについての試験
		人物試験	−	−	3/7	個別面接、性格検査
	英語試験		−	−	−	外部英語試験を活用し、スコア等に応じて総得点に15点または25点を加算

*工学区分は1題または2題。
※大卒程度試験の専門試験と基本的に共通の問題。

過去2年間の試験実施結果

※（　）内は女性の内数。
※受験者数は、一次試験の最後の試験種目を受験した人数。
※競争率＝一次受験者数÷最終合格者数。
※採用予定数（「約」「名」は省略）：6年度は令和6年2月発表の数値、5年度は令和5年3月発表の数値。
※「法務」区分は、司法試験日程の変更を踏まえ、5年度の実施なし。

試験区分	申込者数	一次受験者数	一次合格者数	最終合格者数	競争率（倍）	採用予定数
行政	286　(93) 314　(115)	235　(78) 240　(95)	213　(69) 218　(84)	168　(52) 164　(64)	1.4 1.5	60 60
人間科学	102　(64) 135　(88)	84　(54) 115　(79)	79　(50) 93　(61)	61　(39) 49　(34)	1.4 2.3	20 20
デジタル	64　(11) 62　(9)	46　(9) 46　(7)	46　(9) 45　(6)	26　(4) 22　(3)	1.8 2.1	25 25
工学	292　(48) 322　(64)	212　(37) 239　(47)	182　(25) 221　(43)	127　(16) 158　(27)	1.7 1.5	95 90
数理科学・物理・地球科学	139　(25) 135　(21)	106　(21) 98　(15)	104　(20) 81　(10)	58　(10) 39　(2)	1.8 2.5	20 20
化学・生物・薬学	228　(86) 230　(88)	174　(70) 153　(58)	156　(61) 139　(50)	88　(32) 84　(30)	2.0 1.8	40 40
農業科学・水産	129　(37) 187　(81)	104　(30) 151　(69)	96　(28) 141　(65)	68　(20) 83　(41)	1.5 1.8	35 25
農業農村工学	14　(5) 20　(8)	13　(4) 18　(8)	11　(3) 15　(8)	9　(3) 11　(7)	1.4 1.6	5 5
森林・自然環境	81　(29) 81　(31)	72　(23) 69　(29)	70　(22) 64　(27)	53　(17) 57　(26)	1.4 1.2	25 30
法務	15　(3)	11　(3)	11　(3)	10　(2)	1.1	10
合計	1,350　(401) 1,486　(505)	1,057　(329) 1,129　(407)	968　(290) 1,017　(354)	668　(195) 667　(234)	1.6 1.7	335 315

（上段から6年度、5年度）

令和6（2024）年度 国家総合職 基礎能力試験 出題内訳

No.	科目		出題内容（140分、30問必須解答）	難易度
1	文章理解	現代文	内容把握（有田隆也『生物から生命へ──共進化で読みとく』）	A
2			内容把握（桜井邦朋『日本語は本当に「非論理的」か──物理学者による日本語論』）	B
3			内容把握（木村敏『自分ということ』）	B
4			空欄補充（松井彰彦『市場ってなんだろう　自立と依存の経済学』）	C
5		英文	内容把握（近年の食物依存症研究の動向）	B
6			内容把握（19〜20世紀ドイツのクリスマスマーケットの変化）	B
7			内容把握（ウクライナ戦争下のマウリポリ州立大学の卒業式）	B
8			内容把握（AIの進歩が雇用と仕事に与える影響）	A
9			文章整序（左利きの人の矯正と書道における右手使用）	B
10			空欄補充（ティラノサウルスに唇があった可能性）	B
11	判断・数的推理	判断推理	命題（商品A〜Dの購買状況）	C
12			要素の個数（100人の児童の学年、弁当の中身、遠足の行き先）	C
13			数量相互の関係（5人が購入した色鉛筆の購入額）	B
14			対応関係（5人が借りた本・勉強方法、貸出し条件、貸出し状況等）	B
15			発言推理（3台の車に乗車した10人の状況）	C
16			数量相互の関係（クイズ大会でのAとBの対戦状況）	C
17			立体構成（正四面体の立体らせん）	A
18		数的推理	条件付確率（良品・不良品の別を90%の確率で判定する機械による検査）	B
19			旅人算（2地点間を往復するバスのすれ違い）	C
20			剰余（2024以下の正の整数のうち二乗し5で割ると1余るものの数）	B
21			平面図形（平行四辺形の対角線上の線分PQの長さ）	C
22	資料解釈		大学・大学院・短期大学・高等専門学校におけるインターンシップの実施率（図表、割合・構成比）	B
23			ある国における5つの産業の規模別企業数（数表、実数値）	B
24			A〜F社の2021年の研究開発費および前年比、売上高に対する割合（複合数図表、実数値、割合・構成比）	B
25	自然・人文・社会に関する時事		近年の科学技術（デュアルユース技術、自動運転車、量子暗号通信等）	A
26			国際情勢（スーダンでの戦闘、ロシアのウクライナ侵攻、ユネスコ等）	B
27			新紙幣の発行（一万円・五千円・千円新紙幣の絵柄、偽造防止技術等）	A
28			生物などを巡る最近の動向（ジャイアントパンダの返還、医薬品の供給状況等）	B
29			近年の法令改正（自然公園法、不当寄附勧誘防止法、インボイス制度等）	B
30	情報		商品バーコード（13ケタ）のチェックデジット出力フローチャート	B

英文と判断推理の出題数が多い。

時事の中に知識の要素が含まれる。

高校の「情報Ⅰ」の履修内容。

※科目の分類は編集部による。
※出題内訳表の右欄には、この試験における難易度を、S（特に難しい）、A（難しい）、B（普通）、C（易しい）で示した。

PART4　国家公務員試験ガイダンス

令和6（2024）年度 国家総合職 専門試験〈法律区分〉出題内訳

No.	科目	出題内容（210分、No.1〜31必須解答、No.32〜No.49のうち9問選択解答）	難度
1	憲　　法	憲法13条（氏の変更を強制されない自由、自己消費目的の酒類製造の自由等）　政経	B
2		参政権（最高裁判所裁判官の国民審査に係る審査権、立候補の自由等）	B
3		思想・良心の自由（ポストノーティス命令、謝罪広告掲載の強制等）　政経	B
4		裁判を受ける権利（国選弁護人、出訴の権利、憲法32条の趣旨等）　政	A
5		国会（法律案の議決についての衆議院の優越、議員の不逮捕等）	C
6		内閣（内閣総理大臣の指名・任命と国務大臣の任命、内閣総理大臣の権限等）　政経	B
7		司法権（国政調査権、裁判所相互の関係、司法権の限界、司法権の範囲）　政	B
8	行　政　法	行政法の効力（法令の公布、条例の効力、臨時法と限時法等）	A
9		行政指導（意見公募手続、根拠となる規定、書面の交付等）　政	B
10		行政計画（一般廃棄物運搬業の許可申請に対する不許可処分等）	A
11		行政調査（所持品検査、法人税法上の質問・検査の権限、自動車検問等）　政	B
12		行政上の不服申立て（審査請求をすべき行政庁、処分、固有の資格等）	B
13		処分性（消防法に基づく建築許可の同意、国税通則法に基づく充当等）　政経	B
14		無効等確認訴訟（行政処分の無効原因の主張、裁量権の行使等）　政経	A
15		仮の義務付けと仮の差止め（訴えの提起、疎明、執行停止に関する規定等）	B
16		国家賠償法1条（国会議員の立法行為、建築主事の国家賠償責任等）　政	A
17		国家賠償法（営造物の設置・管理、失火責任、郵便業務従事者の軽過失等）	B
18		行政機関相互の関係（専決・代決、権限の委任）	B
19		地方公共団体（分類、指定都市・中核市、普通地方公共団体の事務等）	B
20	民　　法	権利能力・行為能力（制限行為能力者による土地売買等）　政経	B
21		虚偽の意思表示（土地の仮装譲渡、所有権移転登記、抵当権設定登記等）	A
22		即時取得（発電機の所有権、登録抹消自動車の質権等）　政経	A
23		共有（持分の割合に応じた請求、共有物の変更、不動産の現物分割等）	A
24		法定地上権（借地上の建物の抵当権）	A
25		債務不履行（返還時期の定めのない消費貸借契約等）	B
26		債権者代位権（債務者の被代位権利、行使の範囲・方法等）	B
27		契約の成立（承諾の意思表示、保証債務履行の意思等）　政経	B
28		寄託（損害賠償請求・費用償還請求、混合寄託等）	A
29		不当利得（成立要件、公序良俗違反、返還請求等）	A
30		特別養子縁組（養親となる者の条件、養子の年齢、離縁等）	C
31		相続（単純相続、限定承認、相続の放棄）（教授の質問に対する学生の発言）	B
32	商　　法	株主名簿（基準日株主、名簿の名義書換、名簿の管理等）	A
33		株式会社の取締役の責任（任務懈怠による損害賠償責任等）	A
34		社債（新株予約権付社債、社債管理者、社債権者集会の決議等）	S
35	刑　　法	因果関係（条件関係、相当因果関係説、死期を早める行為）	A
36		放火の罪（現住建造物等放火罪、建造物等以外放火罪等）	A
37		横領罪（所有権移転登記、自動車の転売、未成年後見人等）	A
38	労　働　法	労働時間（みなし労働時間制、フレックスタイム制、変形労働時間制等）	A
39		就業規則（労働組合・労働者代表の同意、労働協約との対立関係等）	B
40		不当労働行為（申立期間、誠実交渉義務違反等）	A
41	国　際　法	条約（ウィンブルドン号事件、オゾン層保護条約等）　政	B
42		海洋法（国連海洋法条約、接続水域の設定等）　政	B
43		国家責任（外交的保護権、国際義務の法源、精神的満足等）　政	B
44	＊　経済理論	補償所得（計算）　政経	B
45		損益分岐点と操業停止点における価格（計算）　政経	C
46		貨幣供給量増加に伴う物価と利子率の変化分（計算）　政経	B
47	＊　財政学	従量税課税時の消費者・生産者余剰の変化と租税負担者　政経	B
48		日本の財政制度（会計年度独立の原則、継続費、地方交付税の役割等）　政経	B
49		日本の財政事情（令和5年度一般会計当初予算の歳出と歳入）　政経	B

> 憲法、行政法、民法は必須問題。

> 国際法は国家総合職でのみ出題される。

> 経済理論は3問。

＊受験案内では経済学・財政学が6問だが、ここでは経済区分での科目分類を表記した。
※政は政治・国際・人文区分(コースＡ)、政経は経済区分との共通問題。
※出題内訳表の右欄には、この試験における難易度を、S（特に難しい）、A（難しい）、B（普通）、C（易しい）で示した。

公務員試験　受験ジャーナル ● 8年度 No.1　**103**

国家総合職：そのほかの試験

◎専門記述式試験

専門記述式試験とは、各試験の区分に応じて必要な専門的知識などについての筆記試験である。複数題より選択して解答する。たとえば、大卒程度試験法律区分の場合は、次の5科目6題から2題選択解答となっている。

> 憲法1題、行政法1題、民法1題、国際法1題、公共政策2題（公共政策からは1題のみ選択可）

なお、専門択一式試験と専門記述式試験の選択問題は、必ずしも一致している必要はない。

◎政策課題討議試験

大卒程度試験の教養区分および院卒者試験で課される。手順は次のとおり。

> レジュメ作成→個別発表→グループ討議
> →討議を踏まえて考えたことを個別発表

大卒程度教養区分では、6人1組程度のグループで行われる。まず、20分間で、複数の資料（英文資料を含む場合もある）を見てレジュメを作成。出題されるテーマは、話題となっている施策の是非であることが多い。4年度の受験者情報によると、テーマは「入学者が入学定員に満たない大学について、国が統廃合を進めるべきか」であった。次に、個別発表では、先に作成したレジュメが他のメンバーに共有される。4年度の受験者情報によると、「レジュメを3分間で読み込んだ後、受験者が各3分間で自分の意見を述べた。その後、45分間で討議。最後に、受験者が各3分間で、討議を踏まえて改めて自分の意見を述べた」という。

◎企画提案試験

大卒程度試験の教養区分で課される。

Ⅰ部とⅡ部からなり、Ⅰ部は「政策概要説明紙（プレゼンテーションシート）作成」で、課題と資料が与えられ、解決策を提案する。なお、一次

合格発表日に「国家公務員試験採用情報NAVI」にて参考文献や資料等が提示されるので、それらをしっかり読み込み、内容を理解したうえで試験に臨むことが大切だ。

政策概要説明紙はA4・1枚（両面）。箇条書き、図、表など自由な形式で、提案する政策内容をわかりやすくまとめることが必要となる。また、施策については、実施するうえでの「留意点」に必ず触れることが求められる。

Ⅱ部では、Ⅰ部で書いた政策概要説明紙が渡され、10分間でプレゼンの準備を行い、5分間でプレゼン、約20分間の質疑応答がなされる。課題紙、参考資料、政策概要説明紙を見ながら回答できるので、いかに落ち着いて答えられるかがカギだ。

◎英語試験

外部英語試験（TOEFL（iBT）、TOEIC Listening & Reading Test（公開テストに限る）、IELTS、実用英語技能検定）を活用し、スコア等に応じて総得点に15点または25点が加算される（詳しくは28ページを参照）。

官庁訪問

官庁訪問とは、志望省庁に採用されるための最終関門である。ここで志望省庁から内々定がもらえないと、国家公務員として働くことができない。

官庁訪問では、基本的に面接（人事面接）と原課訪問（原課面接）が繰り返される。原課訪問とは、職員が実際に働いている部署を訪問し、そこで行われる面談のこと。1日に行われる面接の回数や面接の形式・内容は、省庁により異なる。

国家一般職

国家一般職試験の種類

　国家一般職試験は「大卒程度試験」「高卒者試験」「社会人試験（係員級）」に分かれる。大卒程度試験には行政区分に加え、デジタル・電気・電子、機械、土木、建築、物理、化学、農学、農業農村工学、林学の9つの技術系区分があるほか、7年度より、教養区分が新設された。教養区分は大学3年から受験することができ、合格者名簿の有効期間が6年間と長くなっている。

　行政区分と教養区分は北海道、東北、関東甲信越、東海北陸、近畿、中国、四国、九州、沖縄の各地域別採用で、技術系区分は全国採用となる。いずれの区分についても一次試験は受験に便利な一都市を選べばよいが、二次試験については、行政区分と教養区分は採用を希望する地域に対応する二次試験地を選ぶ。ただし、本府省についてはすべての地域の合格者から採用することが可能なので、受験者はその地域の官署と本府省の両方を希望することができる。それ以外の区分の場合は、一次試験地に対応する二次試験地で受験することになる。

　大卒程度試験の受験資格、日程等は右に、試験

試験の概要：大卒程度試験（教養区分以外）

　一次では、全区分で基礎能力試験（択一式）と専門試験（択一式）が行われる。なお、国家公務員以外も志望し就職活動をしている人も受験しやすくするため、6年度試験から基礎能力試験の内容が見直された。具体的には、「出題数を40問から30問に削減」「知識分野の出題について時事問題が中心となるよう変更」「知識分野において「情報」分野の問題を出題」となっている。

国家一般職試験の種類

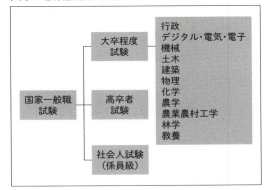

構成（7年度試験の内容）と試験区分別出題科目は105〜107ページにまとめたので、参照してほしい。

BASIC DATA （令和7年度）

年齢要件	22〜30歳（教養区分は21〜30歳）
受験案内	6年12月25日〜ホームページ掲載
受付期間	2月20日〜3月24日（インターネット）
第一次試験日	6月1日（日）
第二次試験日	7月9日〜25日
最終合格発表	8月12日

　専門試験（択一式）の試験区分別出題科目については、107ページの表を参照してほしい。行政区分では16科目80問のうち8科目40問を選択解答する「科目選択制」となっている。英語（基礎・一般）、心理学、教育学の出題もあり、人文科学系学部の出身者にも受験しやすい試験である。得意科目を選択するのが基本だが、併願する試験の出題内容を考慮し、8＋αの科目を対策しておくことをおすすめする。試験当日の判断で、より解きやすい科目を選ぶのが得策だ。

　一方、技術系区分ではデジタル・電気・電子、

物理、化学区分を除き、全問必須解答である。

　問題の難易度は、大卒程度の公務員試験全体の平均程度と考えてよいだろう。近年は過去の類似問題の出題が増えている。最新過去問を掲載した『［2026年度版］国家一般職［大卒］教養試験過去問500』『（同）専門試験過去問500』（実務教育出版）を活用し、効果的な対策を練ってほしい。

　そのほか、行政区分では一般論文試験、技術系区分では専門試験（記述式）が課されるが、いずれも一次合格者を対象として評定され、最終合格者の決定に反映される。

　二次では、人物試験として個別面接と性格検査が行われる。なお、採用されるためには「官庁訪問」を行い、面接などを受ける必要がある（詳細は108ページを参照）。

試験区分	試験	試験種目	解答時間	問題数	配点比率		内容、出題科目等 （○付き数字は出題数を表す）
					建築以外 の区分	建築 区分	
行政 デジタル・ 電気・電子 機械 土木 建築 物理 化学 農学 農業農村工学 林学	一次 試験	基礎能力試験 （択一式）	1時間50分	30問	2/9	2/9	知能分野24問（文章理解⑩、判断推理⑦、数的推理④、資料解釈③） 知識分野6問（自然・人文・社会に関する時事、情報⑥）　※112ページ参照。
		専門試験 （択一式）	【建築区分】 2時間 【建築以外の区分】 3時間	【建築区分】 33問 【建築以外の区分】 40問	4/9	2.5/9	別表参照 ※113〜114ページ参照。
		一般論文試験 【行政区分】	1時間	1題	1/9 ※	－	
		専門試験 （記述式）	【建築区分】 2時間	【建築区分】 1題	－	2.5/9 ※	
		【行政以外の 区分】	【建築以外の区分】 1時間	【建築以外の区分】 1題	1/9 ※	－	
	二次 試験	人物試験	－	－	2/9	2/9	個別面接、性格検査

※一次試験の合格者は基礎能力試験および専門試験（択一式）の結果によって決定。一般論文試験または専門試験（記述式）は一次試験合格者を対象として評定したうえで、最終合格者の決定に反映。

試験の概要：大卒程度試験（教養区分）

　7年度に新設された区分で、一次で基礎能力試験（択一式）、課題対応能力試験（択一式）、一般教養論文試験、二次で人物試験が課される。基礎能力試験は、一般職試験（大卒程度試験）のほかの区分と共通の出題になることが予想される。課題対応能力試験は、高卒者試験で課されている適性試験と類似のものである。詳細については、108ページを参照してほしい。

　なお、採用されるためには「官庁訪問」を行い、面接などを受ける必要がある。

試験	試験種目	解答時間	問題数	配点比率	内容、出題科目等（○付き数字は出題数を表す）
一次試験	基礎能力試験 （択一式）	1時間50分	30問	4/9	知能分野24問（文章理解⑩、判断推理⑦、数的推理④、資料解釈③） 知識分野6問（自然・人文・社会に関する時事、情報⑥）
	課題対応能力試験 （択一式）	15分	120問	1/9	速く正確に課題を解く能力についての筆記試験（置換・照合・計算・分類などの問題を限られた時間内に番号順にできるだけ多く解答する試験）
	一般教養論文試験	1時間20分	1題	2/9	文章による表現力、一般的な教養を土台にした判断力、思考力についての筆記試験
二次試験	人物試験	－	－	2/9	個別面接、性格検査

※一次試験の合格者は基礎能力試験と課題対応能力試験の成績を総合して決定。一般教養論文試験は一次合格者を対象に評定したうえで、最終合格者の決定に反映。

PART4　国家公務員試験ガイダンス

国家一般職試験　試験区分別出題科目（専門試験〈択一式〉）

試験区分	出題科目（○付き数字は出題数を表す）
行政	80問中40問解答 科目選択制（16科目〈各5問〉中8科目40問解答）▶政治学、行政学、憲法、行政法、民法（総則および物権）、民法（債権、親族および相続）、ミクロ経済学、マクロ経済学、財政学・経済事情、経営学、国際関係、社会学、心理学、教育学、英語（基礎）、英語（一般）
デジタル・電気・電子	44問中40問解答 必須問題（36問）▶工学に関する基礎⑳、情報・通信工学（理論）⑧、電磁気学・電気回路・電気計測・制御・電気機器・電力工学⑧ 選択問題（選択A、B〈各4問〉から1つを選択）▶選択A：情報工学（プログラミング）④、選択B：電子工学・電子回路④
機械	40問必須解答 ▶工学に関する基礎⑳、材料力学④、機械力学④、流体力学④、熱工学④、機械設計・機械材料・機械工作④
土木	40問必須解答 ▶工学に関する基礎⑳、構造力学（土木）・水理学・土質力学・測量⑪、土木材料・土木設計・土木施工③、土木計画④、環境工学（土木）・衛生工学②
建築	33問必須解答 ▶工学に関する基礎⑳、構造力学（建築）・建築構造④、建築材料・建築施工②、環境工学（建築）・建築設備③、建築史・建築計画・建築法規・都市計画④
物理	50問中40問解答 必須問題（30問）▶物理［物理数学を含む基礎的な物理］㉚ 選択問題（20問中10問解答）▶応用物理［現代物理等］⑩、地球物理⑩
化学	44問中40問解答 必須問題（36問）▶数学・物理⑨、物理化学・分析化学・無機化学・有機化学・工業化学㉗ 選択問題（8問中4問解答）▶生物化学④、化学工学④
農学	40問必須解答 ▶栽培学汎論⑦、作物学⑦、園芸学⑦、育種遺伝学③、植物病理学③、昆虫学③、土壌肥料学・植物生理学④、畜産一般③、農業経済一般③
農業農村工学	40問必須解答 ▶数学③、水理学④、応用力学④、土壌物理・土質力学②、測量②、農業水利学・土地改良・農村環境整備⑬、農業造構・材料・施工⑦、農業機械②、農学一般③
林学	40問必須解答 ▶林業政策⑦、林業経営学⑦、造林学⑪、林業工学④、林産一般⑥、砂防工学⑤

公務員試験　受験ジャーナル ◉ 8年度 No.1　107

教養区分特有の試験

◎課題対応能力試験

置換・照合・計算・分類などの問題が出題される。15分で120問の出題であり、かなりのスピードが要求される。誤答・2つ以上マークした解答やマークを飛ばしたものがあると、その数だけ正解数から減点されるため、注意したい。

以下に、人事院が公開した例題を掲載するので、参考にしてほしい。

例題1

この問題は、各問のマス目に記されている「ア」「イ」「ウ」と同じ位置にある3つの数字を手引から取り出し、計算式の中の「ア」「イ」「ウ」それぞれに当てはめて計算し、答えのある選択肢の番号と同じ位置にマークをするものです。

(手引)

8	4	1	3
3	7	9	5
2	1	6	4
7	3	5	2

問(1)

			イ
ア			
		ウ	

ア ＋ イ × ウ

1	2	3	4	5
15	17	19	21	23

正答 **2**

例題2

この問題は、示された数字が、分類表の中のどこに分類されるかを調べ、その欄がある行のローマ数字と列のアルファベットの組合せがある選択肢の番号と同じ位置にマークをするものです。

(分類表)

	a	b	c
Ⅰ	1～16 99～115	69～76 173～181	26～31 156～164
Ⅱ	32～44 142～155	90～98 134～141	58～68 190～199
Ⅲ	77～89 116～133	17～25 182～189	45～57 165～172

問(2)　123

1	2	3	4	5
Ⅰa	Ⅰc	Ⅱa	Ⅱb	Ⅲa

正答 **5**

出典：人事院ホームページ
(https://www.jinji.go.jp/content/900035967.pdf)
※紙幅の都合上、レイアウトを変更して掲載。

官庁訪問

国家一般職（大卒程度試験：教養区分以外）の合格者名簿の有効期間は、5年間である。国家総合職同様、合格＝採用というわけではなく、官庁訪問を行い、面接などを受ける必要がある。

採用までの流れは下の図のとおり。官庁訪問については、一次合格発表日からメール等で予約することができる。官庁訪問は志望する省庁に関する知識を深めるとともに、合格後の採用に向けて自己PRの重要な機会となる。志望省庁や希望勤務地にこだわらずに、できるだけ多くの省庁を訪問することが大切である。

人事院が実施する一般職各府省合同業務説明会（3月）、霞が関OPENゼミ（2月）、公務研究セミナー（10月～2月）、各地方事務局（所）主催のセミナーなどに参加して、各省庁の情報を入手しておこう（詳しくは人事院の「国家公務員試験採用情報NAVI」でチェック）。夏休み時期にはインターンシップを実施している省庁もある。

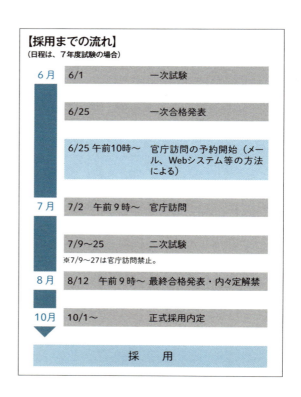

過去３年間の試験実施結果

※（　　）内は女性の内数。
※※受験者数は、一次試験の最後の試験種目を受験した人数。
※競争率＝一次受験者数÷最終合格者数。
※採用予定数（「約」「名」は省略）：受験案内等の当初発表の数値。[　]内は最終合格発表時の数値。
※「行政」区分における本府省への採用については、「行政・関東甲信越地域」からの採用が中心となるが、全国から有為の人材を確保できるようにするという観点から、それ以外の地域からも採用が可能となっている（本府省の採用予定数：６年度は約770名、５年度は約700名、４年度は約660名）。

試験区分	申込者数		一次受験者数		一次合格者数		最終合格者数		競争率(倍)	採用予定数
行政・北海道	981	(330)	769	(260)	683	(234)	527	(192)	1.5	180 [238]
	1,003	(359)	798	(297)	599	(222)	457	(180)	1.7	230 [214]
	1,017	(348)	762	(273)	650	(233)	470	(179)	1.6	200 [228]
行政・東北	1,394	(638)	1,103	(516)	807	(361)	550	(258)	2.0	250 [245]
	1,602	(657)	1,221	(518)	823	(336)	594	(247)	2.1	240 [261]
	1,535	(649)	1,176	(496)	831	(350)	559	(243)	2.1	200 [238]
行政・関東甲信越	7,915	(3,501)	5,484	(2,508)	2,729	(1,169)	1,942	(881)	2.8	660 [1,556]
	8,476	(3,669)	5,787	(2,466)	2,845	(1,092)	2,098	(871)	2.8	690 [1,609]
	9,204	(3,983)	6,357	(2,778)	2,565	(1,008)	1,844	(779)	3.4	780 [1,475]
行政・東海北陸	2,191	(1,029)	1,595	(771)	924	(442)	653	(329)	2.4	330 [290]
	2,523	(1,112)	1,922	(852)	1,068	(434)	712	(317)	2.7	350 [316]
	2,568	(1,107)	2,038	(876)	1,039	(433)	749	(323)	2.7	310 [329]
行政・近畿	3,036	(1,437)	2,221	(1,083)	1,173	(555)	816	(402)	2.7	430 [419]
	3,132	(1,429)	2,312	(1,069)	1,164	(502)	822	(390)	2.8	430 [417]
	3,291	(1,525)	2,490	(1,187)	1,020	(466)	794	(386)	3.1	360 [404]
行政・中国	1,416	(647)	1,083	(503)	780	(346)	523	(256)	2.1	250 [234]
	1,363	(578)	1,071	(444)	804	(330)	580	(247)	1.8	230 [260]
	1,635	(711)	1,316	(567)	721	(290)	495	(204)	2.7	230 [241]
行政・四国	986	(442)	713	(314)	450	(194)	299	(136)	2.4	140 [123]
	962	(422)	764	(336)	469	(194)	360	(155)	2.1	130 [139]
	1,003	(469)	779	(375)	479	(222)	323	(160)	2.4	110 [127]
行政・九州	2,300	(1,043)	1,791	(824)	995	(446)	631	(292)	2.8	300 [303]
	2,645	(1,197)	1,994	(919)	1,115	(470)	692	(309)	2.9	330 [345]
	2,703	(1,244)	2,142	(992)	1,092	(471)	734	(352)	2.9	300 [367]
行政・沖縄	501	(245)	364	(181)	167	(73)	134	(63)	2.7	70 [66]
	610	(307)	449	(233)	238	(116)	161	(80)	2.8	70 [80]
	755	(329)	558	(253)	174	(82)	131	(65)	4.3	70 [65]
小計	20,720	(9,312)	15,123	(6,960)	8,708	(3,820)	6,075	(2,809)	2.5	2,610 [3,474]
	22,316	(9,730)	16,318	(7,134)	9,125	(3,696)	6,476	(2,796)	2.5	2,700 [3,641]
	23,711	(10,365)	17,618	(7,797)	8,571	(3,555)	6,099	(2,691)	2.9	2,560 [3,474]
デジタル・電気・電子	455	(69)	258	(38)	232	(32)	164	(25)	1.6	260 [244]
	435	(64)	255	(41)	225	(33)	173	(27)	1.5	250 [258]
	487	(80)	318	(48)	292	(39)	214	(29)	1.5	250 [232]
機械	199	(22)	132	(10)	115	(9)	83	(8)	1.6	120 [143]
	240	(22)	154	(15)	140	(15)	116	(14)	1.3	110 [129]
	312	(32)	191	(16)	173	(14)	126	(9)	1.5	130 [137]
土木	819	(155)	543	(108)	483	(94)	312	(65)	1.7	390 [423]
	1,045	(226)	648	(142)	603	(130)	449	(100)	1.4	390 [416]
	1,193	(250)	891	(186)	822	(171)	581	(123)	1.5	420 [413]
建築	136	(50)	82	(28)	75	(25)	52	(19)	1.6	60 [73]
	163	(71)	88	(39)	84	(37)	54	(21)	1.6	70 [79]
	160	(69)	107	(46)	99	(43)	65	(28)	1.6	90 [74]
物理	285	(57)	190	(42)	182	(39)	155	(36)	1.2	150 [120]
	284	(64)	193	(42)	180	(36)	155	(31)	1.2	190 [121]
	314	(68)	211	(45)	195	(42)	157	(36)	1.3	190 [166]
化学	443	(175)	270	(107)	233	(91)	172	(68)	1.6	180 [187]
	491	(187)	298	(117)	257	(99)	210	(90)	1.6	160 [183]
	541	(208)	350	(142)	308	(127)	217	(92)	1.6	130 [115]
農学	661	(295)	460	(209)	415	(191)	285	(129)	1.6	190 [168]
	756	(343)	555	(257)	533	(250)	342	(161)	1.6	170 [168]
	762	(346)	603	(278)	562	(259)	377	(175)	1.6	170 [158]
農業農村工学	149	(42)	111	(31)	99	(27)	57	(18)	1.9	40 [36]
	184	(57)	128	(43)	116	(37)	71	(23)	1.8	40 [34]
	184	(57)	152	(47)	137	(43)	79	(23)	1.9	50 [39]
林学	373	(125)	294	(99)	281	(98)	202	(73)	1.5	140 [148]
	405	(146)	309	(106)	295	(103)	223	(73)	1.4	120 [118]
	439	(137)	347	(102)	331	(99)	241	(65)	1.4	110 [113]
小計	3,520	(990)	2,340	(672)	2,115	(606)	1,482	(441)	1.6	1,530 [1,542]
	4,003	(1,180)	2,628	(802)	2,433	(740)	1,793	(540)	1.5	1,500 [1,506]
	4,392	(1,247)	3,170	(910)	2,919	(837)	2,057	(580)	1.5	1,550 [1,447]
合計	24,240	(10,302)	17,463	(7,632)	10,823	(4,426)	7,557	(3,250)	2.3	4,140 [5,016]
	26,319	(10,910)	18,946	(7,936)	11,558	(4,436)	8,269	(3,336)	2.3	4,200 [5,147]
	28,103	(11,612)	20,788	(8,707)	11,490	(4,392)	8,156	(3,271)	2.5	4,110 [4,921]

（上段から６年度、５年度、４年度）

６年度国家一般職　平均点・合格点等、一次合格ライン推計

人事院から発表された区分別の合格点と平均点等の数値を一覧表にしたものが下表（「合格点および平均点等」）、これをもとに編集部で推計したものが111ページの「一次合格ライン推計」である。

受験者の筆記試験の得点は、各試験種目の素点（多肢選択式試験の場合は正解数、記述式試験の場合は複数の評価者による評点の総合値）ではなく、各試験種目ごとに配点、平均点、標準偏差を用いて下の方法で算出した「標準点」を用いる。一次合格者は、基礎能力試験および専門試験（多肢選択式）において基準点以上である者について、両試験種目の標準点の合計に基づいて決定される。

用語の解説

標準偏差： 受験者の得点のばらつき具合を示す指標。一般にこの数値が小さい場合、受験者の素点が平均点付近に多く分布していることを表し、逆に標準偏差が大きい場合、受験者の素点が幅広く分布していることを表す。

基準点： 各試験種目において、最低限必要な素点（正解数）。この点に達しない試験種目が１つでもある場合は、他の試験の成績にかかわらず不合格となる。実際の基準点は原則として満点の30％で設定されることが多い。

標準点： 合格者の決定を行うときに使用される得点。各試験種目によって満点（要解答題数）が異なっていること、受験者の素点のばらつきが異なっていることの影響を修正するために用いるもので、各受験者の成績が受験者全体の成績の分布の中でどの辺りにあるかを相対的に示している。

各試験種目における標準点の算出方法

$$標準点 = 10 \times 当該試験種目の配点比率 \times \left(15 \times \frac{X-M}{\sigma} + 50\right)$$

X：ある受験者の素点、M：当該試験種目の平均点、
σ：当該試験種目の標準偏差

■合格点および平均点等

区分	試験種目	基礎能力試験 満点	平均点	標準偏差	基準点	専門試験（多肢選択式）満点	平均点	標準偏差	基準点	一次試験合格点（標準点）	最終合格点（標準点）
行政	北海道	30	18.113	3.788	9	40	20.576	6.776	12	163	407
	東　北		18.424	3.723						262	436
	関東甲信越		19.043	3.904						336	503
	東海北陸		19.491	3.531						334	522
	近　畿		19.041	3.913						344	532
	中　国		19.077	3.704						291	481
	四　国		18.353	3.744						294	497
	九　州		18.365	3.748						308	503
	沖　縄		16.703	3.523						289	463
デジタル・電気・電子			18.868	4.464		40	20.283	7.018	12	178	309
機　械			17.652	4.165		40	19.705	6.248	12	175	249
土　木			17.560	3.895		40	18.761	5.944	12	181	316
建　築			18.720	3.883		33	18.415	6.211	10	132	340
物　理			20.832	3.912		40	21.747	6.033	12	157	266
化　学			19.426	3.881		40	17.633	5.523	12	209	316
農　学			18.680	3.730		40	19.446	6.055	12	177	318
農業農村工学			18.009	3.706		40	18.892	5.603	12	192	371
林　学			18.235	4.066		40	23.575	6.875	12	152	297
全　体			18.794	3.866							

※基礎能力試験の標準点は、全受験者の平均点・標準偏差を用いて計算される。

110　公務員試験　受験ジャーナル ◉ ８年度 No.1

■一次合格ライン推計

> 基礎能力、専門ともに基準点を取れば一次合格できる。

> 基礎能力が19点でも20点でも、専門は16点必要。

> 専門が12点でも11点でも基礎能力は11点必要。

行政

北海道
基	9
専	12

東北
基	9	10	11	12	13	14	15	16	17	18	19	20	21
専	22	21	20	19	18	17	16		15		14	13	12

関東甲信越
基	9	10	11	12	13	14	15	16	17	18	19	20	21	22	23	24	25	26	27	28	29
専	30	29	28	27		26		25	24	23	22	21	20		19		18	17	16	15	14	13	12

東海北陸
基	9	10	11	12	13	14	15	16	17	18	19	20	21	22	23	24	25	26	27	28	29
専	30	29	28	27	26		25		24	23	22	21	20	19	18		17		16	15	14	13	12

近畿
基	9	10	11	12	13	14	15	16	17	18	19	20	21	22	23	24	25	26	27	28	29	30
専	31	30	29	28	27		26		25	24	23	22	21	20		19		18	17	16	15	14	13	12

中国
基	9	10	11	12	13	14	15	16	17	18	19	20	21	22	23	24
専		25		24	23	22	21	20	19	18		17		16	15	14	13	12

四国
基	9	10	11	12	13	14	15	16	17	18	19	20	21	22	23	24	25
専	26	25	24	23	22	21		20		19	18	17	16	15	14		13		12

九州
基	9	10	11	12	13	14	15	16	17	18	19	20	21	22	23	24	25	26
専	27	26		25		24	23	22	21	20	19	18		17		16	15	14	13	12

沖縄
基	9	10	11	12	13	14	15	16	17	18	19	20	21	22	23	24
専	25	24		23		22	21	20	19	18	17		16		15	14	13	12

デジタル・電気・電子
基	9	10
専	13	12

機械
基	9	10
専	13	12

土木
基	9	10
専	13	12

建築
基	9	10	11	12
専	14	13	12	11	10

物理
基	9	10	11
専	14	13	12

化学
基	9	10	11	12	13
専	15	14		13		12

農学
基	9	10	11
専		13	12

農業農村工学
基	9	10	11	12
専	15	14	13	12

林学
基	9	10	11
専	14	13	12

●［一次合格ライン推計］表の見方●

　各試験区分の上段が基礎能力試験（「基」）、下段が専門試験（多肢選択式、「専」）の素点（正解数）を示しており、上下段で1つの組合せとなる。

　行政・近畿を例にとると、一番左の列の「基礎能力：9、専門：31」は、「基礎能力で9点かつ専門で31点以上取れば一次合格できた」ということを示しており、一番右の列の「基礎能力：30、専門：12」は、「基礎能力で30点かつ専門で12点以上取れば一次合格できた」ということを示している。なお、欄が色つきの素点は基準点を表す。

(注)・この推計では、基礎能力の基準点〜満点のうち、専門が基準点以上となる範囲を掲載している。
　　・ここに掲載したのは、一次試験合格点（標準点）以上となるために必要な基礎能力・専門の素点の最低点である。したがって、素点の組合せから標準点を計算しても、すべての組合せが一次試験合格点と一致するわけではない。

※実務教育出版のHPでは国家総合職（院卒者試験、大卒程度試験）、国家一般職（大卒程度試験）、国家専門職（大卒程度試験）の「平均点・標準偏差」および「一次合格ライン推計」を掲載しています。

令和6（2024）年度 国家一般職大卒 基礎能力試験 出題内訳

No.	科目		出題内容（110分・30問必須解答）	難易度
1	文章理解	現代文	内容把握（長谷川政美『ウイルスとは何か』）	B
2			内容把握（南塚信吾・小谷汪之『歴史的に考えるとはどういうことか』）	A
3			内容把握（門脇厚司『子どもの社会力』）	B
4			内容把握（沼野雄司『音楽学への招待』）	C
5			文章整序（齋藤孝『上機嫌の作法』）	A
6			空欄補充（池内了『なぜ科学を学ぶのか』）	C
7		英文	内容把握（肺がんの進化と適応を明らかにしたTracerXプロジェクト）	B
8			内容把握（ゴッホの絵に関する乳児と大人の好みの類似性）	C
9			文章整序（悪夢がもたらす適応的な効用）	A
10			空欄補充（演奏している音への集中が演者のパフォーマンスを向上させる）	B
11	判断推理		命題（6種類の果物の好き嫌い）	B
12			要素の個数（イヌ、ネコ、ウサギを飼っている人の調査結果）	B
13			対応関係（転勤してきた5人の社員の所属・年代・学歴）	B
14			方位と位置（小学校、中学校、高校、駅、公民館、図書館の位置関係）	B
15			数量相互の関係（相撲大会の予選と本選での5人の勝ち点）	B
16			経路（マス目状に区切られた地面をつなぐ道路を作るのに必要な最小費用）	B
17			軌跡（線分ABのAがY軸上、中点MがX軸上を動くときのBの軌跡の概形）	B
18	数的推理		順列（9人の児童の並び方）	B
19			旅人算（A〜Cの3人が同じ場所から同じ目的地に進む場合）	C
20			魔方陣（4×4のマス目に入る数）	B
21			平面図形（折り紙を折ったときの線分の長さ）	B
22	資料解釈		特許出願件数と対前年同月増加率（グラフ、実数値・増減率）	B
23			札幌、福島、静岡、熊本の気象データ（数表、実数値）	B
24			ある地域の人為起源炭素収支の推移（数表、実数値）	B
25	自然・人文・社会に関する時事		気象・災害（熱中症、地球温暖化、線状降水帯、耐震基準、山火事等）	A
26			労働（時間外労働の上限、医療法、女性の就業、障害者の雇用、児童労働等）	B
27			会議・イベント（G7・G20サミット、クールジャパン、沖縄の歴史、関東大震災100年、日本国際博覧会等）	B
28			原子力（核融合実験、北朝鮮の潜水艦の進水式、ウクライナの原子力発電所、原子爆弾、ALPS処理水の海洋放出等）	A
29			日本の社会情勢（マイナンバー、最低賃金、飲食料品の値上げ、藤井聡太氏、国枝慎吾氏等）	B
30	情報		誤り検出符号（パリティチェックでのパリティビットの扱い方）（空欄補充）	B

> 現代文の出題数が多く、文章整序や空欄補充の出題もある。

> 判断推理の出題数が多い。

> 時事の中に知識の要素が含まれる。

> 情報も出題される。

※科目の分類は編集部による。
※難易度：S＝特に難しい、A＝難しい、B＝普通、C＝易しい。

PART4 国家公務員試験ガイダンス

令和6（2024）年度 国家一般職大卒 専門試験〈行政区分〉出題内訳

No.	科目	出題内容（180分・16科目中8科目40問選択解答）	難易度
1	政治学	自由主義（ラギー、ミル、バーリン、ノージック、第二臨調）	B
2		議会（ポルスビー、ドイツ、ヴィスコシティ、英国、衆議院の優越）	B
3		各国の政党（アメリカ、イギリス、ドイツ、フランス、日本）	B
4		市民の意識・価値観（投票行動、フロム、アーモンドとヴァーバ等）	B
5		メディアの影響力（クラッパー、議題設定機能、記者クラブ等）	B
6	行政学	行政学の学説（アップルビー、ウェーバー、ダンリーヴィー等）	B
7		日本の国家行政組織（内閣官房、8条委員会、地方支分部局等）	A
8		行政管理の理論と実際（日本の会計検査、大臣官房、シーリング等）	A
9		市民と行政（認定NPO法人制度、監査請求、住民投票条例等）	A
10		日本の地方自治の沿革（長の選出、機関委任事務、自治体警察等）	B
11	憲法	職業の自由（公衆浴場の適正配置規制、薬局等の適正配置規制等）	A
12		労働基本権（社会権・自由権と私人間の関係、労働組合の統制権等）	A
13		人身の自由（刑事責任追及の手続における強制、憲法35条の保障対象等）	B
14		内閣総理大臣（内閣の統率と行政各部の統轄調整、法律・政令の執行責任等）	C
15		憲法の改正や最高法規性（憲法の改正手続、尊重擁護の義務等）	B
16	行政法	行政行為（公立学校の学校施設の目的外使用の許可等）	A
17		行政手続法（目的、聴聞と弁明の機会、意見の提出、理由明示等）	B
18		原告適格（定期航空運送事業免許の取消、都市計画事業認可の取消等）	A
19		不作為の違法確認の訴え（被告行政庁の対応等）	A
20		損失補償（文化財的価値、消防対象物・土地、堤とうの使用制限等）	B
21	民法 ［総則およ び物権］	意思表示（仮装譲渡、錯誤、強迫等）	A
22		時効（債務の履行の催告、法定代理人のいない未成年者の時効の完成等）	B
23		動産物権変動（動産に関する物権の譲渡、即時取得等）	B
24		留置権（留置物の占有、留置権の消滅、留置物の必要費の償還等）	C
25		先取特権（不動産の賃貸、不動産の保存、差押え等）	B
26	民法 ［債権、親族 および相続］	債務不履行（遅滞の責任、代位、利益の支払い請求、債務の存続等）	B
27		相殺（禁止・制限、意思表示の効力、時効で消滅した債権の相殺等）	B
28		売買契約における契約不適合責任（履行の追完、代金減額請求等）	B
29		不法行為（損害賠償の範囲、損害賠償請求権の消滅時効の起算点等）	A
30		養子縁組（尊属または年長者の縁組、配偶者がある者の縁組、死後離縁等）	C
31	ミクロ 経済学	レオンチェフ型効用関数における需要関数（計算）	A
32		顕示選好の弱公理（グラフ）	B
33		長期総費用関数（計算）	B
34		市場価格を150以下にする財1単位当たり補助金の額（計算）	C
35		情報の非対称性（モラルハザード、逆選択、シグナリング等）	B
36	マクロ 経済学	政府支出乗数（計算）	B
37		総需要曲線（計算）	C
38		コンソル債の価格（計算）	B
39		貨幣乗数（マネーサプライを600増やすハイパワードマネー）（計算）	B
40		フィリップス曲線（損失関数を最小化するインフレ率）（計算）	A

憲法・行政法は過去問の焼き直しのような問題が多い。

民法は2科目に分けて出題される。

ミクロ経済学・マクロ経済学は計算問題が多い。

※難易度：S＝特に難しい、A＝難しい、B＝普通、C＝易しい。

公務員試験 受験ジャーナル ● 8年度 No.1 **113**

No.	科目	出題内容 (180分・16科目中8科目40問選択解答)	難易度
41	財政学	リンダール均衡における消費者の公共財の負担割合(計算)	A
42		日本の国債(財投債、保有者別内訳、建設国債、日銀引受け等)	B
43		日本の財政事情(歳出規模、国債残高、一般会計当初歳入予算等)	B
44	経済事情	日本の経済状況(実質GDP成長率、企業物価、消費者物価等)	B
45		海外の経済状況(ロシア、米国、ユーロ圏、中国、インド)	B
46	経営学	企業の戦略(資源ベース論、事業定義の軸、PIMS研究、価値連鎖等)	A
47		経営組織(ファヨール、制度的同型化、シャイン、バーンズとストーカー等)	B
48		リーダーシップ論(オハイオ研究、ミシガン研究、PM理論、フィードラー等)	B
49		技術経営(ヒッペル、ゴシャール、製品アーキテクチャ、設計品質等)	A
50		国際経営(EPRGプロファイル、多国籍企業の組織形態等)	A
51	国際関係	国際政治の理論と概念(安全保障のディレンマ、国際レジーム論等)	B
52		冷戦後の国際情勢と国際社会の対応(新しい戦争、人道的介入等)	B
53		国連(日本の国連加盟、国連総会、安全保障理事会、専門機関等)	C
54		軍縮(CTBT、NPT、START、CWC、核兵器禁止条約等)	B
55		国際政治の見方に関する英文(現実主義と国際協調主義)(空欄補充)	B
56	社会学	デュルケムの理論(宗教、自殺、社会類型、方法論的集合主義等)	B
57		知識についての学説(バーガーとルックマン、マンハイム等)	B
58		文化(タテ社会、恥の文化・罪の文化、核家族、儀礼的贈与交換等)	B
59		現代社会についての学説(感情労働、リオタール、ベック等)	A
60		ジェンダーに関する法制度・取組(男女雇用機会均等法、GGI等)	C
61	心理学	奥行きの知覚(輻輳、両眼視差、線遠近法、ベクション)	A
62		学習や条件づけ(自動反応形成、自発的回復、ガルシア効果等)	B
63		情動(感情)に関する学説(ジェームズ、シャクター、ザイアンス)	C
64		ストレンジ・シチュエーション法に基づく分類(空欄補充)	B
65		傍観者効果(沈黙の螺旋、責任の分散、集団思考、多元的無知)	C
66	教育学	日本の教育の歴史(藩校、学制、国民学校令、教育基本法等)	B
67		日本の子ども・若者を巡る現状や動向(不登校児童生徒数の増加等)	B
68		日本における生涯学習・社会教育(教育基本法、社会教育法等)(空欄補充)	C
69		日本の教職員の現状等(教員業務支援員、研修、懲戒処分等)	B
70		カリキュラム(デューイ、アトキン、ジャクソン、モンテッソーリ)	C
71	英語(基礎)	内容把握(SDGsの進捗状況)	A
72		内容把握(心臓病に対する笑い療法の効果)	B
73		内容把握(ドローイング(デッサン)の効用)	B
74		空欄補充(インスタントラーメンの世界的需要)	C
75		文法(接続詞、倍数表現、過去分詞、疑問詞の慣用表現)	A
76	英語(一般)	内容把握(オーバーツーリズムに悩むイタリア)	C
77		内容把握(訪日観光客と日本経済)	C
78		内容把握(山火事によって表面化したマウイ島の水資源)	B
79		内容把握(女子サッカー選手のキャリアと出産)	B
80		内容把握(人工知能をどう語るか)	A

財政学は制度問題と事情問題が中心だが理論系の計算問題も。

経営学は専門用語の理解度が問われる。

国際関係は英文の問題が1問出題される。

社会学、心理学、教育学は学説やキーワードの暗記が有効。

英語は2科目。時事的なテーマを扱った文章が多い。

※難易度:S=特に難しい、A=難しい、B=普通、C=易しい。

PART4 国家公務員試験ガイダンス

国家専門職

国家専門職試験（大卒程度）とは、右図の8試験の総称である。受験申込み・一次試験は同一の日程で、基礎能力試験では、共通問題が出題されている（出題内訳は117ページを参照）。

二次試験は試験ごとに実施される。

最終合格者は採用候補者名簿に得点順に記載される。名簿の有効期間は財務専門官、国税専門官、労働基準監督官が5年間、航空管制官は1年3か月、そのほかの試験は1年間である。「官庁訪問」は不要だが、財務専門官については「職場訪問」を行うよう勧められている。

国家専門職試験の種類

国家専門職試験
- 皇宮護衛官
- 法務省専門職員（人間科学）
- 財務専門官
- 国税専門官
- 食品衛生監視員
- 労働基準監督官
- 航空管制官
- 海上保安官

専門職試験

国税専門官

国税専門官は、国税局や税務署において、税務調査や滞納処分などを行う。法文系の国税専門A、理工・デジタル系の国税専門Bの2区分がある。

専門試験（択一式）は、財務専門官や労働基準監督官（労働基準監督A）との共通問題が出題される科目もある。

BASIC DATA （令和7年度）

年齢要件	22～30歳
受験案内	2月3日～ホームページ掲載
受付期間	2月20日～3月24日（インターネット）
第一次試験日	5月25日（日）
第二次試験日	6月23日～7月4日
最終合格発表	8月12日

試験	試験種目	解答時間	問題数	配点比率	内容、出題科目等（○付き数字は出題数を表す）
一次試験	基礎能力試験（択一式）	1時間50分	30問	2/10	知能分野24問（文章理解⑩、判断推理⑦、数的推理④、資料解釈③） 知識分野6問（自然・人文・社会に関する時事、情報⑥） ※117ページ参照。
	専門試験（択一式）	2時間20分	40問	3/10	【国税専門A】58問中40問解答　※116ページ参照。 必須問題（4問）▶民法・商法②、会計学（簿記を含む）② 選択必須問題（5科目（各6問）中4科目24問解答）▶民法・商法、会計学（簿記を含む）、憲法・行政法、経済学、英語 選択問題（次の4科目24問および選択必須で選択しなかった1科目6問の計30問から12問を選択）▶財政学⑥、経営学⑥、政治学・社会学・社会事情⑥、商業英語⑥ 【国税専門B】58問中40問解答 必須問題（16問）▶基礎数学⑫、民法・商法②、会計学（簿記を含む）② 選択問題（42問中24問解答）▶情報数学・情報工学⑩、統計学⑥、物理⑧、化学⑥、経済学⑥、英語⑥
	専門試験（記述式）	1時間20分	1題	2/10※	【国税専門A】▶憲法、民法、経済学、会計学、社会学から1科目選択 【国税専門B】▶科学技術に関連する領域に関する小論文形式
二次試験	人物試験	－	－	3/10	個別面接、性格検査
	身体検査	－	－	＊	主として一般内科系検査

※一次試験の合格者は基礎能力試験および専門試験（択一式）の結果によって決定。専門試験（記述式）は一次試験合格者を対象として評定したうえで、最終合格者の決定に反映。
※配点比率の＊印は、合否の判定のみを行うものを示す（以下123ページまで同じ）。

専門試験（択一式）の選択方法

　国税専門A（法文系）は、6年度までは「民法・商法」8問、「会計学」8問が必須解答だったが、7年度試験から各2問になり、それ以外の36問は「選択必須」と「選択」から、自分の専門性・得意分野等から解答しやすい問題を選択するようになった（詳しい選択方法は下の囲みを参照）。

　会計学の必須解答数が2問となったことで、他試験の受験者も併願しやすくなっている。

国税専門A（法文系）の専門試験（択一式）における選択方式

・選択必須科目から4科目以上（各6問×4科目＝24問）解答。

・残り12問は未選択の選択必須科目と選択科目から自由に選択して解答。

●令和7（2025）年度試験の科目構成　　　　※各科目の下の○内の数字は出題数

必須 （4問）		選択必須（24〜30問） ※「選択必須」として選ばなかった 科目も「選択」として解答可能					選択 （6〜12問）				計	備考
民法・商法②	会計学②	民法・商法⑥	会計学⑥	憲法・行政法⑥	経済学⑥	英語⑥	財政学⑥	経営学⑥	政治学・社会学・社会事情⑥	商業英語⑥		

問題選択の例

4科目（各6問）以上解答

必須（4問）と選択必須（24問）以外の残り12問は、未選択の「選択必須」および「選択」から自由に選択

	民法・商法	会計学	民法・商法	会計学	憲法・行政法	経済学	英語	財政学	経営学	政治・社会	商業英語	計	備考
①	2	2	6	6	6	3	6	2	2	2	3	40	選択必須：4科目（24問）＋未選択の 選択必須：3問＋選択科目：9問
②	2	2	6	0	6	6	6	2	0	4	6	40	選択必須：4科目（24問） ＋選択科目：12問
③	2	2	6	6	6	6	6	0	2	1	3	40	選択必須（全30問） ＋選択科目：6問

過去3年間の試験実施結果

※（　　）内は女性の内数。
※受験者数は、一次試験の最後の試験種目を受験した人数。
※競争率＝一次受験者数÷最終合格者数。
※採用予定数（「名」は省略）：受験案内等の当初発表の数値。［　　］内は最終合格発表時の数値。

試験区分	申込者数		一次受験者数		一次合格者数		最終合格者数		競争率 （倍）	採用予定数	
国税専門A	11,761	(5,047)	8,321	(3,616)	5,704	(2,396)	3,251	(1,473)	2.6	1,000	
	13,618	(5,735)	9,555	(3,986)	5,511	(2,171)	3,127	(1,385)	3.1	1,000	
	＊	＊	＊	＊	＊	＊	＊	＊	＊	＊	
国税専門B	400	(90)	234	(56)	206	(46)	107	(30)	2.2	100	
	475	(102)	263	(52)	218	(41)	147	(31)	1.8	100	
	＊	＊	＊	＊	＊	＊	＊	＊	＊	＊	
合計	12,161	(5,137)	8,555	(3,672)	5,910	(2,442)	3,358	(1,503)	2.5	1,100	[1,100]
	14,093	(5,837)	9,818	(4,038)	5,729	(2,212)	3,274	(1,416)	3.0	1,100	[1,100]
	14,867	(6,168)	11,098	(4,673)	7,283	(2,966)	4,106	(1,869)	2.7	1,400	[1,330]

＊4年度は「国税専門官」1区分のみのため、合計欄に記載。

（上段から6年度、5年度、4年度）

PART4 国家公務員試験ガイダンス

令和6（2024）年度 国家専門職 基礎能力試験（共通）出題内訳

No.	科目		出題内容（110分、30問必須解答）	難易度
1	文章理解	現代文	内容把握（猪木武徳『経済社会の学び方』）	B
2			内容把握（三木清『哲学入門』）	A
3			内容把握（赤羽由起夫『「心の闇」を理解する意味はあるのか？』）	B
4			内容把握（福原麟太郎『読書と或る人生』）	A
5			文章整序（西原博史『良心の自由と子どもたち』）	S
6			空欄補充（河合隼雄『心理療法入門』）	A
7		英文	内容把握（オゾン層を守るための活動とオゾン層回復の可能性）	B
8			内容把握（実用化をめざすロボット開発の急速化）	B
9			文章整序（デジタル音楽革命の3つの特徴）	B
10			空欄補充（人工甘味料の健康リスク）	A
11	判断推理		命題（公園に設置された遊具）	B
12			要素の個数（生徒数25人のクラスの3つの係への参加状況）	B
13			位置関係（ある講座の受講時に6人が座った座席の配置）	B
14			対応関係（4人の学生アルバイトの月曜日から金曜日の勤務状況）	C
15			対応関係（5人が受けたテストの結果）	C
16			対応関係（9人が3人ずつ3班に分かれて行う3部構成のグループワーク）	B
17			投影図（直方体の一部を切り取ってできた立体の見取り図）	B
18	数的推理		確率（A・Bの2人が出し合ったボールの色で勝ち負けを決めるときにBが勝つ確率）	B
19			流水算（上流から下流へ下る船と川の流れの速さ）	C
20			平面図形の面積（直角三角形から3つの扇型を除いた図形の面積）	C
21			公倍数（5人による最大100点獲得できるゲーム）	B
22	資料解釈		我が国における3つの調査年の年齢階級別の医師および薬剤師の人数（数表、実数）	B
23			5年間の植樹イベントへの住民の参加の有無（特殊図表、実数）	B
24			3市の50km圏における距離帯別の人口の構成比（複合数図表、構成比・割合）	B
25	自然・人文・社会に関する時事		近年の宇宙開発（米国のアルテミス計画、中国の宇宙開発、スペースデブリ、日本のH3ロケット、ロシアの宇宙ロケット打上げ）	B
26			日本の経済や財政を巡る最近の動向（日本の名目GDP、経済安全保障推進法、社会保障関係費、全国消費者物価指数、ふるさと納税制度）	C
27			宗教とそれを取り巻く最近の動き（仏教、キリスト教、イスラム教、インドとパキスタン、日本の宗教文化）	C
28			資源・エネルギーを巡る最近の動き（レアメタル、リチウム、金の小売価格、ガソリンの小売価格、バイオエタノール）	B
29			最近の社会情勢（難民の受入れ、訪日外国人客数、モロッコの津波、パレスチナ暫定自治区、外国人技能実習生）	C
30	情報		表計算ソフトウェアにおけるセルの参照と計算式の扱い	B

※科目の分類は編集部による。
※出題内訳表の右欄には、この試験における難易度を、S（特に難しい）、A（難しい）、B（普通）、C（易しい）で示した。

内容把握が中心で、文章整序と空欄補充も出題される。

6年度は対応関係が多かったが、操作の手順、平面構成などの出題もある。要素の個数は必出。

整数関係、数量関係（文章題）、図形、確率からバランス良く出題されている。

難易度が低め。国家総合職や国家一般職と比べると時事に寄った出題が多い。

情報も出題される。

公務員試験 受験ジャーナル ◉ 8年度 No.1 **117**

専門職試験

労働基準監督官

労働基準監督官は、試験内容が法文系の労働基準監督Ａと、理工系の労働基準監督Ｂの２区分に分かれている。

採用後は１年間にわたり、研修所等での基礎的研修、監督署（局）での実地研修・訓練を受ける。その後は都道府県労働局管内の労働局や労働基準監督署に勤務し、法定の労働条件の確保・改善を図る業務に従事する。工場や事業場に立ち入って調査する臨検監督、司法警察業務、安全衛生業務、労災補償業務のほか、労働者や事業主からの相談窓口業務、各種説明会業務なども担当する。

BASIC DATA （令和７年度）

年齢要件	22～30歳
受験案内	2月3日～ホームページ掲載
受付期間	2月20日～3月24日（インターネット）
第一次試験日	5月25日（日）
第二次試験日	7月8日～11日
最終合格発表	8月12日

試験	試験種目	解答時間	問題数	配点比率	内容、出題科目等（○付き数字は出題数を表す）
一次試験	基礎能力試験（択一式）	1時間50分	30問	2/7	知能分野24問（文章理解⑩、判断推理⑦、数的推理④、資料解釈③） 知識分野6問（自然・人文・社会に関する時事、情報⑥）
	専門試験（択一式）	2時間20分	40問	3/7	【労働基準監督Ａ】48問中40問解答 必須問題（12問）▶労働法⑦、労働事情（就業構造、労働需給、労働時間・賃金、労使関係）⑤ 選択問題（36問中28問解答）▶憲法・行政法・民法・刑法⑯、経済学・労働経済・社会保障・社会学⑳ 【労働基準監督Ｂ】46問中40問解答 必須問題（8問）▶労働事情（就業構造、労働需給、労働時間・賃金、労使関係、労働安全衛生）⑧ 選択問題（38問中32問解答）▶工学に関する基礎（工学系に共通な基礎としての数学、物理、化学）㊳
	専門試験（記述式）	2時間	2題	2/7※	【労働基準監督Ａ】 ▶労働法、労働事情（就業構造、労働需給、労働時間・賃金、労使関係）（各1題） 【労働基準監督Ｂ】 必須問題▶工業事情（1題）、選択問題▶工学に関する専門基礎（機械系、電気系、土木系、建築系、衛生・環境系、応用化学系、応用数学系、応用物理系等の工学系の専門基礎分野）（3～5題から1題選択）
二次試験	人物試験	－	－	＊	個別面接、性格検査
	身体検査	－	－	＊	主として一般内科系検査

※一次試験の合格者は基礎能力試験および専門試験（択一式）の結果によって決定。専門試験（記述式）は一次試験合格者を対象として評定したうえで、最終合格者の決定に反映。

過去３年間の試験実施結果

※（　）内は女性の内数。
※受験者数は、一次試験の最後の試験種目を受験した人数。
※競争率＝一次受験者数÷最終合格者数。
※採用予定数（「約」「名」は省略）：受験案内等の当初発表の数値。［　］内は最終合格発表時の数値。

試験区分	申込者数		一次受験者数		一次合格者数		最終合格者数		競争率（倍）	採用予定数	
労働基準監督Ａ（法文系）	2,461	(1,082)	1,186	(485)	1,009	(426)	336	(167)	3.5	170	
	2,432	(1,053)	1,146	(460)	968	(389)	298	(135)	3.8	170	
	2,254	(975)	1,216	(503)	1,077	(450)	319	(148)	3.8	185	
労働基準監督Ｂ（理工系）	338	(71)	191	(42)	167	(38)	95	(19)	2.0	40	
	525	(104)	273	(55)	239	(46)	115	(26)	2.4	40	
	668	(175)	409	(101)	379	(93)	144	(34)	2.8	40	
合計	2,799	(1,153)	1,377	(527)	1,176	(464)	431	(186)	3.2	210	[210]
	2,957	(1,157)	1,419	(515)	1,207	(435)	413	(161)	3.4	210	[210]
	2,922	(1,150)	1,625	(604)	1,456	(543)	463	(182)	3.5	225	[225]

（上段から６年度、５年度、４年度）

PART4　国家公務員試験ガイダンス

専門職試験

財務専門官

財務専門官は、財務局に勤務し、国有財産の有効活用や財政投融資資金の供給、予算執行調査といった財政に関する業務や、地域金融機関の検査・監督、証券取引の監視、企業内容の開示といった金融に関する業務のほか、地域経済情勢の調査・分析、財務省・金融庁の施策の広報に従事する。

　試験の内容は下表のとおり。

BASIC DATA （令和7年度）

年齢要件	22～30歳
受験案内	2月3日～ホームページ掲載
受付期間	2月20日～3月24日（インターネット）
第一次試験日	5月25日（日）
第二次試験日	7月1日～4日
最終合格発表	8月12日

試験	試験種目	解答時間	問題数	配点比率	内容、出題科目等（○付き数字は出題数を表す）
一次試験	基礎能力試験（択一式）	1時間50分	30問	2/9	知能分野24問（文章理解⑩、判断推理⑦、数的推理④、資料解釈③） 知識分野6問（自然・人文・社会に関する時事、情報⑥）
	専門試験（択一式）	2時間20分	40問	3/9	必須問題（2科目28問）▶憲法・行政法、経済学・財政学・経済事情 選択問題（8科目〈各6問〉中2科目12問解答）▶民法・商法、統計学、政治学・社会学、会計学（簿記を含む）、経営学、英語、情報数学、情報工学
	専門試験（記述式）	1時間20分	1題	2/9 ※	憲法、民法、経済学、財政学、会計学から1科目選択
二次試験	人物試験	―	―	2/9	個別面接、性格検査

※一次試験の合格者は基礎能力試験および専門試験（択一式）の結果によって決定。専門試験（記述式）は一次試験合格者を対象として評定したうえで、最終合格者の決定に反映。

過去3年間の試験実施結果

※（　　）内は女性の内数。
※受験者数は、一次試験の最後の試験種目を受験した人数。
※競争率＝一次受験者数÷最終合格者数。
※採用予定数（「名」は省略）：受験案内等の当初発表の数値。［　］内は最終合格発表時の数値。

試験名	申込者数		一次受験者数		一次合格者数		最終合格者数		競争率（倍）	採用予定数	
財務専門官	2,422	(1,099)	1,277	(582)	937	(417)	527	(257)	2.4	150	[150]
	2,986	(1,293)	1,583	(689)	996	(406)	560	(242)	2.8	160	[160]
	2,501	(1,067)	1,382	(579)	1,077	(432)	632	(281)	2.2	180	[180]

（上段から6年度、5年度、4年度）

専門職試験

法務省専門職員（人間科学）

法務省専門職員（人間科学）は、矯正心理専門職A、矯正心理専門職B、法務教官A、法務教官B、法務教官A（社会人）、法務教官B（社会人）、保護観察官の7区分に分かれている（Aは男子、Bは女子）。

◎矯正心理専門職

　少年鑑別所や刑事施設において、心理学の専門的な知識や技術等を活かした職務に従事する。少年鑑別所に勤務した場合は、非行を犯した少年等

BASIC DATA （令和7年度）

年齢要件	矯正心理専門職A・B 法務教官A・B 保護観察官	22～30歳
	法務教官A・B（社会人）	31～40歳
受験案内		2月3日～ホームページ掲載
受付期間		2月20日～3月24日（インターネット）
第一次試験日		5月25日（日）
第二次試験日		7月4日～9日
最終合格発表		8月12日

※矯正心理専門職区分と法務教官区分には身体要件あり（視力について）。

公務員試験　受験ジャーナル ● 8年度 No.1　　119

について、知能や性格等の資質上の特徴や非行に至った原因を分析し、処遇方針を提示する。一方、刑事施設に勤務した場合は、受刑者の資質を調査し、収容中に達成させるべき目標や矯正処遇の内容を設定し、改善指導の実施などに携わる。

◎法務教官

少年院や少年鑑別所において、非行を犯した少年が社会復帰を果たせるように、生活指導や矯正教育などを行う。また、刑事施設に収容されている受刑者の社会適応能力の育成を図るための改善指導や教科指導に従事する。

◎保護観察官

法務省保護局所管の地方更生保護委員会や保護観察所に勤務し、心理学、教育学、福祉および社会学等の更生保護に関する専門的知識に基づき、犯罪をした人や非行のある少年の再犯・再非行を防ぎ、改善更生を図るための業務に従事する。

各試験の概要は下表のとおり。

試験	試験種目	解答時間	問題数	配点比率 矯正心理専門職	配点比率 その他	内容、出題科目等（○付き数字は出題数を表す）
一次試験	基礎能力試験（択一式）	1時間50分	30問	2/11	2/10	知能分野24問（文章理解⑩、判断推理⑦、数的推理④、資料解釈③）知識分野6問（自然・人文・社会に関する時事、情報⑥）
一次試験	専門試験（択一式）	2時間20分	40問	3/11	3/10	【矯正心理専門職区分】60問中40問解答 必須問題（20問）▶心理学に関連する領域 選択問題（40問中20問解答）▶心理学、教育学、福祉および社会学に関する基礎［心理学⑩、教育学⑩、福祉⑩、社会学⑩］【法務教官区分、保護観察官区分】40問必須解答▶心理学、教育学、福祉および社会学に関する基礎［心理学⑩、教育学⑩、福祉⑩、社会学⑩］
一次試験	専門試験（記述式）	1時間45分	1題	3/11※	3/10※	【矯正心理専門職区分】▶心理学に関連する領域【法務教官区分、保護観察官区分】▶心理学に関連する領域、教育学に関連する領域、福祉に関連する領域、社会学に関連する領域から1題選択
二次試験	人物試験	－	－	3/11	2/10	個別面接、性格検査
二次試験	身体検査【矯正心理専門職区分、法務教官区分】	－	－	＊	＊	主として一般内科系検査
二次試験	身体測定【矯正心理専門職区分、法務教官区分】	－	－	＊	＊	視力についての測定

※一次試験の合格者は基礎能力試験および専門試験（択一式）の結果によって決定。専門試験（記述式）は一次試験合格者を対象として評定したうえで、最終合格者の決定に反映。

過去2年間の試験実施結果

※（　）内は女性の内数。
※受験者数は、一次試験の最後の試験種目を受験した人数。
※競争率＝一次受験者数÷最終合格者数。
※採用予定数（「約」「名」は省略）：受験案内等の当初発表の数値。［　］内は最終合格発表時の数値。

試験区分	申込者数		一次受験者数		一次合格者数		最終合格者数		競争率（倍）	採用予定数
矯正心理専門職A（男子）	165	—	119	—	105	—	53	—	2.2	20
	112	—	92	—	85	—	51	—	1.8	20
矯正心理専門職B（女子）	295	(295)	226	(226)	75	(75)	42	(42)	5.4	20
	288	(288)	212	(212)	141	(141)	78	(78)	2.7	15
法務教官A（男子）	677	—	510	—	305	—	158	—	3.2	105
	782	—	510	—	290	—	169	—	3.0	100
法務教官B（女子）	345	(345)	256	(256)	173	(173)	89	(89)	2.9	30
	367	(367)	239	(239)	181	(181)	91	(91)	2.6	35
法務教官A（社会人）（男子）	103	—	63	—	46	—	30	—	2.1	30
	96	—	45	—	38	—	20	—	2.3	35
法務教官B（社会人）（女子）	29	(29)	17	(17)	15	(15)	8	(8)	2.1	10
	24	(24)	11	(11)	10	(10)	3	(3)	3.7	10
保護観察官	266	(176)	174	(123)	121	(87)	71	(56)	2.5	40
	321	(205)	211	(138)	107	(70)	60	(43)	3.5	40
合計	1,880	(845)	1,365	(622)	840	(350)	451	(195)	3.0	255 ［283］
	1,990	(884)	1,320	(600)	852	(402)	472	(215)	2.8	255 ［268］

（上段から6年度、5年度）

120　公務員試験　受験ジャーナル ◉ 8年度 No.1

PART4 国家公務員試験ガイダンス

専門職試験
皇宮護衛官

皇宮護衛官は、皇宮警察本部に所属し、皇族の護衛と皇居、御所などの警備を専門に行う。

一次で基礎能力試験（択一式）、課題論文試験、二次で人物試験（個別面接、性格検査）、身体検査、身体測定、体力検査が課される。

BASIC DATA （令和7年度）

年齢要件	22～30歳
受験案内	2月3日～ホームページ掲載
受付期間	2月20日～3月24日（インターネット）
第一次試験日	5月25日（日）
第二次試験日	7月8日～15日
最終合格発表	8月12日

専門職試験
食品衛生監視員

全国の主要な海・空港の検疫所で、輸入食品の安全監視および指導や、輸入食品等に係る理化学的、微生物学的試験検査、検疫感染症の国内への侵入防止の業務に従事する。一次で基礎能力試験（択一式）、専門試験（記述式）、二次で人物試験（個別面接、性格検査）が課される。

BASIC DATA （令和7年度）

年齢要件	22～30歳
受験案内	2月3日～ホームページ掲載
受付期間	2月20日～3月24日（インターネット）
第一次試験日	5月25日（日）
第二次試験日	7月8日～15日
最終合格発表	8月12日

専門職試験
航空管制官

一次で基礎能力試験（択一式）、適性試験Ⅰ部（択一式〈航空管制官として必要な記憶力や空間把握力の検査〉）、外国語試験（聞き取り、択一式）、二次で外国語試験（面接）、人物試験（個別面接、性格検査）、三次で適性試験Ⅱ部（航空管制業務シミュレーションによる試験）、身体検査、身体測定が課される。

BASIC DATA （令和7年度）

年齢要件	22～30歳
受験案内	2月3日～ホームページ掲載
受付期間	2月20日～3月24日（インターネット）
第一次試験日	5月25日（日）
第二次試験日	7月2日
第三次試験日	8月21日・22日
最終合格発表	9月24日

※身体要件あり（視力、色覚、聴力について）。その他航空管制業務遂行上支障のある者は不可。

専門職試験
海上保安官

採用者は海上保安大学校にて2年間の研修を行うとともに、航海または機関に分かれ、専門的な知識を修得する。研修終了後は巡視船に乗船して、海上保安業務に従事。一次で基礎能力試験（択一式）、課題論文試験、二次で人物試験（個別面接、性格検査）、身体検査、身体測定、体力検査が課される。

BASIC DATA （令和7年度）

年齢要件	30歳（上限）
受験案内	2月3日～ホームページ掲載
受付期間	2月20日～3月24日（インターネット）
第一次試験日	5月25日（日）
第二次試験日	7月8日～15日
最終合格発表	8月12日

※身体要件あり（視力、色覚、聴力、四肢の運動機能について）。

公務員試験 受験ジャーナル ◉ 8年度 No.1 **121**

過去3年間の試験実施結果

※（ ）内は女性の内数。
※受験者数は、一次試験の最後の試験種目を受験した人数。
※競争率＝一次受験者数÷最終合格者数。
※採用予定数（「約」「名」は省略）：受験案内等の当初発表の数値。[ ]内は最終合格発表時の数値。
※航空管制官　6年度 二次合格者数：総数142、女性の内数70、5年度 二次合格者数：総数103、女性の内数53、4年度 二次合格者数：総数97、女性の内数50

試験名	申込者数	一次受験者数	一次合格者数	最終合格者数	競争率(倍)	採用予定数
皇宮護衛官（大卒程度）	786 (187)	427 (114)	102 (29)	28 (11)	15.3	10 [19]
	856 (272)	383 (131)	221 (90)	59 (17)	6.5	30 [38]
	857 (246)	410 (141)	83 (33)	23 (5)	17.8	10 [16]
食品衛生監視員	339 (226)	216 (152)	106 (78)	70 (54)	3.1	20 [25]
	420 (273)	267 (168)	145 (92)	93 (66)	2.9	35 [41]
	402 (223)	274 (160)	168 (102)	104 (64)	2.6	45 [43]
航空管制官	800 (382)	472 (229)	223 (103)	135 (68)	3.5	85
	795 (397)	418 (219)	167 (85)	94 (50)	4.4	85
	808 (355)	428 (202)	163 (72)	85 (42)	5.0	70
海上保安官	506 (94)	255 (50)	149 (29)	84 (18)	3.0	30 [33]
	529 (107)	237 (43)	138 (32)	82 (13)	2.9	30 [33]
	622 (102)	289 (48)	132 (20)	63 (9)	4.6	30 [32]

（上段から6年度、5年度、4年度）

各機関が独自に行う試験

　ここからは、裁判所、外務省、防衛省、衆議院事務局・法制局、参議院事務局・法制局が独自に行っている採用試験について解説する。いずれも「官庁訪問」は不要である。

裁判所職員採用試験

　総合職試験（裁判所事務官・家庭裁判所調査官補、院卒者区分・大卒程度区分）、一般職試験（裁判所事務官、大卒程度区分）が行われる。このほか、採用予定がある場合には、一般職試験（裁判所事務官、社会人区分）も実施される（右図を参照）。

　総合職試験（裁判所事務官）では、申込みの際に「特例」を希望しておくと、不合格になった場合には一般職試験の受験者として扱われ、改めて一般職受験者としての合否判定がなされる制度がある。希望者は、一般職試験での合否判定用として、一次試験日に論文試験を受験する。

　一次試験は受験に便利な試験地を選択できる。二次の筆記試験は一次試験と同じ試験地となるが、人物試験は希望する勤務地を管轄する高等裁判所の所在する試験地から選択する。総合職の三次試験は東京都のみで実施。

裁判所職員採用試験の種類

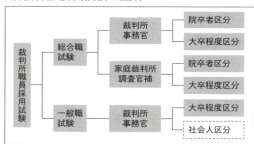

　裁判所事務官に採用されると、各裁判所の裁判部や事務局に配置され、裁判部では裁判所書記官の下で各種裁判事務に従事し、事務局では総務課、人事課、会計課等で司法行政事務全般に従事する。

　裁判所事務官として一定期間在職すると、裁判所書記官養成課程の入所試験を受験できる。裁判所書記官は固有の権限を有する法律専門職で、裁判に関するさまざまな手続に従事する。

　試験の概要は123～125ページにまとめた。総合職試験、一般職試験を問わず、共通の試験種目（筆記試験）では同一の問題が出題される。

PART4　国家公務員試験ガイダンス

試験の概要：総合職（裁判所事務官）

　一次では、基礎能力試験（択一式）と専門試験（択一式）が行われる。基礎能力試験の知識分野は時事問題。専門試験は憲法、民法に加え、1科目を選択する。

　二次では、専門試験（記述式）、政策論文試験（記述式）、人物試験（個別面接）、三次では人物試験（個別面接、集団討論）が課される。

　なお、「特例」の希望者は、一般職試験の合否判定用として一次試験日に論文試験を受験する。

BASIC DATA（令和7年度）

年齢要件	院卒者	30歳（上限）
	大卒程度	22〜30歳
受験案内		2月6日〜
受付期間		3月14日〜4月7日（インターネット）
第一次試験日		5月10日（土）
第二次試験日		6月7日（専門試験・政策論文試験） 【裁判所事務官】 6月9日〜20日（人物試験） 【家庭裁判所調査官補】 6月9日〜23日（人物試験）
第三次試験日		【裁判所事務官】7月14日・15日
最終合格発表		【裁判所事務官】7月30日 【家庭裁判所調査官補】7月10日

試験	試験種目		解答時間	問題数	配点比率	内容、出題科目等 （○付き数字は出題数を表す）
一次試験	基礎能力試験（択一式）		2時間20分	30問	2/15	知能分野24問、知識分野6問
	専門試験（択一式）		1時間30分	30問	2/15	必須問題（20問）▶憲法⑩、民法⑩ 選択問題（3科目中1科目〈10問〉選択）▶刑法⑩、経済理論⑩、行政法⑩
二次試験	論文試験（小論文）※		1時間	1題	−	文章による表現力、課題に対する理解力などについての筆記試験
	専門試験（記述式）	院卒者	1時間（憲法）＋3時間	計4題	4/15	必須問題（3題）▶憲法①、民法①、刑法① 選択問題（2題中1題選択）▶民事訴訟法①、刑事訴訟法①
		大卒程度	1時間（憲法）＋2時間	計3題	4/15	憲法①、民法①、刑法①
	政策論文試験（記述式）		1時間30分	1題	1/15	組織運営上の課題を理解し、解決策を企画立案する能力などについての筆記試験
	人物試験		−	−	＊	個別面接
三次試験	人物試験		−	−	6/15	個別面接、集団討論

※二次試験種目だが、一次試験日に実施。特例希望者のみ、一般職試験での合否判定用として受験する。

試験の概要：総合職（家庭裁判所調査官補）

　一次では、基礎能力試験（択一式）、二次では、専門試験（記述式）、政策論文試験（記述式）、人物試験Ⅰ（個別面接）、人物試験Ⅱ（個別面接、集団討論）が課される。基礎能力試験は院卒者区分、大卒程度区分ともに裁判所事務官と共通の問題である。専門試験（記述式）では、5領域15題から任意の2題を選択する。

試験	試験種目	解答時間	問題数	配点比率	内容、出題科目等 （○付き数字は出題数を表す）
一次試験	基礎能力試験（択一式）	2時間20分	30問	4/15	知能分野24問、知識分野6問
二次試験	専門試験（記述式）	2時間	2題	4/15	心理学に関する領域③、教育学に関する領域③、福祉に関する領域③、社会学に関する領域②、法律学に関する領域（民法②、刑法②）の5領域計15題から任意の2題を選択解答（科目選択の制限なし）
	政策論文試験（記述式）	1時間30分	1題	1/15	組織運営上の課題を理解し、解決策を企画立案する能力などについての筆記試験
	人物試験Ⅰ	−	−	2/15	個別面接
	人物試験Ⅱ	−	−	4/15	個別面接、集団討論

公務員試験　受験ジャーナル ● 8年度 No.1　　**123**

過去３年間の試験実施結果

※（　）内は女性の内数。
※競争率＝一次受験者数÷最終合格者数。
※採用予定数（「人」「程度」は省略）：受験案内等の当初発表の数値。[　]内は最終合格発表時の数値。
※裁判所総合職（裁判所事務官、院卒者区分）の６年度の採用予定高裁は、希望等を勘案して決定。

試験名・試験区分		申込者数	一次受験者数	一次合格者数	最終合格者数	競争率（倍）	採用予定数
裁判所総合職（裁判所事務官、院卒者区分）	札幌高等裁判所の管轄区域	＊	＊	＊	＊	＊	＊
		1 (0)	0 (0)	0 (0)	0 (0)	—	1
		3 (2)	2 (2)	1 (1)	0 (0)	—	1
	仙台高等裁判所の管轄区域	＊	＊	＊	＊	＊	＊
		3 (0)	2 (0)	2 (0)	0 (0)	—	1
		3 (1)	3 (1)	1 (1)	1 (1)	3.0	1
	東京高等裁判所の管轄区域	＊	＊	＊	＊	＊	＊
		36 (17)	18 (10)	13 (7)	2 (1)	9.0	2
		50 (23)	35 (12)	27 (10)	4 (3)	8.8	2
	名古屋高等裁判所の管轄区域	＊	＊	＊	＊	＊	＊
		6 (4)	3 (2)	2 (1)	0 (0)	—	1
		6 (2)	6 (2)	6 (2)	0 (0)	—	1
	大阪高等裁判所の管轄区域	＊	＊	＊	＊	＊	＊
		15 (4)	13 (4)	8 (3)	1 (1)	13.0	2
		30 (11)	23 (10)	21 (9)	2 (2)	11.5	2
	広島高等裁判所の管轄区域	＊	＊	＊	＊	＊	＊
		1 (1)	1 (1)	1 (1)	1 (1)	1.0	1
		1 (0)	1 (0)	1 (0)	0 (0)	—	1
	高松高等裁判所の管轄区域	＊	＊	＊	＊	＊	＊
		0 (0)	0 (0)	0 (0)	0 (0)	—	1
		0 (0)	0 (0)	0 (0)	0 (0)	—	1
	福岡高等裁判所の管轄区域	＊	＊	＊	＊	＊	＊
		10 (3)	7 (2)	6 (2)	2 (1)	3.5	1
		9 (2)	6 (2)	3 (1)	0 (0)	—	1
	合計	70 (28)	50 (21)	36 (13)	3 (1)	16.7	5
		72 (29)	44 (19)	32 (14)	6 (4)	7.3	10
		102 (41)	76 (29)	60 (24)	7 (6)	10.9	10
裁判所総合職（裁判所事務官、大卒程度区分）	札幌高等裁判所の管轄区域	17 (8)	11 (6)	8 (5)	1 (1)	11.0	1
		15 (6)	9 (2)	8 (2)	0 (0)	—	1
		8 (2)	3 (1)	2 (1)	0 (0)	—	1
	仙台高等裁判所の管轄区域	27 (7)	14 (3)	5 (0)	0 (0)	—	1
		21 (5)	15 (4)	11 (3)	2 (1)	7.5	2
		26 (9)	16 (5)	11 (2)	0 (0)	—	2
	東京高等裁判所の管轄区域	258 (96)	160 (64)	80 (28)	9 (4)	17.8	6
		281 (112)	175 (68)	68 (14)	7 (3)	25.0	5
		246 (86)	164 (61)	69 (22)	7 (4)	23.4	5
	名古屋高等裁判所の管轄区域	65 (28)	46 (21)	22 (8)	1 (1)	46.0	2
		50 (18)	39 (13)	18 (5)	2 (2)	19.5	2
		51 (24)	36 (17)	12 (6)	2 (2)	18.0	2
	大阪高等裁判所の管轄区域	88 (40)	59 (27)	21 (8)	3 (1)	19.7	4
		78 (30)	44 (19)	20 (12)	4 (3)	11.0	3
		75 (36)	50 (27)	14 (6)	0 (0)	—	3
	広島高等裁判所の管轄区域	27 (13)	20 (10)	10 (5)	1 (1)	20.0	2
		26 (7)	18 (6)	5 (3)	1 (1)	18.0	2
		22 (10)	15 (7)	3 (1)	0 (0)	—	2
	高松高等裁判所の管轄区域	23 (12)	14 (7)	6 (4)	0 (0)	—	1
		25 (13)	15 (8)	5 (2)	0 (0)	—	1
		20 (9)	12 (6)	8 (3)	0 (0)	—	1
	福岡高等裁判所の管轄区域	55 (26)	44 (20)	17 (9)	2 (1)	22.0	3
		61 (27)	36 (16)	21 (9)	3 (3)	12.0	3
		62 (31)	48 (23)	13 (5)	0 (0)	—	3
	合計	560 (230)	368 (158)	169 (67)	17 (9)	21.6	20
		557 (218)	351 (136)	156 (50)	19 (13)	18.5	19
		510 (207)	344 (146)	132 (46)	9 (5)	38.2	19
裁判所総合職（家庭裁判所調査官補、院卒者区分）		146 (95)	125 (85)	66 (46)	19 (13)	6.6	10
		133 (92)	117 (83)	59 (42)	14 (13)	8.4	10
		130 (91)	116 (81)	58 (37)	13 (10)	8.9	10
裁判所総合職（家庭裁判所調査官補、大卒程度区分）		554 (385)	445 (318)	231 (161)	58 (50)	7.7	40
		561 (365)	454 (298)	240 (170)	61 (50)	7.4	40
		566 (374)	470 (318)	225 (153)	58 (46)	8.1	40

＊６年度は高等裁判所の管轄区域ごとの人数は発表されていないため、合計欄に記載。

（上段から６年度、５年度、４年度）

PART4　国家公務員試験ガイダンス

試験の概要：一般職（裁判所事務官）

　一次では、基礎能力試験（択一式）と専門試験（択一式）が行われる。いずれも総合職（裁判所事務官）試験との共通問題である。

　二次では、論文試験（小論文）、人物試験（個別面接）が課される。

BASIC DATA （令和7年度）

年齢要件	22〜30歳
受験案内	2月6日〜
受付期間	3月14日〜4月7日（インターネット）
第一次試験日	5月10日（土）
第二次試験日	6月9日〜7月7日（人物試験）
最終合格発表	7月30日

試験	試験種目	解答時間	問題数	配点比率	内容、出題科目等 （○付き数字は出題数を表す）
一次試験	基礎能力試験（択一式）	2時間20分	30問	5/20	知能分野24問、知識分野6問
	専門試験（択一式）	1時間30分	30問	5/20	必須問題（20問）▶憲法⑩、民法⑩ 選択問題（3科目中1科目〈10問〉選択）▶刑法⑩、経済理論⑩、行政法⑩
二次試験	論文試験（小論文）※	1時間	1題	2/20	文章による表現力、課題に対する理解力などについての筆記試験
	人物試験	−	−	8/20	個別面接

※二次試験種目だが、一次試験日に実施。

過去3年間の試験実施結果

※（　　）内は女性の内数。
※競争率＝一次受験者数÷最終合格者数。
※採用予定数（「人」「程度」は省略）：受験案内等の当初発表の数値。［　　］内は最終合格発表時の数値。
※裁判所一般職（裁判所事務官、大卒程度区分）の実施結果は総合職（裁判所事務官、院卒者区分・大卒程度区分）特例希望者を含んだ数値。

試験名・試験区分		申込者数		一次受験者数		一次合格者数		最終合格者数		競争率（倍）	採用予定数
裁判所一般職（裁判所事務官、大卒程度区分）	札幌高等裁判所の管轄区域	430	(173)	349	(142)	249	(97)	119	(58)	2.9	15
		360	(153)	287	(130)	247	(114)	121	(69)	2.4	15
		401	(194)	329	(157)	250	(120)	83	(48)	4.0	15
	仙台高等裁判所の管轄区域	628	(326)	524	(275)	321	(161)	149	(86)	3.5	25
		671	(308)	529	(256)	427	(201)	202	(103)	2.6	35
		646	(290)	496	(227)	321	(142)	148	(82)	3.4	25
	東京高等裁判所の管轄区域	4,100	(2,040)	2,953	(1,503)	1,983	(990)	917	(535)	3.2	140
		4,395	(2,087)	3,098	(1,516)	1,998	(953)	1,072	(610)	2.9	135
		4,299	(2,059)	3,067	(1,514)	1,924	(917)	628	(361)	4.9	155
	名古屋高等裁判所の管轄区域	1,075	(570)	811	(444)	499	(257)	178	(103)	4.6	25
		1,179	(581)	914	(467)	464	(221)	171	(98)	5.3	30
		1,202	(597)	982	(493)	426	(187)	149	(86)	6.6	30
	大阪高等裁判所の管轄区域	1,863	(993)	1,455	(791)	627	(308)	155	(91)	9.4	65
		1,944	(988)	1,513	(776)	879	(448)	294	(178)	5.1	80
		2,017	(1,025)	1,606	(844)	651	(336)	231	(157)	7.0	65
	広島高等裁判所の管轄区域	774	(418)	631	(351)	399	(203)	153	(93)	4.1	30
		781	(366)	609	(291)	400	(188)	149	(88)	4.1	25
		765	(375)	621	(310)	363	(168)	136	(74)	4.6	30
	高松高等裁判所の管轄区域	564	(283)	452	(231)	210	(93)	80	(47)	5.7	15
		586	(287)	462	(228)	211	(89)	74	(42)	6.2	15
		524	(281)	411	(218)	211	(110)	80	(52)	5.1	20
	福岡高等裁判所の管轄区域	1,511	(776)	1,180	(606)	654	(308)	228	(131)	5.2	60
		1,553	(806)	1,163	(614)	666	(345)	268	(171)	4.3	40
		1,600	(842)	1,261	(672)	425	(210)	133	(78)	9.5	50
	合計	10,945	(5,579)	8,355	(4,343)	4,942	(2,417)	1,979	(1,144)	4.2	375
		11,469	(5,576)	8,575	(4,278)	5,292	(2,559)	2,351	(1,359)	3.6	375
		11,454	(5,663)	8,773	(4,435)	4,571	(2,190)	1,588	(938)	5.5	390

（上段から6年度、5年度、4年度）

公務員試験　受験ジャーナル ● 8年度 No.1　**125**

外務省専門職員採用試験

外務省専門職員は、専門とする語学や関連する国・地域の専門家、あるいは経済、経済協力、条約等の専門家として活躍する。

一次で基礎能力試験（択一式）、専門試験（記述式）、外国語試験（記述式）、時事論文試験、二次で人物試験（個別面接2回、グループ討議、性格検査）、外国語試験（面接）、身体検査が課される。

BASIC DATA （令和7年度）

年齢要件	22〜30歳
受験案内	2月13日〜
受付期間	3月21日〜4月4日
第一次試験日	5月31日（土）・6月1日（日）
第二次試験日	7月15日〜25日
最終合格発表	8月13日

防衛省専門職員採用試験

防衛省専門職員は、高い語学力とグローバルな視野を活かして、日本の安全保障を支えるため、省内の各機関において、業務に従事する。語学ごとに試験区分が設けられ、募集区分は年によって異なる。

一次で基礎能力試験（択一式）、専門試験（記述式）、論文試験、二次で口述試験（個別面接、性格検査）、身体検査が課される。

BASIC DATA （令和7年度）

年齢要件	22〜30歳
受験案内	2月14日〜
受付期間	4月1日〜15日（インターネット）
第一次試験日	5月25日（日）
第二次試験日	7月7日〜11日
最終合格発表	7月28日

過去2年間の試験実施結果

※（　）内は女性の内数。
※競争率＝一次受験者数÷最終合格者数。
※採用予定数（「約」「名」は省略）：受験案内に記載された数値。
　★1…7（陸上自衛隊）：英語、ロシア語、中国語、朝鮮語、フランス語合計
　★2…20（情報本部）：英語、ロシア語、中国語、朝鮮語、フランス語合計
　★3…5（陸上自衛隊）：英語、ロシア語、中国語、朝鮮語合計
　★4…20（情報本部）：英語、ロシア語、中国語、朝鮮語、フランス語、アラビア語合計
　◇1…31（本省内部部局および防衛装備庁）＋★1＋5（海上自衛隊）＋11（航空自衛隊）＋★2＋14（地方防衛局）
　◇2…40（本省内部部局）＋★3＋若干（海上自衛隊）＋12（航空自衛隊）＋★4＋10（地方防衛局）

試験名・試験区分		申込者数		一次受験者数		一次合格者数		最終合格者数		競争率（倍）	採用予定数
外務省専門職員		256	(142)	174	(100)	100	(58)	61	(37)	2.9	50
		273	(145)	195	(106)	105	(58)	60	(35)	3.3	50
防衛省専門職員	英語	244	(109)	164	(74)	124	(56)	98	(50)	1.7	◇1
		242	(131)	171	(90)	123	(62)	98	(56)	1.7	◇2
	ロシア語	11	(4)	6	(2)	5	(2)	4	(2)	1.5	★1＋★2
		19	(5)	16	(4)	5	(2)	2	(1)	8.0	★3＋★4
	中国語	23	(11)	14	(7)	10	(4)	8	(4)	1.8	★1＋★2
		27	(10)	17	(8)	8	(6)	6	(5)	2.8	★3＋★4
	朝鮮語	34	(27)	29	(23)	22	(17)	17	(14)	1.7	★1＋★2
		21	(16)	17	(13)	9	(6)	9	(6)	1.9	★3＋★4
	フランス語	5	(3)	4	(3)	2	(1)	1	(1)	4.0	★1＋★2
		9	(6)	6	(3)	5	(3)	5	(3)	1.2	★4
	アラビア語	—	—	—	—	—	—	—	—	—	
		5	(2)	5	(2)	4	(2)	3	(2)	1.7	★4
	合計	317	(154)	217	(109)	163	(80)	128	(71)	1.7	
		323	(170)	232	(120)	154	(81)	123	(73)	1.9	

（上段から6年度、5年度）

PART4 国家公務員試験ガイダンス

衆議院事務局職員採用試験

衆議院の本会議・委員会の運営・調査に関する事務および一般事務に従事する。

　総合職試験（大卒程度試験）と一般職試験（大卒程度試験）があり、総合職試験（大卒程度試験）は、一次で基礎能力試験（択一式）、専門試験（択一式）、二次で論文試験、個別面接、三次で口述試験が、一般職試験（大卒程度試験）は、一次で基礎能力試験（択一式）、専門試験（択一式）、二次で論文試験、三次で集団討論、個別面接が課される。専門試験と論文試験の内容は以下のとおり。

◎専門試験（総合職、一般職）

必須科目：憲法⑥、選択科目：行政法⑥、民法⑥、刑法③、労働法③、経済理論⑥、経済政策・経済事情⑥、財政学③、統計学③、政治学・行政学⑥、

BASIC DATA （令和7年度）

	年齢要件	22〜30歳
	受験案内	1月10日
総合職	受付期間	2月20日〜3月6日（インターネット）
	第一次試験日	3月23日（日）
	第二次試験日	4月15日（論文） 4月15日〜21日（個別面接）
	第三次試験日	5月19日　最終合格発表　6月上旬
一般職	受付期間	4月3日〜17日（インターネット）
	第一次試験日	5月24日　第二次試験日　6月7日
	第三次試験日	7月15日〜18日、22日、23日のうち指定する日
	最終合格発表	9月上旬

国際関係③（45問中24問を選択）。

◎論文試験

総合職：憲法、行政法、民法、ミクロ経済学、マクロ経済学、政治学の計6題中2題を選択。

一般職：憲法、行政法、民法、経済学、政治学の計5題中1題を選択。

過去3年間の試験実施結果

※（　）内は女性の内数。
※競争率＝一次受験者数÷最終合格者数。
※採用予定数（「名」「程度」は省略）：受験案内に記載された数値。

試験名	申込者数		一次受験者数		一次合格者数		最終合格者数		競争率（倍）	採用予定数
衆議院事務局総合職（大卒程度）	237	(92)	152	(56)	52	(17)	4	(1)	38.0	若干
	179	(77)	161	(67)	51	(17)	2	(1)	80.5	若干
	172	(62)	111	(37)	40	(10)	2	(2)	55.5	若干
衆議院事務局一般職（大卒程度）	424	(175)	223	(87)	131	(53)	15	(8)	14.9	15
	623	(270)	366	(171)	157	(56)	12	(6)	30.5	15
	543	(252)	404	(182)	199	(72)	14	(6)	28.9	15

（上段から6年度、5年度、4年度）

衆議院法制局職員採用試験

衆議院法制局は議員の活動を法制面から補佐する機関で、議員発議の法律案・修正案および委員会提出の法律案の立案の補佐、委員会の命による法制に関する予備的調査、議員等からの依頼による法制に関する調査等を行う。

　総合職試験では一次で基礎能力試験（択一式）、専門試験（択一式）、二次で論文試験、面接試験（性格検査を含む）、三次で口述試験、面接試験を実施。

BASIC DATA （令和7年度）

年齢要件	22〜30歳
受験案内	1月21日
受付期間	1月24日〜2月25日（インターネット）
第一次試験日	3月9日（日）
第二次試験日	3月20日
第三次試験日	個別に指定した日
最終合格発表	5月上旬

公務員試験　受験ジャーナル ● 8年度 No.1　**127**

参議院事務局職員採用試験

参議院事務局職員も特別職の国家公務員である。採用されると、会議運営部門、調査部門、総務部門において、その職務に従事する。

総合職試験（大学卒業程度）は、一次で基礎能力試験（択一式）、専門試験（択一式）、二次で専門試験（論文式）、人物試験（集団面接、性格検査）、三次で人物試験（個別面接）が課される。

一次の基礎能力試験（択一式）は知能分野を中心にした構成で、情報も出題される。また、専門試験（択一式）は問題単位での選択解答制で、80問中40問を選択して解答する。二次の専門試験（論文式）は憲法、行政法、民法、政治学、経済理論、財政学、経済政策の計7題から2題を選択して解答する。

なお、7年度から、三次試験の受験時期の幅が3年間に延長された。二次試験の合格者は3年以内に三次試験を受けることができる。

総合職試験（大学卒業程度）では技術職が募集されることもある。

BASIC DATA （令和7年度）

年齢要件	22〜30歳
受験案内	1月17日
受付期間	2月3日〜25日（インターネット）
第一次試験日	3月8日（土）
第二次試験日	4月8日（専門試験） 4月8日〜11日（人物試験）
第三次試験日	6月上旬以降
最終合格発表	7月11日以降

過去3年間の試験実施結果

※（　　）内は女性の内数。
※競争率＝申込者数÷最終合格者数。
※採用予定数（「名」「程度」は省略）：受験案内に記載された数値。
※5年度、4年度は、法律・経済の2区分の合計。

試験名	申込者数		一次受験者数	一次合格者数		最終合格者数		競争率（倍）	採用予定数
参議院事務局総合職（大卒程度）	605	(230)	非公表	168	(53)	19	(6)	31.8	15
	427	(186)	非公表	106	(42)	15	(9)	28.5	15
	368	(152)	非公表	107	(34)	13	(9)	28.3	15

（上段から6年度、5年度、4年度）

参議院法制局職員採用試験

参議院法制局は参議院議員の法制に関する立案に資するために置かれた機関で、参議院法制局職員は、議員の依頼に応じて、法律案・修正案の立案、法制に関する調査などの職務に従事する特別職の国家公務員である。

総合職試験（大学卒業程度）は、一次で基礎能力試験（択一式）、専門試験（択一式）、二次では論文試験が行われ、その合格者を対象に政策課題討議試験および面接試験、性格検査（web）が行われる。さらに三次で面接試験が課される。

一次の基礎能力試験（択一式）は知能分野を中心にした構成で、情報も出題。二次の論文試験は必須科目の憲法に加え、行政法または民法のいずれかを選択して解答する。

BASIC DATA （令和7年度）

年齢要件	22〜30歳
受験案内	1月22日
受付期間	2月3日〜28日（インターネット）
第一次試験日	3月11日（火）
第二次試験日	3月19日（論文試験）、4月中旬以降（政策課題討議試験・面接試験）
第三次試験日	4月下旬以降
最終合格発表	参議院令和7年試験マイページで通知

PART

5

地方公務員試験
ガイダンス

PART 5 では、地方公務員試験について、
詳細な情報をお届けします。
最新情報をチェックして、対策を進めましょう。

- 地方上級 ……………………… 131
- 東京都 ………………………… 145
- 特別区 ………………………… 147
- 市役所 ………………………… 156
- 経験者 ………………………… 166
- 技術系 ………………………… 166
- 警察官 ………………………… 167
- 消防官 ………………………… 168
- SPI・SCOA ………………… 169

地方公務員試験の特徴

　地方公務員試験は、基本的に自治体ごとに行われるため、試験内容、レベルともさまざまである。ただし、都道府県および政令指定都市において、一次試験が同日に実施される場合は、共通問題の出題が確認されている（後述）。

試験の名称、職種など

　大学卒業程度試験の名称は、上級試験、大学卒業程度試験、Ⅰ種試験、Ⅰ類試験、第1回試験、Ａ試験など、自治体によって異なる。ほかに、大学院修了程度の試験を実施するところもある。自治体によって、実施される試験職種の名称、分け方もさまざまであるが、おおむね次のような職種・区分の募集が行われている。

　行政（または事務）は、通常、最も募集人数が多く、受験者数も多い区分で、いわゆる行政職を採用するものである。行政区分は、専門試験の出題科目によって、法律、経済など、さらに細かく分類される場合もある。学校事務、警察事務などを加えて行政系区分と呼ぶ場合もある。また、試験内容により、論文区分、プレゼン区分というように、新区分が設けられているケースもある。

　技術系の区分には、機械、電気、土木、建築、農業、農業土木、農芸化学、林業、畜産、水産、造園、獣医師、薬剤師などがある。近年は、デジタル区分（またはICT、情報、DXなど）を新設する自治体が増えている。

　これらの職種・区分のうち、どれか1つを選んで受験する。年度によって募集のある職種は異なるが、行政職は、都道府県、政令指定都市では、ほぼ毎年採用がある。

◎地方上級

　県と政令指定都市の大部分では、例年、6月中旬の日曜日（統一試験日）に大卒程度の一次試験が実施されている。この試験を総称して地方上級と呼んでいる。地方上級では例年、教養試験、専門試験のいずれにおいても共通問題が出題されているが、地域により出題内容に特徴があるため、いくつかの出題タイプに分類することができる。代表的な出題タイプを全国型、関東型などと呼んでいる。詳しくは131ページ以降で解説する。

◎東京都、特別区

　例年、4月下旬に一次試験が実施されている。試験問題は独自のものである。なお、東京都の専門試験は、専門記述式のみ。

　また、都道府県、政令指定都市の中でも、以下の自治体は、上記とは別日程、もしくは別の内容で、一次試験が実施されている（137ページも参照。以下は6年度および7年度の例。試験内容や日程は変更される場合があるので注意してほしい）。

○北海道（職務基礎力試験）	○愛知県
○大阪府（SPI3）	○奈良県（SPI3）
○和歌山県（SCOA）	○名古屋市
○大阪市（SPI3）	○堺市（SPI3）

　さらに、ほとんどの自治体では、通常枠に加えて、早期枠、特別枠というような名称の区分を設けている。早期枠は別日程、特別枠は同日程で試験内容が異なるケースが多い。これらの区分の多くは、「従来型の公務員試験の対策が不要」とされており、一次試験では、主にSPI3やSCOAなどが課されている。

PART5 地方公務員試験ガイダンス

地方上級

採用プロセス

　前述のとおり、地方上級は6月中旬に一次試験が行われる。この場合、7月上旬～8月上旬に二次試験、8月上旬～9月上旬に最終合格発表というスケジュールが一般的である。国家総合職・一般職と異なり、地方公務員では「官庁訪問」は不要で、ほとんどの場合「最終合格＝内定」となる。ただし、特別区は例外で、最終合格後に各区等が行う採用面接を経て内定を得なければならない。

試験の概要

　一次試験で択一式の教養試験と専門試験、二次（三次）試験で人物試験（面接、集団討論・グループワーク等）、適性検査、一次（二次）試験で論（作）文試験が行われるのが一般的である。近年は、人物試験（面接等）が重視される傾向が強い。一次でも面接を行ったり、二次・三次で複数回の面接を実施したりする自治体が多くなっている。配点も高いため、最終合格を勝ち取るには、十分な面接試験対策が必須である。

　また、前述のとおり、「公務員試験の学習が不要」という区分が増えているが、これらの区分では自己アピール（自己PR）論文、エントリーシート、プレゼンテーション試験など、従来型以上に多面的な人物試験が課される場合が多い。

教養試験

　PART4で解説したとおり、国家総合職、国家一般職、国家専門職では、教養試験ではなく、基礎能力試験が課されており、一般知識分野は時事と組み合わせた問題となっている。これに対し、

地方上級とは？　どの問題集を買えばいい？

　地方上級は、厳密には本文で述べたとおり、6月中旬の統一試験日に実施される大卒程度の公務員試験をさす。したがって、この意味では、東京都、愛知県、特別区、名古屋市などの別日程試験は、これに含まれない。ただし、「都道府県・政令指定都市の大卒程度試験」を地方上級と呼ぶケースもある。このまま表記すると長いので、一言で地方上級と言い換えた表現で、公務員試験対策の書籍などではよく見られる。受験者としては、地方上級とは6月中旬の統一試験日に実施される大卒程度の試験のことであるが、都道府県・政令指定都市の大卒程度試験全体をさす場合もある、と覚えておこう。

　ただし、書籍によっては、東京都や特別区の問題を、地方上級の問題として掲載している場合があるので、注意が必要だ。地方上級の問題は公開されていないこともあり、多くの過去問が掲載されている問題集は少ない。実務教育出版では、受験者情報をもとに復元し、『地方上級　教養試験　過去問500』『地方上級　専門試験　過去問500』をはじめ、さまざまな問題集に掲載している。地方上級の問題には、ややクセのあるものも見受けられる。問題のレベルや出題内容、頻出テーマなどは、東京都、特別区、国家一般職などと大きな違いはないが、地方上級が第一志望の人は、必ず地方上級の過去問に取り組もう。

公務員試験　受験ジャーナル ◉ 8年度 No.1　**131**

地方上級は従来と同じタイプの問題が出題されている。ほとんどの受験者は国家公務員、地方公務員を併願するため、教養試験に関しては、地方上級をベースに対策を進めておけば、いずれにも対応することができる。

地方上級の場合も、出題タイプにより、出題科目数などに違いが見られる。教養試験は一般知能分野と一般知識分野に大別できる。ここでは大まかな注意点をまとめておく。

◎一般知能分野

ほとんどの自治体・試験区分で全問必須解答である。出題数が非常に多いうえ、近年は、特に一般知能分野を重視する自治体・試験区分が増えており、入念な対策が必要である。

文章理解は、大学入試でも似たような問題が出るので、ほとんどの人は抵抗なく取り組めるだろう。一方、判断推理、数的推理、資料解釈は、公務員試験に特有の問題であり、初めて目にする人が多いはずだ。なかでも判断推理と数的推理は出題ウエートが大きく、合否を決める最重要科目と言っても過言ではない。この2科目は必ず得点源にしておきたい。なお、「職務基礎力試験」（北海道）など、「教養試験」という名称でない試験でも、一般知能分野の科目は出題の中心となっており、対策は必須である。

◎一般知識分野

科目数が多い一方、1科目当たりの出題数は少ない。選択解答制となっている場合も多く、一般知識分野の出題数を減らす傾向も見られる。さらに、人文科学や自然科学を出題しない自治体・試験も出てきている。どの科目が出題されるのか、事前に受験案内でしっかりチェックして対策を進めよう。場合によっては、一般知能分野や専門試験の対策を優先して、苦手科目を捨てることを検討してもよいだろう。ただし、地方上級の問題レベルは決して高くないので、頻出テーマだけでも学習しておくのがオススメだ。

地方上級の自然科学では、問題文中に問題の解き方（ヒント）が与えられている問題が、例年、数多く確認されている。つまり、幅広い知識、正確な知識がなくても正答できる問題が、あえて出題されているのだ。苦手な人も、頻出テーマだけでも、あきらめずに取り組もう。

また、どの自治体でも、「時事」（科目名は社会、社会事情のことが多い）は出題数が多い重要科目である。しっかりと対策しておきたい。

専門試験

出題分野・科目が多く、範囲も広いため、ポイントを絞った学習が必要となる。難易度は、国家一般職と同程度〜やや易しめと考えてよい。

科目構成は、全国型では法律系科目が最も多く、経済系科目がそれに続く。それに対して、行政系科目はそれほど多くない。まずは法律系科目の憲法、行政法、民法と経済原論から始めるのがセオリーだ。行政系科目は暗記要素が強いので、試験の半年前くらいからをめどに始めればよいだろう。

全国型以外の出題タイプもほぼ同じような科目構成なので、試験対策としては、法律系科目と経済系科目に力を入れよう。

対策のポイント

地方上級試験の問題のレベルは標準的であり、対策においては、ほかの試験との違いはない。多くの受験者は国家公務員、地方公務員を併願するため、オーソドックスな学習で対応できる。

ただし、前述のとおり地方上級の過去問は公開されていないため、特に試験直前期は、地方上級の問題を数多く収録している『地方上級　教養試験　過去問500』『地方上級　専門試験　過去問500』を使った対策がオススメである。過去数年分の過去問を繰り返し解いていけば、かなりの得点力が身につくはずだ。

PART5　地方公務員試験ガイダンス

地方上級の出題タイプ

　地方上級は、実施日が同じ試験では共通の問題が出題されることが多い。題数・出題科目に着目すると、教養試験、専門試験（択一式）は、以下の6つの出題タイプに分類できる。

①全国型
②関東型
③中部・北陸型
④法律・経済専門タイプ
⑤その他の出題タイプ
⑥独自の出題タイプ

　各タイプの概要は以下のとおり。自治体別の出題タイプや試験時間、出題数・解答数、専門試験の出題科目などについては、137〜139ページを参照してほしい。

①全国型

　教養試験、専門試験ともに、地方上級試験のベースとなっている出題タイプ。ほかのタイプでも全国型と共通の問題がかなりの割合を占める。教養試験は、試験時間が120〜150分、出題数50問で、全問必須解答の場合が多い。専門試験は、試験時間が120分、出題数40問で全問必須解答が基本である。独自の問題や科目を加えたり除いたりして出題数を増減して、選択解答制を導入している自治体もある。

②関東型

　教養試験は、試験時間が120〜150分、出題数50問中20〜25問が必須解答、残りが選択解答で、計40問解答する。必須解答はおおむね一般知能分野である。自治体によって、出題科目や科目ごとの出題数が一部異なる。専門試験は、試験時間が120分、出題数50問中40問選択解答。必須解答がないため任意の科目（問題）を選択できる。経済原論の出題数が多く、経済史や経済政策も出題されることが特徴である。なお、独自の問題や科目を加えて出題数・解答数を増やしている自治体もある。

③中部・北陸型

　教養試験は、試験時間が150分、出題数50問で、全問必須解答。専門試験は、試験時間が120分、出題数50問中40問を選択解答。社会学、経済政策、経済事情が出題され、経営学の出題がないことが特徴である。試験制度の変更により、このタイプに該当する試験は少数となっている。

④法律・経済専門タイプ

　行政系の試験区分・専門選択分野で「法律」「経済」の区分がある自治体の専門試験が該当する。40問中35問がおのおのの専門分野から、残り5問はもう一方の分野から出題されるのが標準的なパターンである。

⑤その他の出題タイプ

　①〜④のいずれにも該当せず、かつ⑥のように明らかに独自の出題である試験を除くものをこのタイプとしている。教養試験において人文科学や自然科学が出題されない自治体も、このタイプに該当する。ただし、全国型との共通問題も多い。愛知県や名古屋市は、別日程であるが、出題内容や出題科目の関係から、このタイプに分類している。

⑥独自の出題タイプ

　東京都Ⅰ類B（教養）、特別区（教養、専門）は、出題構成および出題内容とも独自のものとなっている。

公務員試験　受験ジャーナル ◉ 8年度 No.1　**133**

地方上級 試験概要 一覧表

この表は、6年度の受験案内およびホームページで公表されている情報から作成したものである。一部、7年度の情報も反映した（◎印を付けた部分）。行政系試験のうち、各自治体で代表的な区分についてまとめた。最新年度の情報は必ず受験案内などで確認すること。

5/中は5月中旬の意味。年齢要件は試験翌年4月1日現在の年齢。いわゆる飛び入学・飛び級の者は、年齢要件に合致しなくても卒業（見込）を条件に受験できる。下限が明記されていない場合は上限年齢のみを表記。受験資格に学歴要件がある試験は年齢に◇印を付けた。

自治体	試験の種類	試験区分	一次試験	年齢要件	一次試験	二次試験以降
北海道	行政職員	一般行政A（専門試験型）	5/中	22〜30	職務基礎力試験、専門	個別面接、適性検査
青森県	大学卒業程度	行政	6/中	22〜32	教養、専門、論文	個別面接、グループワーク、適性検査
岩手県	I種（専門試験型）	一般行政A	6/中	22〜35	教養、専門、論文	二次：個別面接、適性検査、三次：個別面接、グループワーク
宮城県	大学卒業程度	行政	6/中	22〜35	教養、専門	論文、個別面接、集団討論、適性検査
秋田県	大学卒業程度（通常枠）	行政A	6/中	22〜34	教養、専門、論文	個別面接◎、適性検査、外国語資格加点
山形県	大学卒業程度	行政	6/中	22〜39	教養、専門、外国語資格加点	論文、個別面接2回、集団討論、適性検査
福島県	大学卒程度	行政事務	6/中	22〜35	教養、専門、論文	個別面接2回、集団討論、適性検査
茨城県	大学卒業程度	事務（知事部局等A）	6/中	22〜29	教養、専門、論文	個別面接2回、集団討論、適性検査
栃木県	大学卒業程度	行政	6/中	22〜29	教養、専門、論文	個別面接、集団試験、適性検査
群馬県	I類	行政事務A	6/中	22〜29	教養、専門	二次：論文、個別面接、適性検査、三次：個別面接（自己PRタイムを含む）
埼玉県	上級	一般行政	6/中	22〜30	教養、専門	論文、個別面接2回、適性検査
千葉県	上級	一般行政A	6/中	22〜30	教養、専門、論文	個別面接、適性検査
東京都	I類B	行政（一般方式）	4/下	22〜29	教養、専門記述式、論文	個別面接
神奈川県	I種	行政	6/中	22〜30	教養、専門、論文	個別面接2回、グループワーク、適性検査
山梨県	大学卒業程度	行政	6/中	22〜35	教養、専門	論文、個別面接2回、集団討論、適性検査
長野県	大学卒業程度	行政A（一般方式）	6/中	22〜29	教養、専門、論文、資格加点	個別面接2回◎、適性検査
新潟県	大学卒業程度	一般行政	6/中	22〜30	教養、専門	二次：個別面接、グループワーク◎、適性検査、三次：個別面接
岐阜県	大学卒程度	行政I	6/中	22〜29	教養、専門、論文	個別面接、集団討論、適性検査
静岡県	大学卒業程度	行政I	6/中	22〜30	教養、専門、論文	個別面接2回、集団討論、適性検査
愛知県	第1回職員	行政I	5/中	22〜29	教養、専門	論文、面接、適性検査
三重県	A試験	一般行政分野（行政I）	6/中	22〜29	教養、専門	論文、個別面接、適性検査
富山県	上級（大卒程度）	総合行政	6/中	22〜35	教養、専門	論文、個別面接2回、集団討論、適性検査
石川県	大学卒程度	行政	6/中	22〜29	教養、専門、論文、適性検査	個別面接、集団討論

PART5 地方公務員試験ガイダンス

自治体	試験の種類	試験区分	一次試験	年齢要件	一次試験	二次試験以降
福井県	Ⅰ種	行政	6/中	22〜34	教養、専門、適性検査Ⅰ	論文、個別面接、集団討論、適性検査Ⅱ、外国語資格加点
滋賀県	上級	行政（専門試験型）	6/中	22〜30◎	教養、専門、個別面接	論文、個別面接、集団討論、適性検査
京都府	一類	行政A	6/中	22〜30	教養、専門、論文、集団面接、適性検査	個別面接
大阪府	大学卒程度	行政	4/上〜中◎	22〜25	SPI3（テストセンター）	二次：見識（論文）、法律（択一式）、情報（記述式）から選択、個別面接、三次：個別面接、グループワーク
兵庫県	事務系職種（大卒程度・通常枠）	総合事務職	6/中	22〜27	教養、専門、論文	個別面接◎、適性検査
奈良県	Ⅰ種（行政分野A）	総合職（行政）	6/中	22〜30	SPI3◎、論文、集団面接、適性検査	個別面接、グループワーク
和歌山県	Ⅰ種	一般行政職	6/中	22〜29	SCOA、専門、論文、適性検査	個別面接2回
鳥取県	大学卒業程度	事務（一般コース）	6/中	22〜35	教養、専門、論文、適性検査	個別面接2回、集団討論
島根県	大学卒業程度	行政A	6/中	22〜29	教養、専門、論文、適性検査	個別面接、集団討論
岡山県	県職員A	行政	6/中	22〜30	教養、専門、適性検査	第一次個別面接、第二次個別面接（自己PRを含む）
広島県	大学卒業程度	行政（一般方式）	6/中	22〜29	教養、専門、論文	個別面接2回
山口県	大学卒業程度	行政	6/中	22〜29	教養、専門	論文、個別面接、集団討論
徳島県	大学卒業程度	行政事務	6/中	22〜36	教養、専門	論文、プレゼンテーション、個別面接、適性検査
香川県	大学卒業程度	一般行政事務A	6/中	22〜29	教養、専門、論文	個別面接、集団討論、適性検査
愛媛県	上級	行政事務	6/中	22〜34	教養、専門	作文、個別面接、集団討論、適性検査
高知県	大学卒業程度	行政	6/中	22〜29	教養、専門	論文、個別面接2回◎、適性検査
福岡県	Ⅰ類	行政	6/中	22〜29	基礎能力試験（教養）◎、専門、論文	個別面接、適性検査
佐賀県	大学卒業程度	行政	6/中	22〜29	教養、専門、論文、資格加点	個別面接2回
長崎県	大学卒業程度	行政A	6/中	22〜29	教養、専門	論文、個別面接、グループワーク、適性検査
熊本県	大学卒業程度	行政	6/中	22〜35	教養、専門、論文、資格加点	二次：個別面接、三次：個別面接、集団討論
大分県	上級	行政	6/中	22〜29	教養、専門	論文、個別面接2回、適性検査
宮崎県	大学卒業程度	一般行政	6/中	22〜29	教養、専門、論文、適性検査	個別面接2回
鹿児島県	大学卒業程度	行政	6/中	22〜29	教養、専門、エントリーシート	論文、個別面接2回、適性検査
沖縄県	上級	行政	6/中	22〜35	教養、専門	論文、個別面接、集団討論、適性検査

公務員試験　受験ジャーナル ◉ 8年度 No.1　135

自治体	試験の種類	試験区分	一次試験	年齢要件	一次試験	二次試験以降
札幌市	大学の部	一般事務（行政コース）	6/中	29（上限）◇	筆記試験（教養、専門）、個別面談	個別面接
仙台市	大学卒程度	事務	6/中	22〜35	教養、専門	論文、個別面接、集団面接、適性検査
さいたま市	大学卒業程度	行政事務A	6/中	22〜30	教養、専門	論文、個別面接◎、適性検査
千葉市	上級	事務（行政A）	6/中	22〜28	教養、専門、個別面談	論文、個別面接、適性検査
特別区	I類	事務（一般事務）	4/下	22〜31	教養、専門、論文	個別面接
横浜市	大学卒程度等	事務	6/中	22〜30	教養（専門含む）、論文	二次：個別面接、三次：個別面接
川崎市	大学卒程度	行政事務	6/中	22〜29	総合筆記試験（教養、専門）、論文、個別面談	個別面接
相模原市	大学卒業程度	行政	6/中	22〜35	教養	二次：論述、グループワーク、事務適性検査、三次：個別面接
新潟市	大学卒業程度	一般行政A	6/中	22〜28	教養、専門	二次：個別面接、三次：論文、個別面接2回、適性検査
静岡市	大学卒程度	事務A	6/中	22〜30	教養、グループワーク	個別面接2回、事務処理能力試験、適性検査
浜松市	第I類行政職員	事務（行政A）	6/中	29（上限）◇	教養、専門、適性検査、個別面接	二次：個別面接、三次：論文
名古屋市	春実施試験第1類	事務（行政）	4/下	22〜25◎	教養、専門、論文	個別面接2回
京都市	上級（一般方式）	一般事務職（行政）	6/中	22〜30	教養、専門、作文、個別面接	個別面接
大阪市	事務行政	（22-25）	6/中	22〜25	SPI3、論文もしくは専門（法律）	個別面接
堺市	大学卒程度	事務	5/上〜中◎	22〜25	SPI3	適性検査、二次：論文、個別面接、三次：個別面接
神戸市	大学卒(基礎的能力・専門試験方式)	総合事務	6/中	24（上限）◇	基礎的能力試験（教養）、専門、適性検査	二次：個別面接（Web）、三次：論文、個別面接、グループワーク
岡山市	大学卒業程度	事務一般枠A	6/中	22〜30	教養、専門、適性検査	二次：エントリーシート、個別面接、集団活動、三次：個別面接
広島市	I種	行政事務（一般枠）	6/中	29（上限）	教養、専門、論文	二次：個別面接、三次：個別面接、集団討論
北九州市	上級（通常枠）	一般事務員（行政I（専門択一））	6/中	22〜30◎	教養、専門、個別面接	個別面接、適性検査
福岡市	上級	行政事務（行政（一般））	6/中	22〜29	教養、専門、論文、個別面接	個別面接、適性検査
熊本市	大学卒業程度	事務職	6/中	22〜32	教養、専門、論文、適性検査、資格加点	個別面接2回、集団討論

PART5　地方公務員試験ガイダンス

地方上級 教養試験 出題分野一覧表

この表は、6年度の受験案内およびホームページで公表されている情報から作成したものである。一部、7年度の情報も反映した（◎印を付けた部分）。行政系試験のうち、各自治体で代表的な試験区分についてまとめた。最新年度の情報は必ず受験案内で確認すること。

●は必須解答、○は選択解答である。

時事は、受験案内で「現代の社会に関する問題」「社会事情」などと表記されているものを含む。

福岡県「基礎能力試験」、札幌市「筆記試験」、川崎市「総合筆記試験」、神戸市「基礎的能力試験」は、一般的な教養試験と共通の問題が出題される。

自治体	一次試験	時間(分)	問題数	タイプ	社会	時事	人文	自然	一般知能	備考
北海道	5/中	110	60	職務基礎力試験						
青森県	6/中	120	40	全国型	●		●	●	●	
岩手県	6/中	120	40/50	全国型	○	○	○	○	○	
宮城県	6/中	150	50	全国型	●		●	●	●	
秋田県	6/中	120	40	全国型	●		●	●	●	
山形県	6/中	150	50	全国型		●			●	
福島県	6/中	120	40	全国型	●		●	●	●	
茨城県	6/中	120	40/50	関東型	○	○	○	○	○	
栃木県	6/中	120	40/50	関東型	○		○	○	○	
群馬県	6/中	120	40/50	関東型	○		○	○	●	
埼玉県	6/中		27	その他	●	●			◎	
千葉県	6/中	120	40/50	関東型	●○		○	○	●	
東京都	4/下	130	40	独自	●	●	●	●	●	
神奈川県	6/中	120	40/50	関東型	○		○	○	●	
山梨県	6/中	120	40/50	関東型	○		○	○	●	
長野県	6/中	120	40/50	関東型	○		○	○	●	
新潟県	6/中	120	40/50	関東型	○		○	○	●	
岐阜県	6/中	150	50	全国型	●	●	●	●	●	
静岡県	6/中	120	40/50	関東型	○		○	○	●	
愛知県	5/中	120	40	その他		●			●	
三重県	6/中	150	50	中部・北陸型	●		●	●	●	
富山県	6/中	120	40/50	その他	●		●	●	●	
石川県	6/中	150	50	中部・北陸型	●		●	●	●	
福井県	6/中	150	50	中部・北陸型		●			●	
滋賀県	6/中	120	40/47	全国型	○		○	○	●	人権、県関係も出題
京都府	6/中	120	40/55	全国型	●○		○	○	●	人権も出題
大阪府	4/上～中			SPI3（テストセンター）						
兵庫県	6/中	150	45/55	全国型	●○	●○	○○	●○	●	県関係も出題
奈良県	6/中			SPI3◎						
和歌山県	6/中	60	120	SCOA						
鳥取県	6/中	150	50	全国型	●		●	●	●	
島根県	6/中	150	50	全国型	●		●	●	●	
岡山県	6/中	150	50	全国型	●		●	●	●	
広島県	6/中	110	30	その他		●			●	
山口県	6/中	150	50	全国型	●		●	●	●	
徳島県	6/中	150	50	全国型	●		●	●	●	
香川県	6/中	150	50	全国型	●		●	●	●	
愛媛県	6/中	150	50	全国型		●			●	
高知県	6/中	150	50	全国型	●		●	●	●	
福岡県	6/中	120	40	その他	●				●	名称は「基礎能力試験」◎。人権も出題
佐賀県	6/中	150	50	全国型	●		●	●	●	人権も出題
長崎県	6/中	150	50	全国型	●		●	●	●	
熊本県	6/中	150	40/50	全国型	●○		○	○	●	
大分県	6/中	150	50	全国型	●		●	●	●	
宮崎県	6/中	150	50	全国型	●		●	●	●	
鹿児島県	6/中	150	50	全国型	●		●	●	●	
沖縄県	6/中	150	50	全国型	●		●	●	●	
札幌市	6/中	専門と合わせて120	20	その他						名称は「筆記試験」
仙台市	6/中	120	40/45	全国型	●		●	●	●	
さいたま市	6/中	120	40/50	全国型	●○	●○	●○	●○	●○	市政問題も出題
千葉市	6/中	150	45/55	全国型	○		○	○	●	
特別区	4/下	120	40/48	独自	○		○	○	●	
横浜市	6/中	150	50	その他	●		●	●	●	
川崎市	6/中	180	60	その他	●		●	●	●	名称は「総合筆記試験」。知識系は専門科目も出題
相模原市	6/中	90	30	その他					●	
新潟市	6/中	120	40	全国型	●		●	●	●	
静岡市（事務A）	6/中	150	55	全国型	●		●	●	●	
浜松市	6/中	90	30	その他					●	
名古屋市	4/下	120	40	その他		●			●	
京都市	6/中	90	30	その他		●			●	
大阪市	6/中	70		SPI3						
堺市	5/下	70	70	SPI3						
神戸市	6/中	150	40/45	その他	○	○			●	名称は「基礎的能力試験」
岡山市	6/中		40	その他	●		●	●	●	
広島市	6/中	150	45/55	全国型	○		○	○	●	
北九州市	6/中	150	50	全国型	●		●	●	●	
福岡市	6/中	150	50	全国型	●		●	●	●	
熊本市	6/中	150	不明	全国型			●		●	

公務員試験 受験ジャーナル ● 8年度 No.1

地方上級 [専門試験] 出題分野一覧表

この表は、6年度の受験案内およびホームページで公表されている情報から作成したものである。一部、7年度の情報も反映した（◎印を付けた部分）。行政系試験のうち、各自治体で代表的な試験区分についてまとめた。最新年度の情報は必ず受験案内で確認すること。

●は必須解答、○は選択解答である。

経済原論の欄の★および☆印は、受験案内では「経済学」と表記されている場合であり、経済原論のほか、経済史、経済政策、経済事情なども出題される可能性がある。

自治体	一次試験	試験区分	時間(分)	問題数	タイプ	政治学	行政学	社会政策	国際関係	社会学	憲法	行政法	民法	刑法	労働法	経済原論	経済史	経済政策	経済事情	財政学	経営学	統計学	備考
北海道	5/中	一般行政A(専門試験型)	120	40	全国型	●	●	●	●		●	●	●	●	●	★				●			
青森県	6/中	行政	120	40	全国型	●	●	●	●		●	●	●	●	●	★							
岩手県	6/中	一般行政A	120	40/50	全国型	○	●○	○	○		○	●○	●○	○	○	★☆				●○	○		
宮城県	6/中	行政	120	40	全国型	●	●	●	●		●	●	●	●	●	★				●	●		
秋田県	6/中	行政A	120	40	全国型	●	●	●	●		●	●	●	●	●	★				●			
山形県	6/中	行政	120	40	全国型	●	●	●	●		●	●	●	●	●	★				●			
福島県	6/中	行政事務	60	20	その他	●	●				●	●				★							
茨城県	6/中	事務(知事部局等A)	120	40/50	関東型	○	○	○	○	○	○	○	○	○		○		○	○	○	○		
栃木県	6/中	行政	120	40/50	関東型	○	○	○	○	○	○	○	○	○		○※	○	○	○	○	○		※経済学、経済原論
群馬県	6/中	行政事務A	120	40/50	関東型	○	○	○	○	○	○	○	○	○		○※	○	○	○	○	○		※経済学、経済原論
埼玉県	6/中	一般行政	120	40/50	関東型	○	○	○	○	○	○	○	○	○		○	○	○	○	○	○		
千葉県	6/中	一般行政A	120	40/50	関東型	○	○	○	○	○	○	○	○	○		☆	○	○	○	○	○		
東京都	4/下	I類B(行政 一般方式)	120		独自	○※	○※			○※	○※	○※				☆※				○※	○※		※記述式、10題中3題選択。会計学も出題
神奈川県	6/中	行政	120	40/80	その他	○	○	○	○	○	○	○	○	○		○		○	○	○	○		心理学、教育学、数学・物理、情報・通信工学も出題
山梨県	6/中	行政	120	40/50	関東型	○	○	○	○	○	○	○	○	○		○	○	○	○	○	○		
長野県	6/中	行政A[一般方式]	120	40/50	関東型	○	○	○	○	○	○	○	○	○		○	○	○	○	○	○		経済学説史も出題
新潟県	6/中	一般行政	120	40/50	関東型	○	○	○	○	○	○	○	○	○		○	○	○	○	○	○		
岐阜県	6/中	行政I	120	40	全国型	●	●	●	●		●	●	●	●		★				○			
静岡県	6/中	行政I	120	40/55	関東型	○	○	○	○	○	○	○	○	○		○		○	○	○	○		教育学、心理学、社会福祉も出題
愛知県	5/中	行政I	120	40	その他	●	●	●			●	●				★				●			
三重県	6/中	一般行政分野(行政I)	120	40/50	中部・北陸型	○	○	○	○	○	○	○	○	○		○	○	○	○	○	○		
富山県	6/中	総合行政	120	40/50	中部・北陸型	○	○	○	○	○	○	○	○	○		○	○	○	○	○	○		
石川県	6/中	行政	120	40/50	中部・北陸型	○	○	○	○	○	○	○	○	○		○	○	○	○	○	○		
福井県	6/中	行政	120	40/60	中部・北陸型	○	○	○	○	○	○	○	○	○		○	○	○	○	○	○		心理学、教育学も出題
滋賀県	6/中	行政(専門試験型)	120	40/50	全国型	○	○	○	○		○	○	○	○		☆				○	○	○	心理学概論、教育学も出題
京都府	6/中	行政A(法律)	90	40/60	法律		○	○	○		○	○	○	○		☆					○		教育学、社会福祉概論、一般心理学も出題
		行政A(総合政策)	90	40/60	全国型	○	○	○	○		○	○	○	○		○				○	○		
		行政A(経済)	90	40/60	経済						○	○	○			○	○	○	○	○	○	○	
大阪府	4/上～中	行政(法律)	60	20	その他						●	●	●										二次で実施。見識、法律、情報から選択
兵庫県	6/中	総合事務職	120	40/80	その他	○	○		○		○	○	○	○		○	○	○	○	○	○		社会福祉、教育学、デジタル関係も出題
奈良県	6/中	総合職(行政)			なし◎																		
和歌山県	6/中	一般行政職(法律)	120	40	法律						●	●	●			★				●			
		一般行政職(経済)	120	40	経済						●					●	●	●	●	●		●	
		一般行政職(総合A)	120	40/60	全国型	○	○	○	○		○	○	○	○		☆				○			教育学、社会福祉概論、心理学概論も出題
		一般行政職(総合B)	120	40/60	その他	○	○	○	○		○	○	○	○		☆				○			数学・物理・化学も出題
鳥取県	6/中	事務(一般コース)	120	40	全国型	●	●	●	●		●	●	●	●	●	★				●			
島根県	6/中	行政A	120	40	全国型	●	●	●	●		●	●	●	●	●	★				●			
岡山県	6/中	行政	120	40	全国型	●	●	●	●		●	●	●	●	●	★				●			

PART5 地方公務員試験ガイダンス

自治体	一次試験	試験区分	時間(分)	問題数	タイプ	政治学	行政学	社会政策	国際関係	社会学	憲法	行政法	民法	刑法	労働法	経済原論	経済史	経済政策	経済事情	財政学	経営学	統計学	備考
広島県	6/中	行政(一般方式)(行政)	120	不明	行政	●	●	●	●		●	●	●	●	●	★				●			
広島県	6/中	行政(一般方式)(法律)	120	不明	法律						●	●	●	●	●	★				●			
広島県	6/中	行政(一般方式)(経済)	120	不明	経済							●	●			●	●	●	●	●		●	
山口県	6/中	行政	120	40	全国型	●	●	●	●		●	●	●	●	●	★				●			
徳島県	6/中	行政事務(社会科学Ⅰ)	135	45/95	その他	●	●	●	●○		●	●○	●○	●	●	★○	○	○	○	●	●○	○	
香川県	6/中	一般行政事務A	120	40	全国型	●	●	●	●		●	●	●	●	●	★				●			
愛媛県	6/中	行政事務	120	40	全国型	●	●	●	●		●	●	●	●	●	★				●			
高知県	6/中	行政	120	40	全国型	●	●	●	●		●	●	●	●	●	★				●			
福岡県	6/中	行政	120	40	全国型	●	●	●	●		●	●	●	●	●	★				●			
佐賀県	6/中	行政	120	40	全国型	●	●	●	●		●	●	●	●	●	★				●			教育学も出題
長崎県	6/中	行政A	120	40	全国型	●	●	●	●		●	●	●	●	●	★				●			
熊本県	6/中	行政	120	40/80	その他	○	○	○	○		●○		●○	●	○	★○				●	●		
大分県	6/中	行政	120	40	全国型	●	●	●	●		●	●	●	●	●	★				●			
宮崎県	6/中	一般行政	120	40	全国型	●	●	●	●		●	●	●	●	●	★				●			
鹿児島県	6/中	行政(40問必須解答型)	120	40	全国型	●	●	●	●		●	●	●	●	●	★				●			
沖縄県	6/中	行政	120	40	全国型	●	●	●	●		●	●	●	●	●	★				●			
札幌市	6/中	一般事務(行政コース)	教養と合わせて120	20/45	その他	○	○				○		○	○	○	☆				○	○		社会事情も出題
仙台市	6/中	事務	120	40/56	全国型	●	●	●	●	○	●	●	●	●	●	★		●	●	●	○		必須:社会事情、選択:心理学、社会福祉、教育学も出題
さいたま市	6/中	行政事務A	120	40/50	全国型	○	○	○	○		○	○	○	○	○	☆				○	○		教育学、社会福祉概論も出題
千葉市	6/中	事務(行政A)	120	40/50	全国型	○	○	○	○		○	○	○	○	○	☆				○	○		教育学、社会福祉概論も出題
特別区	4/下	一般事務	90	40/55	独自	○	○			○	○	○	○	○	○	○				○			
横浜市	6/中	事務	なし。ただし、ほかの自治体では専門試験で出題される問題が、教養試験として出題されている																			
川崎市	6/中	行政事務	総合筆記試験の知識系科目として			●					●	●	●			★				●			
相模原市	6/中	行政	なし																			
新潟市	6/中	一般行政A	120	40	全国型	●	●	●	●		●	●	●	●	●	★				●			
静岡市	6/中	事務B	150	55	全国型	●	●	●	●		●	●	●	●	●	★				●	●		
浜松市	6/中	事務(行政A)	120	40	全国型	●	●	●	●		●	●	●	●	●	★				●			
名古屋市	4/下	事務(行政)	120	40	その他	●	●	●	●		●	●	●	●	●	★				●			
京都市	6/中	一般事務職(行政一般方式)	90	30/40	全国型	○	○				○	○	○	○	○	☆				○		○	
大阪市	6/中	事務行政(択一式(法律))	90	25/30	法律	○	○				○	○	○	○	○								社会事情も出題
堺市	5/下	事務	なし																			
神戸市	6/中	総合事務	80	25/110	その他	○					○	○		○	○	☆				○	○	○	英語、国際関係論、教育学、数学、物理も出題○
岡山市	6/中	事務一般枠A	90	40	全国型	●	●	●	●		●	●	●	●	●	★				●			
広島市	6/中	行政事務(一般枠)(法律)	120	40	法律						●	●	●	●	●								
広島市	6/中	行政事務(一般枠)(経済)	120	40	経済			●	●							●	●	●	●	●		●	
広島市	6/中	行政事務(一般枠)(行政)	120	40	行政	●	●	●	●		●	●	●	●	●	★				●			
北九州市	6/中	一般事務員(行政Ⅰ)(専門択一)	120	40	全国型	●	●	●	●		●	●	●	●	●	★				●			
福岡市	6/中	事務(行政(一般))	120	40	全国型	●	●	●	●		●	●	●	●	●	★				●			
熊本市	6/中	事務職	120	不明	全国型	●	●	●	●		●	●	●	●	●	★				●	●		教育学も出題

公務員試験　受験ジャーナル ◉ 8年度 No.1

6年度 地方上級 全国型 教養試験 出題内訳

関東型と共通…関

No.	科目	出題内容	
1	政　治	直接民主制と間接民主制の下での政治参加（年代別投票率、女性候補者の割合等）	関
2	法　律	日本における平和主義（憲法9条等）	関
3		法の下の平等（違憲審査における後段列挙事由の意義）	関
4		国会と行政（国会の政治的美称説、行政の控除説等）	関
5	経　済	時間割引（計算）	関
6		日本の格差、貧困（ワーキングプア、ジニ係数、相対的貧困率等）	関
7	社　会	経済社会改革の基本方針（ジョブ型雇用、GX、デジタル田園都市等）	関
8		日本の防衛（反撃能力、防衛費、サイバー防衛等）	関
9		日本の犯罪の動向および法改正（検挙人員、不同意性交等罪等）	関
10		日本の労働事情（雇用者数、氷河期世代、物流2024年問題等）	関
11		SDGs（達成年限、理念等）	関
12		世界の食料と水（食料不足、温暖化、肉食、安全な水の確保等）	関
13	地　理	鉱産資源（ボーキサイト、銅鉱、鉄鉱石、レアアース、ダイヤモンド）	関
14		韓国（政治、一極集中、少子化、経済、貿易等）	関
15	日 本 史	明治維新から第二次世界大戦までの日本の政治（廃藩置県、憲政の常道、新体制運動等）	関
16		GHQの間接統治（農地改革、労働三法、財閥解体、言論統制、財政政策）	関
17	世 界 史	中世の西ヨーロッパ（フランク王国、十字軍、ギルド、大学、ローマカトリック教会）	関
18		1950年代半ばから1960年代のアジア・アフリカ・ラテンアメリカ（第三勢力、キューバ革命等）	関
19	数　学	絶対値を含む関数のグラフ（図）	関
20	物　理	小球を斜めに投げ上げたときの運動	関
21	化　学	水溶液のpH（計算）	関
22		人体、環境に悪影響を及ぼす物質（二酸化窒素、鉛等）	関
23	生　物	ヒトの神経系（ニューロン、交感神経、副交感神経等）	関
24		植物の光合成（ATP、クロロフィル等）	関
25	地　学	火山（マグマ、岩石等）	関
26	文章理解	英文（内容把握、regretとdisappointmentの違い）	関
27		英文（要旨把握、富裕層と貧困層の格差）	関
28		英文（要旨把握、全体を理解するため、部分に分けて理解すること）	関
29		英文（要旨把握、日本人の慣習としての相づち）	関
30		英文（要旨把握、昆虫の卵）	関
31		現代文（要旨把握、市民社会）	関
32		現代文（要旨把握、ホメロスとヘシオドス、2つの古代作品）	関
33		現代文（要旨把握、宗教上の聖地が観光対象になる）	関
34	判断推理	うそつき問題（ある競技におけるA〜Cの順位予想）	関
35		対応関係（SNSの更新日時）	
36		対応関係（優良可の科目の割振り）	関
37		位置関係（西東南からの車の出入り）	関
38		場合の数（max（x.min（y、5））＝3となる整数の組合せ）	関
39		投影図（円柱、球、立方体を5つの箱に入れる）	
40		回転（回転テーブルの上のコの字型の軌跡）	関
41		図形（円柱に線を引いたときの模様）	
42	数的推理	平面図形の計量（直角三角形の面積）	関
43	判断推理	割合（市松模様の黒色の割合）	関
44	数的推理	辞書式順列（1〜5まで1つずつ用いて3ケタを作るとき、341は何番目か）	
45		確率、反復試行（3回目までに2連続で同じ色の球が出る確率）	関
46		整数問題（AB－BAが7の倍数になる最大の数）	
47		集合、三集合ベン図（社員旅行の観光スポットに関するアンケート）	関
48		利益算（仕入値と定価）	
49		速さの比と連立方程式（3段階の変速機を持つ自転車のペダルの回転数）	関
50	資料解釈	対前年増加率と積み上げ棒グラフ（ある国の乗用車と小型トラックの販売台数の推移）	関

150分、50問で全問解答がベーシックなパターン。

知識科目の中で出題が多いのは社会。しかも、社会のほとんどは時事である。

前半は知識科目の場合が多い。

自然科学は出題されても1科目1〜2問。出題されない自治体も多い。

文章理解は英文5問、現代文3問が基本パターン。英文の問題は短め。

判断推理、数的推理の出題テーマはほぼ決まっている。出題数は多い。

資料解釈は例年1問。

※この出題内訳表は、受験者からの情報をもとに作成したものである。したがって、No.や出題内容が実際とは異なっている場合がある。

PART5　地方公務員試験ガイダンス

6年度 地方上級 関東型 教養試験 出題内訳

全国型と共通…全

No.	科目	出題内容	
1	政　治	直接民主制と間接民主制の下での政治参加（年代別投票率、女性候補者の割合等）	全
2	法　律	日本における平和主義（憲法9条等）	全
3		法の下の平等（違憲審査における後段列挙事由の意義）	全
4		国会と行政（国会の政治的美称説、行政の控除説等）	全
5	経　済	時間割引（計算）	全
6		日本の格差、貧困（ワーキングプア、ジニ係数、相対的貧困率等）	全
7	社　会	経済社会改革の基本方針（ジョブ型雇用、GX、デジタル田園都市等）	全
8		不明	
9		日本の防衛（反撃能力、防衛費、サイバー防衛等）	全
10		日本の犯罪の動向および法改正（検挙人員、不同意性交等罪等）	全
11		日本の労働事情（雇用者数、氷河期世代、物流2024年問題等）	全
12		SDGs（達成年限、理念等）	全
13		人の移動（アメリカ、EU、ロヒンギャ、ウクライナ避難民等）	全
14		世界の食料と水（食料不足、温暖化、肉食、安全な水の確保等）	全
15	地　理	鉱産資源（ボーキサイト、銅鉱、鉄鉱石、レアアース、ダイヤモンド）	全
16		韓国（政治、一極集中、少子化、経済、貿易等）	全
17		ケッペンの気候区分（サバナ気候、地中海性気候、ツンドラ気候等）	
18	日 本 史	江戸時代の経済・交通・産業（天下の台所、両替商、貨幣、マニュファクチュア、交通）	
19		明治維新から第二次世界大戦までの日本の政治（廃藩置県、憲政の常道、新体制運動等）	全
20		GHQの間接統治（農地改革、労働三法、財閥解体、言論統制、財政政策）	全
21	世 界 史	中世の西ヨーロッパ（フランク王国、十字軍、ギルド、大学、ローマカトリック教会）	全
22		18世紀から19世紀末のアメリカ合衆国	
23		1950年代半ばから1960年代のアジア・アフリカ・ラテンアメリカ（第三勢力、キューバ革命等）	全
24	数　学	絶対値を含む関数のグラフ（図）	全
25	物　理	小球を斜めに投げ上げたときの運動	全
26	化　学	水溶液のpH（計算）	全
27		人体、環境に悪影響を及ぼす物質（二酸化窒素、鉛等）	全
28	生　物	ヒトの神経系（ニューロン、交感神経、副交感神経等）	全
29		植物の光合成（ATP、クロロフィル等）	全
30	地　学	火山（マグマ、岩石等）	全
31	文章理解	英文（内容把握、regretとdisappointmentの違い）	全
32		英文（要旨把握、富裕層と貧困層の格差）	全
33		英文（要旨把握、全体を理解するため、部分に分けて理解すること）	全
34		英文（要旨把握、日本人の慣習としての相づち）	全
35		英文（要旨把握、昆虫の卵）	全
36		現代文（要旨把握、市民社会）	全
37		現代文（要旨把握、ホメロスとヘシオドス、2つの古代作品）	全
38		現代文（要旨把握、宗教上の聖地が観光対象になる）	全
39	判断推理	うそつき問題（ある競技におけるA〜Cの順位予想）	全
40		対応関係（優良可の科目の割振り）	全
41		位置関係（西東南からの車の出入り）	全
42		場合の数（max（x.min（y, 5））＝3となる整数の組合せ）	全
43		回転（回転テーブルの上のコの字型の軌跡）	全
44	数的推理	平面図形の計量（直角三角形の面積）	全
45	判断推理	割合（市松模様の黒色の割合）	全
46	数的推理	確率、反復試行（3回目までに2連続で同じ色の球が出る確率）	全
47		集合、三集合ベン図（社員旅行の観光スポットに関するアンケート）	全
48		利益算（仕入値と定価）	全
49		速さの比と連立方程式（3段階の変速機を持つ自転車のペダルの回転数）	全
50	資料解釈	対前年増加率と積み上げ棒グラフ（ある国の乗用車と小型トラックの販売台数の推移）	全

120分、50問中40問選択解答が多い。

関東型は、知識科目が選択解答となっている場合がほとんど。ただし、時事は必須解答というケースもある。

人文科学の出題がやや多いのが特徴。

自然科学の出題内容は全国型と同じ。

文章理解についても、全国型との違いは見られない。

判断推理、数的推理の出題数は、全国型よりやや少なめ。

※この出題内訳表は、受験者からの情報をもとに作成したものである。したがって、No.や出題内容が実際とは異なっている場合がある。

6年度 地方上級 全国型 専門試験 出題内訳

関東型と共通…関

No.	科目	出題内容	
1	政治学	政治における男女共同参画（女性議員の割合、女性知事の数、法改正等）	関
2		メディアと政治（プロパガンダ、世論調査法、プライミング効果等）	関
3	行政学	自治体DX（推進計画、自治体フロントヤード改革、書かない窓口等）	関
4		地方自治への住民参加（住民投票、意見公募手続制度、認可地縁団体等）	関
5	憲法	人権規定の私人間効力（私的支配関係、自由権的基本権の保障規定等）	関
6		適正手続の保障（行政手続、供述拒否権告知の規定、収税官吏の捜査等）	関
7		国会の開会および閉会（臨時会、特別会、参議院の緊急集会等）	関
8		司法権の限界（大学における単位認定行為、地方議員の除名処分等）	関
9	行政法	行政行為の附款（行政庁の裁量、期限、負担、条件等）	関
10		行政手続法における申請（諾否の応答、審査基準、処分に要する期間等）	関
11		行政事件訴訟法における不作為の違法確認訴訟（抗告訴訟、訴えの却下等）	関
12		国家賠償法第2条（公の営造物の設置または管理の瑕疵）	関
13		地方自治法における住民訴訟（民衆訴訟、住民監査請求、費用の請求等）	関
14	民法	法律行為の無効の効果（取消し、制限行為能力者等）	関
15		地上権（譲渡、工作物や竹木の収去、抵当権の設定、地下または空間等）	関
16		詐害行為取消権（裁判における主張）	関
17		売買契約（事例）	
18	刑法	正当防衛の成立要件（判例）	
19		逮捕・監禁罪の保護法益（可能的自由説、現実的自由説等）	関
20	労働法	育児、家族介護を行う労働者の福祉に関する法律	
21		不当労働行為	関
22	経済原論	代替効果と所得効果（無差別曲線と予算制約線）（空欄補充）	関
23		労働者の期待効用の最大化（計算）	関
24		個別消費税の賦課と需要の価格弾力性（グラフ）（空欄補充）	関
25		外部性（金銭的外部性、技術的外部性、総余剰、補助金等）（空欄補充）	関
26		均衡国際価格（自由貿易に移行したときの均衡価格等の計算）	関
27		GDP（帰属家賃、キャピタルゲイン、公共サービス等）	関
28		政府支出乗数（国民所得が増加したときの国内需要、政府支出乗数等）	関
29		貨幣の機能（交換機能、価値貯蔵機能等）	関
30		マクロ生産関数（実質GDP上昇率と資本分配率）（計算）	関
31	経営学	製品ライフサイクル（価格政策、キャズム、差別化、脱成熟化等）	
32		I-Rフレームワーク（グローバル型、インターナショナル型等）	関
33	財政学	日本の消費税（軽減税率、多段階課税、インボイス制度等）	関
34		日本の財政制度（会計年度独立の原則、特別会計、補正予算等）	関
35		地方財政（地方税、総務費、義務的経費等）	関
36	社会政策	公的年金制度（財政検証、年金積立金、マクロ経済スライド等）	関
37		男女共同参画社会（夫婦、ひとり親、共働き、有償時間、無償時間等）	関
38		支援体制（ひきこもり、ヤングケアラー、ひとり親家庭、セルフネグレクト等）	関
39	国際関係	国際的な協力の枠組み（QUAD、AUKUS、ASEAN、SCO、CIS）	
40		日本における外国人の受入れ（難民、第三国定住、特定技能、留学生等）	

120分、40問で全問解答がベーシックなパターン。

行政系科目の出題数は少ない。

憲法、行政法、民法のウエートが大きい。まずはここを押さえよう。

刑法、労働法は出題数が少ないため、後回しでOK。

経済原論の出題数が多い。ただし、易しめの問題も含まれている。受験案内では経済学と表記されている場合もある。

経営学は暗記で対応。財政学は時事的な内容も含まれる。

※この出題内訳表は、受験者からの情報をもとに作成したものである。したがって、No.や出題内容が実際とは異なっている場合がある。

PART5　地方公務員試験ガイダンス

6年度 地方上級 関東型 専門試験 出題内訳

全国型と共通…全

No.	科目	出題内容	
1	政治学	政治における男女共同参画（女性議員の割合、女性知事の数、法改正等）	全
2		メディアと政治（プロパガンダ、世論調査法、プライミング効果等）	全
3	行政学	自治体DX（推進計画、自治体フロントヤード改革、書かない窓口等）	全
4		地方自治への住民参加（住民投票、意見公募手続制度、認可地縁団体等）	全
5	憲法	人権規定の私人間効力（私的支配関係、自由権的基本権の保障規定等）	全
6		適正手続の保障（行政手続、供述拒否権告知の規定、収税官吏の捜査等）	全
7		国会の開会および閉会（臨時会、特別会、参議院の緊急集会等）	全
8		司法権の限界（大学における単位認定行為、地方議員の除名処分等）	全
9	行政法	行政手続法における申請（諾否の応答、審査基準、処分に要する期間等）	全
10		行政事件訴訟法における不作為の違法確認訴訟（抗告訴訟、訴えの却下等）	全
11		国家賠償法第2条（公の営造物の設置または管理の瑕疵）	全
12		地方自治法における住民訴訟（民衆訴訟、住民監査請求、費用の請求等）	全
13		行政代執行法（手続に関する規定、義務の代執行、執行責任者等）	
14	民法	法律行為の無効の効果（取消し、制限行為能力者等）	全
15		地上権（譲渡、工作物や竹木の収去、抵当権の設定、地下または空間等）	全
16		詐害行為取消権（裁判における主張）	全
17		失踪宣告（事例）	
18		共有（抵当権の設定、持分に応じた使用、分割の請求等）	
19		売買（契約不適合、解除権、同時履行の抗弁権等）	
20	刑法	逮捕・監禁罪の保護法益（可能的自由説、現実的自由説等）	全
21		犯罪の遂行に複数の行為者が関与する場合（共謀共同正犯等）	
22	労働法	不当労働行為	全
23		労働時間（休日、休憩等）	
24	経済原論	需要曲線と供給曲線（生産性の上昇、価格の低下、価格等）（空欄補充）	
25		代替効果と所得効果（無差別曲線と予算制約線）（空欄補充）	全
26		労働者の期待効用の最大化（計算）	
27		個別消費税の賦課と需要の価格弾力性（グラフ）（空欄補充）	
28		外部性（金銭的外部性、技術的外部性、総余剰、補助金等）（空欄補充）	全
29		均衡国際価格（自由貿易に移行したときの均衡価格等の計算）	全
30		GDP（帰属家賃、キャピタルゲイン、公共サービス等）	全
31		政府支出乗数（国民所得が増加したときの国内需要、政府支出乗数等）	全
32		貨幣の機能（交換機能、価値貯蔵機能等）	全
33		均衡国民所得（政府支出と利子率の組合せ）（計算）	
34		マクロ生産関数（実質GDP上昇率と資本分配率）（計算）	全
35		完全競争企業の供給曲線（計算）（空欄補充）	
36	経済政策	公共財	
37		日本銀行（政策委員会、物価安定の目標等）	
38	経済史	経済学者と経済理論（カーネマン、ミル、ワルラス、ノイマン等）	
39	財政学	日本の消費税（軽減税率、多段階課税、インボイス制度等）	全
40		日本の財政制度（会計年度独立の原則、特別会計、補正予算等）	全
41		地方財政（地方税、総務費、義務的経費等）	全
42		社会保障財政（社会保障関係費等）	
43	経営学	I-Rフレームワーク（グローバル型、インターナショナル型等）	全
44		組織における分業、調整、統合（平行分業、機能別分業、標準化等）	
45	社会政策	公的年金制度（財政検証、年金積立金、マクロ経済スライド等）	全
46		男女共同参画社会（夫婦、ひとり親、共働き、有償時間、無償時間等）	全
47		支援体制（ひきこもり、ヤングケアラー、ひとり親家庭、セルフネグレクト等）	全
48	国際関係	国際政治理論（E.H.カー、ベンサム等）	
49		北大西洋条約機構（ワルシャワ条約機構、世界におけるパートナー等）	
50		第二次世界大戦以降の日本の外交（日韓基本条約、日中平和友好条約等）	

> 120分、50問中40問選択解答が多い。

> どの科目を選択するのか戦略的に準備しよう。

> 民法の出題数が多い。

> 選択解答制なので、出題数が少ない科目は後回しにしよう。

> 経済原論の出題数が12問程度と最多。この攻略がポイントとなる。

> 経済政策、経済史の出題が特徴。

> 社会政策、国際関係は時事的な内容も含まれる。

※この出題内訳表は、受験者からの情報をもとに作成したものである。したがって、No.や出題内容が実際とは異なっている場合がある。

早期枠・特別枠の注意点

都道府県・政令指定都市、市役所とも、「公務員試験対策が不要」といううたい文句で、早期枠、特別枠、アピール型、SPI方式といった区分を設ける自治体が、さらに増加している（以下、これらの区分を早期枠・特別枠と呼ぶ）。もはや、早期枠・特別枠を設けていない自治体のほうが少数派だ。ここでは、早期枠・特別枠に関する注意点を見ていこう。

まず、通常枠（従来型）、早期枠・特別枠のどちらを受験すべきか、という点を考えてみよう。早期枠・特別枠の多くは、「公務員試験対策が不要」とされているが、これを真に受けてはいけない。特に行政職については、対策ゼロで受験した場合、合格するのは非常に困難であると認識しておこう。行政職は、どの自治体も倍率が高く、SPI3やSCOAで高得点を取らないと一次試験すら通過できない。さらに、早期枠・特別枠では、二次試験以降の人物試験（面接試験）のウエートが高められていることがほとんどである。個別面接に加えて、プレゼンテーション、自己アピール、グループワークなどが課されることも多く、通常枠の対策以上の準備が必須となる。

ここで、一次試験の日程をおさらいしておこう。地方上級の通常枠は、前述のとおり、6月中旬に一次試験が実施される。それに対して、早期枠の多くは、4月頃に一次試験が実施される。したがって、遅くとも試験実施年の年明けには試験対策を開始することになるだろう。もし1月に本格的に学習をスタートするのであれば、6月中旬の通常枠（従来型）の試験でも間に合わせることが可能である。この点も押さえておきたい。

したがって、本誌の読者であれば、通常枠（従来型）の合格をめざして早めに学習を始めるのがオススメであり、かつ合格可能性も高い。逆に、一次試験まで1～2か月しかない、という状況であれば、早期枠・特別枠が候補となる。

行政職の通常枠と早期枠・特別枠の倍率（6年度）を比較した表をまとめた（一次試験が別日程と同日程で分けた）。なお、一次試験が同日程の場合は、当然だが併願はできない。別日程の場合は、自治体によって併願できるケースとできないケースがある。もし志望自治体の一次試験が別日程で、かつ併願可能であれば、二次試験に進めた場合に面接を体験できるので、受験を検討してもよいだろう。なお、試験内容・試験日程ともに変更される場合があるので注意してほしい。

通常枠（従来型）と早期枠・特別枠の倍率比較

【一次試験が別日程】

自治体	通常枠（従来型）	早期枠・特別枠	自治体	通常枠（従来型）	早期枠・特別枠
茨城県	3.0倍	10.3倍	佐賀県	8.5倍	13.5倍
栃木県	3.1倍	12.4倍	長崎県	2.0倍	3.9倍
群馬県	3.4倍	9.3倍	大分県	4.8倍	9.6倍
長野県	2.4倍	3.8倍	宮崎県	1.9倍	3.2倍
滋賀県	2.7倍	4.2倍	鹿児島県	2.9倍	2.5倍
鳥取県	2.2倍	3.3倍	横浜市	4.5倍	18.2倍
島根県	1.5倍	4.1倍	京都市	3.5倍	9.4倍
岡山県	2.7倍	6.8倍	北九州市	3.8倍	6.3倍
山口県	1.8倍	7.1倍	福岡市	6.0倍	12.7倍
愛媛県	2.8倍	4.5倍			

【一次試験が同日程】

自治体	通常枠（従来型）	早期枠・特別枠等
岩手県	2.2倍	9.2倍
東京都	1.5倍	1.7倍
京都府	1.8倍	4.1倍
広島県	2.6倍	2.1倍
香川県	3.0倍	8.2倍
高知県	2.4倍	8.6倍
さいたま市	3.1倍	3.4倍
浜松市	2.6倍	4.1倍
名古屋市	2.7倍	2.2倍
岡山市	3.8倍	6.4倍

6年度都道府県・政令指定都市の行政職について、代表的な区分の倍率（受験者数÷最終合格者数）をまとめた。
受験資格（年齢要件）が大きく異なる場合や、通常枠の区分が細分化されている場合は省いた。

PART5　地方公務員試験ガイダンス

東京都

試験の概要

東京都の大卒程度職員採用試験は、Ⅰ類Bである（Ⅰ類Aは、大学院卒業程度）。Ⅰ類Bの事務職の区分には、行政（一般方式）と行政（新方式）の2種類がある。いずれも一次試験は4月下旬に実施されており、独自の日程および試験内容である。

行政（一般方式）は、次の表のように、一次で教養（択一式）、論文、専門記述式、二次で個別面接が課される。教養の出題内訳や出題内容は、146ページの出題内訳表も参考にしてほしい。

東京都では、専門記述式試験が課されるのが大きな特徴である。行政（一般方式）では、憲法、行政法、民法、経済学、財政学、政治学、行政学、社会学、会計学、経営学から3題を選んで解答する。学習内容は専門（択一式）と大きく変わらないが、ひとおおり学習を終えたら、過去の出題例を参考に、実際に書いてみることが大切である。参考として、6年度の出題例を掲載した。

行政（新方式）は、一次でSPI3（テストセンター）が課される。二次の1回目はプレゼンテーションおよび人物についての個別面接、2回目はグループワークおよび人物についての個別面接である。

	試験種目	解答時間	内容、出題科目等
一次試験	教養試験（択一式）	130分	40問必須解答（知能分野24問、知識分野16問） 知能分野：文章理解、英文理解、判断推理、数的処理、資料解釈、空間概念 知識分野：人文科学系（文化、歴史、地理）、社会科学系（法律、政治、経済）、自然科学系（物理、化学、生物、地学）、社会事情
	論文試験（課題式）	90分	解答文字数：1,000〜1,500字程度
	専門試験（記述式）	120分	10題中3題選択解答 憲法、行政法、民法、経済学、財政学、政治学、行政学、社会学、会計学、経営学
二次試験	口述試験	—	個別面接
一次合格者の決定方法			教養試験、論文および専門試験の成績を合わせた総合成績により決定
最終合格者の決定方法			一次試験および二次試験の成績を合わせた総合成績により決定

専門記述式　出題例（6年度）

〔憲　法〕外国人の参政権について、判例も踏まえて説明せよ。

〔行政法〕行政指導の意義及び行政指導に対する法的救済について、判例も踏まえて説明せよ。

〔民　法〕保証債務の意義を述べた上で、その性質である付従性及び補充性について、連帯保証の場合にも言及して説明せよ。

〔経済学〕利子率の決定について、ケインズ及び古典派の立場から、それぞれ説明せよ。

〔財政学〕日本における租税原則及び地方税原則について、それぞれ説明せよ。

〔政治学〕イデオロギーについて、その政治的側面及びマルクスやマンハイムが唱えた説を述べた上で、政治的イデオロギーの代表例（二例）に言及し、説明せよ。

〔行政学〕日本の地方公共団体について、その種類を述べた上で、「地方自治の本旨」及び「長と議会との関係」にも言及し、説明せよ。

〔社会学〕D.ベルの脱工業社会論について説明せよ。

〔会計学〕企業会計基準（棚卸資産の評価に関する会計基準）に定める棚卸資産の範囲及び棚卸資産の四つの評価方法について、それぞれ説明せよ。

〔経営学〕アンゾフが分類した多角化戦略の四つの類型を挙げ、それぞれ説明せよ。

公務員試験　受験ジャーナル ● 8年度 No.1　**145**

6年度 東京都Ⅰ類B［一般方式］教養試験 出題内訳

No.	科目			出題内容（130分、40問必須解答）	難易度
1	文章理解			内容把握（外山滋比古『日本語の個性』）	C
2				内容把握（植田和弘『環境経済学への招待』）	B
3				文章整序（大森荘蔵『言語・知覚・世界』）	A
4				空欄補充（藤原正彦『国家と教養』）	B
5	英文理解			内容把握（日米開戦を巡るチャーチルの回顧録）	A
6				内容把握（ピッピとおまわりさんの会話〈長くつ下のピッピ〉）	C
7				内容把握（職場環境が良いと失敗の報告が増える理由）	B
8				内容把握（カパルディさんを訪問するジョジー親子〈クララとお日さま〉）	A
9	判断推理			要素の個数（社員100人の3か所の観光地への旅行経験）	B
10	数的処理			4次魔方陣（図のマスに1～16を入れるときにマスAとBに入る数字の和）	C
11				確率（卓球大会の決勝戦でAチームが先に3勝して優勝する確率）	B
12	判断推理			対応関係（4人の歌舞伎、能、オペラの鑑賞経験）	B
13	数的処理			ニュートン算（遊園地への入場で行列がなくなるまでにかかる時間）	B
14				数列（奇数列の和）	B
15				面積（正方形の対角線の交点で作る四角形EFGHの面積）	A
16				面積（円に内接する三角形BCDの面積）	A
17				場合の数（客20人のランチ3種類の注文数の組合せ）	B
18	資料解釈			日本における在留資格別外国人労働者数の推移（実数値、グラフ）	B
19				日本における運輸業5分類の売上高の推移（実数値、グラフ）	B
20				日本における楽器4種の販売額の対前年増加率の推移（指数・増減率、グラフ）	B
21				日本の放送コンテンツ海外輸出額の権利別構成比の推移（割合・構成比、グラフ）	B
22	空間概念			正八面体（各面に任意に定めた1点を相互に結ぶ直線の本数）	C
23				軌跡（2線分の交点Qが描く軌跡の長さ）	B
24				軌跡（正三角形の頂点Pが描く軌跡）	B
25	人文科学	文化		東京の文化財建造物（旧東宮御所、浅草寺、東京駅丸の内駅舎等）	A
26		歴史		化政文化（最盛期、十返舎一九、「南総里見八犬伝」、俳諧、歌川広重）	B
27				世界恐慌またはファシズムの台頭（アメリカ、スペイン、ドイツ等）	C
28		地理		ヨーロッパ（山脈、気候、民族、デンマークの農業、フランスの農業）	C
29	社会科学	法律		参議院の緊急集会（要件、手続、議決事項の制限、効力）	B
30		政治		アメリカ合衆国の政治制度（連邦議会、大統領の選出、違憲審査権等）	B
31		経済		日本の会社法における会社（株主への配当、株式会社の設立要件、株主総会等）	B
32	自然科学	物理		電池、電球、スイッチからなる5回路の消費電力の比較（図）	B
33		化学		物質の分離（蒸留、昇華法、再結晶、還元、ろ過）	C
34		生物		魚類、両生類、ハ虫類、ホ乳類に属する動物の正しい組合せ	B
35		地学		地球の資源（水、鉄鉱床、石油、メタンハイドレート、地熱発電）	A
36	社会事情			『令和4年度 食料・農業・農村白書』（食料自給率、DX、食品ロス等）	B
37				「知的財産推進計画2023」（基本認識、生成AI、著作権侵害等）	B
38				岸田内閣総理大臣所信表明演説（「成長型経済」、物価高対策、改憲等）	B
39				刑事訴訟法等の一部を改正する法律（位置測定端末装着命令等）	B
40				国際情勢（「キャンプ・デービッドの精神」、「ゴールデンゲート宣言」等）	B

40問全問解答。時間は130分とやや長め。

文章理解は現代文4問。文章整序や空欄補充が出題されるのが特徴。

数的処理という科目名だが、内容は数的推理であり、頻出テーマは地方上級と変わらない。

資料解釈の出題数が4問と多い。

空間概念が独立した科目となっているが、出題内容は判断推理の空間図形分野と同じである。

人文科学の文化の出題は特徴的。歴史は日本史1問と世界史1問。

社会事情（時事）が5問出題されるのも特徴。白書や政府の基本方針を押さえておこう。例年、新法・改正法に関する出題もある。

※出題内容表の右欄には、この試験における難易度を、S（特に難しい）、A（難しい）、B（普通）、C（易しい）で示した。

146 公務員試験 受験ジャーナル ● 8年度 No.1

特別区

試験の概要

　特別区の大卒程度試験であるⅠ類採用試験は、例年、4月下旬の東京都Ⅰ類Bと同日に一次試験が実施されている。試験構成は次の表のとおり。

　一次の教養試験は、48問中40問選択解答である。知能分野は28問必須解答、知識分野は20問中12問選択解答となっている。

　専門試験も選択解答制がとられている。55問中40問選択解答であるが、主要科目である憲法、行政法、民法、ミクロ経済学、マクロ経済学、財政学を中心に選択するのがセオリーだ。

　特別区では7年度からⅠ類（早期SPI枠）が新設された。一次試験はSPI3（テストセンター）のみで、3月の前半に受検する。二次は4月中旬にプレゼンテーションシート作成（90分）、5月前半に口述試験（作成したシートに基づくプレゼンテーションと人物等についての個別面接）。5月下旬には最終合格が発表される。従来型のⅠ類（春試験）との併願はできない。

　特別区では、最終合格後に各区等の採用面接を受ける必要がある。下図のとおり、最終合格確定後、①特別区人事委員会が最終合格者を高点順に採用候補者名簿に登載し、②受験者の希望（受験申込み時に第三希望までを明示）に沿って各区等に採用候補者名簿を提示する。③各区等が面接を行って採用候補者に内定を出すが、④不選択となった者は採用候補者名簿に戻され、人事委員会が欠員状況に応じて再び別の区等に名簿を提示する仕組みだ。できるだけ高得点での合格をめざすとともに、採用されるためには、状況に応じて柔軟に対応したい。

	試験種目	解答時間	内容、出題科目等
一次試験	教養試験（択一式）	120分	48問中40問選択解答（知能分野は28問必須解答、知識分野は20問中12問選択解答） 知能分野：文章理解（英文を含む）、判断推理、数的処理、資料解釈、空間把握 知識分野：人文科学4問（倫理・哲学、歴史、地理）、社会科学4問（法律、政治、経済）、自然科学8問（物理、化学、生物、地学）、社会事情4問
	専門試験（択一式）	90分	55問中40問選択解答 憲法、行政法、民法①［総則・物権］、民法②［債権・親族・相続］、ミクロ経済学、マクロ経済学、財政学、経営学、政治学、行政学、社会学
	論文（課題式）	80分	2題中1題選択解答（解答文字数：1,000～1,500字程度）
二次試験	口述試験	―	個別面接

最終合格から採用まで

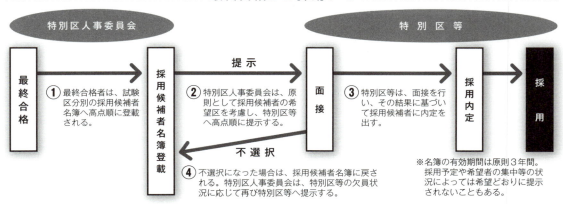

6年度 特別区Ⅰ類　教養試験　出題内訳

No.	科目			出題内容（120分、No.1～No.28必須解答、No.29～No.48のうち12問選択解答）	難易度
1	文章理解	現代文		要旨把握（村上春樹『村上春樹雑文集』）	B
2				要旨把握（本田健『「うまくいく」考え方』）	B
3				要旨把握（渡辺和子『幸せはあなたの心が決める』）	A
4				文章整序（柳宗悦『茶と美』）	A
5				空欄補充（鷲田清一『しんがりの思想』）	B
6		英文		内容把握（『老人と海』）	B
7				内容把握（サンタクロースってほんとにいるの？）	B
8				空欄補充（剣の修行における諸段階）	A
9				四字熟語（竜虎相搏、一石二鳥、羊頭狗肉、画竜点睛、狡兎三窟）	C
10	判断推理			試合の勝敗（6チームによるサッカーの総当たり戦）	A
11				暗号（同じ暗号の法則で「黒色」を表すもの）	B
12				操作の手順（寿司屋か焼肉屋のどちらかに行きたい5人の意見調整結果）	B
13				命題（生徒会役員の選挙の投票）	－
14				操作の手順（7枚のカード2組を使ったゲーム）	B
15				数量相互の関係（環状線のA駅からの所要時間が最も短い経路）	B
16	数的処理			円の面積（点をそれぞれ結んだときにできる斜線部の面積）	B
17				比、割合（11両編成で運行している電車の座席数）	C
18				旅人算（ロードレースでAがゴールするまでに要した時間）	B
19				流水算（上流のP地点と下流のQ地点を往復する船）	B
20				比、割合（商品bが企業全体の売上げに占める割合）	C
21	資料解釈			診療種類・制度区分別国民医療費の推移（実数値、数表）	B
22				農産品5品目の輸入量の対前年増加率の推移（指数・増減率、数表）	B
23				在留外国人数の推移（実数値、グラフ）	B
24				地方財政の扶助費の目的別内訳の推移（割合・構成比、グラフ）	B
25	空間把握			経路と位相（一筆書きを可能にするとき消去する太線の最短の長さ）	B
26				平面分割（14枚の入場券をつながったままの形で切り取る方法）	B
27				立体構成（直方体の点Aと点Bを直線で結んだとき貫いた立方体の数）	B
28				軌跡（正五角形が台形の外側を回転し2周したときの頂点Pの位置）	A
29	社会科学	法律		国際法（グロティウス、国際人道法、国際慣習法、国際司法裁判所等）	B
30		政治		日本の公害防止・環境保全（環境基本法、循環型社会の形成等）	B
31				国際連盟・国際連合（集団安全保障、国際連合憲章、安全保障理事会等）	B
32		経済		国際経済体制の変遷（ブレトンウッズ体制、キングストン合意、プラザ合意等）	B
33	人文科学	倫理・哲学		実存主義の思想家と主著（キルケゴール、ニーチェ、ハイデガー等）	B
34		歴史		室町文化（太平記、観阿弥・世阿弥、村田珠光、御伽草子、慈照寺銀閣）	B
35				フランス革命・ナポレオン戦争（国民議会、トラファルガーの海戦等）	B
36		地理		世界地図とその図法（ホモロサイン図法、サンソン図法、モルワイデ図法）	B
37	社会事情			2023年5月の主要7か国首脳会議（広島平和記念資料館、広島AIプロセス等）	B
38				デフレ完全脱却のための総合経済対策（宇宙戦略基金、電気・ガス料金の補助等）	B
39				物流革新緊急パッケージ（再配達削減の実証事業、モーダルシフト等）	B
40				第76回カンヌ国際映画祭（役所広司氏、パーフェクト・デイズ、坂元裕二氏等）	A
41	自然科学	物理		鉄製の容器と中の水が熱平衡に達したときの温度（計算）	B
42				電流が流れているときコイルに蓄えられるエネルギー（計算）	A
43		化学		芳香族化合物の構造式と名称の組合せ（図）	A
44				物質の状態（圧力の単位、大気圧、沸騰、気液平衡、蒸発熱）	B
45		生物		生物の科学史（シュペーマン、ワトソン、岡崎令治、山中伸弥等）	A
46				動物の行動（定位、走性、ミツバチのダンス、フェロモン等）	C
47		地学		恒星の進化（星間物質、散光星雲、原始星、主系列星、赤色巨星）	B
48				先カンブリア時代（時代区分、全球凍結、縞状鉄鉱層、真核生物等）	A

※出題内容表の右欄に、この試験における難易度を、S（特に難しい）、A（難しい）、B（普通）、C（易しい）で示した（No.13は正答なしなので、「－」とした）。

> 知能分野は必須解答、知識分野は選択解答。

> 文章理解の出題数が多い。英文はことわざや四字熟語などの出題も見られる。

> 判断推理、数的推理（数的処理）は、一般的な内容。

> 資料解釈の出題数が多いが、例年、難易度は平均的。

> 空間把握が独立した科目となっているが、出題内容は判断推理の空間図形分野と同じである。

> 社会事情（時事）は例年4問。文化やノーベル賞など、特徴的な出題も見られる。

> 自然科学は2問ずつの出題。難易度にはばらつきがある。

PART5 地方公務員試験ガイダンス

6年度 特別区Ⅰ類　専門試験　出題内訳

No.	科目	出題内容（90分、55問中40問選択解答）	難易度
1	憲 法	労働基本権（全逓名古屋中郵事件、岩手県教組学力テスト事件等）	A
2		外国人の人権（福祉的給付における処遇、永住者等への選挙権の付与等）	C
3		衆議院の優越（法律案の可決、予算および決算、内閣総理大臣の指名等）	B
4		内閣または内閣総理大臣（無任所大臣の設置、閣議の議決方法、罷免権等）	B
5		違憲審査権（司法権の発動、国会議員の立法行為、衆議院の解散等）	B
6	行 政 法	行政行為の分類（特許、確認、認可、許可、下命）	A
7		行政行為の瑕疵（明白性の意義、無効原因の主張、無効、瑕疵の治癒）	A
8		代執行（証票の携帯、非常・危険切迫時の手続の省略、費用の徴収等）	C
9		取消訴訟の原告適格（文化財の学術研究者、地方鉄道の利用者等）	B
10		損失補償（特別の犠牲、立法指針説、補償の方法、補償の時期等）	B
11	民法 ① [総則・物権]	行為能力（成年被後見人、未成年者、保佐人、制限行為能力者、被保佐人）	B
12		意思表示（心裡留保、強迫、錯誤、通謀虚偽表示、意思表示の到達）	A
13		地上権（地代の支払い、土地の原状回復、地下・空間の地上権等）	B
14		占有権（自主占有、直接占有、動物の占有、果実の取得、占有改定）	A
15		抵当権（順位の変更、譲渡、順位の放棄、地上権の放棄、効力の範囲）	B
16	民法 ② [債権・親族・相続]	債務不履行（不確定期限付債務、善管注意義務、帰責事由の存在等）	B
17		債権者代位権（被代位権利、相手方の抗弁、相手方の履行等）	C
18		請負または委任（利益の割合に応じた報酬、委任終了後の応急処分義務等）	B
19		賃貸借（賃貸借の存続期間、更新料の性質、法人との賃貸借契約等）	A
20		遺言（成年被後見人、未成年者、撤回、自筆証書遺言、共同遺言）	C
21	ミクロ経済学	最適労働供給（計算）	B
22		完全競争企業の利潤最大化（計算）	B
23		ラーナーの独占度（計算）	B
24		マーシャル的安定（グラフ）	C
25		リカードの比較生産費説（計算）	A
26	マクロ経済学	完全雇用の実現に必要な減税の大きさ（計算）	B
27		トービンのq理論（空欄補充）	B
28		信用創造（計算）	C
29		AD-ASモデル（完全雇用水準下での物価水準）（計算）	B
30		国民経済計算（GDP統計）（計算）	B
31	財 政 学	日本の財政投融資制度（財政投融資計画、財政融資、財投債等）	B
32		財政健全化法（財政健全化計画、資金不足比率、勧告、変更）	B
33		地方税の原則（普遍性の原則、安定性の原則、負担分任の原則等）	B
34		公共財の理論（準公共財、サミュエルソン・ルール、リンダール・メカニズム等）	B
35		ジニ係数（計算）	B
36	経 営 学	モチベーション理論（マズロー、マグレガー、ハーズバーグ、アルダファー等）	B
37		企業のM＆A（LBO、TOB、クラウン・ジュエル、パックマン・ディフェンス等）	B
38		賃金制度（労働基準法の定義、職務給、職能給、年功給、ベースアップ）	B
39		コトラーの競争戦略（リーダー、フォロワー、ニッチャー、チャレンジャー）	C
40		国際経営の理論（パールミュッター、ドーズ、バーノン、フェアウェザー等）	A
41	政 治 学	エスピン＝アンデルセンの福祉国家論（著書、類型、収れん理論等）	A
42		比例代表制選挙（ドント式による4党の議席配分）	B
43		イデオロギー（自由主義、社会主義、保守主義、ファシズム）	B
44		近代日本の政治思想家（福沢諭吉、徳富蘇峰、中江兆民、陸羯南等）	B
45		現代政治学（ウォーラス、コーンハウザー、ベントレー、リースマン）	B
46	行 政 学	内閣府設置法規定の委員会（個人情報保護委員会等）	B
47		NPM（PFI、独立行政法人、エージェンシー制度）	C
48		アリソンの政策決定論（決定の本質、3つのモデルの内容）	C
49		バーナードの組織論（組織編成の3原理、機能の権威と地位の権威等）	A
50		直接請求制度（条例の制定・改廃、事務監査、長の解職、議会の解散）	B
51	社 会 学	社会集団（生成社会と組成社会、第一次集団と第二次集団等）	B
52		ブルデューの階級理論（著書、文化資本の3分類、文化的再生産）	A
53		社会変動論（コント、スペンサー、オグバーン、ロストウ、ベル）	C
54		ラベリング理論（H.S.ベッカー、社会集団、規則、違反者）	B
55		社会調査（参与観察法、面接調査法、標本調査、留置法、生活史法）	C

> 科目選択制ではないので、正答できそうな問題を選ぶことも可能。

> 通常は、憲法、行政法、民法①②をまず選択解答する。

> ミクロ経済学、マクロ経済学も選択するのが基本。難易度は平均的で、オーソドックスな問題が多い。

> 財政学では、時事的な出題は少ない。

> 暗記系の科目のどれを選択するかは、併願先の出題科目に応じて決めよう。

> 社会学が出題される試験は多くはない。

※出題内訳表の右欄に、この試験における問題の難易度を、S（特に難しい）、A（難しい）、B（普通）、C（易しい）で示した。

地方上級　実施結果（行政系区分・6年度）

　この表は、6年度大卒程度行政系区分（行政、警察事務、学校事務など）の試験実施結果をまとめたものである。定期採用以外の区分（通年枠、追加枠など）、病院事務区分、水道事務区分、情報・デジタル区分、高卒・短大卒程度の学校事務区分、スポーツ・国際貢献経験枠などは除外した。

＊二次試験・三次試験を実施していない自治体・試験区分については「—」としている。

＊最終倍率＝一次受験者数÷最終合格者数。

＊女性の内数：★…男女別の集計は実施していない

　　　　　　　☆…任意項目として集計（例：10人の場合→☆10）。

※兵庫県：一次受験者数⇒筆記試験受験者数、一次合格者数⇒筆記試験合格者数、二次受験者数⇒一次面接試験受験者数、二次合格者数⇒一次面接試験合格者数、三次受験者数⇒最終面接試験受験者数。

※兵庫県・相模原市：最終合格者数欄の（　）は採用待機者数（内数）。

※高知県：「行政」「警察事務」「教育事務」の受験者は、3つの試験区分の中から、いずれかを第一志望とし、残りの試験区分のうちいずれかを第二志望とすることができる。「最終倍率」は、3つの試験区分の合計で算出。

試験の区分・種類		申込者数	一次受験者数	一次合格者数	二次受験者数	二次合格者数	三次受験者数	最終合格者数	女性の内数	最終倍率
北海道										
行政職員（A区分）	一般行政A（専門試験型）	151	99	85	非公表	—	—	43	☆10	2.3
行政職員（A区分）	一般行政A（小論文試験型）（第1回）	658	509	407	非公表	—	—	246	☆70	2.1
行政職員（A区分）	教育行政A（第1回）	80	63	50	非公表	—	—	33	☆16	1.9
行政職員（A区分）	警察行政A（第1回）	112	84	66	非公表	—	—	40	☆25	2.1
行政職員（A区分）	一般行政A（小論文試験型）（第2回）	260	145	136	非公表	—	—	79	☆18	1.8
行政職員（A区分）	教育行政A（第2回）	59	30	24	非公表	—	—	14	☆3	2.1
行政職員（A区分）	警察行政A（第2回）	63	32	27	非公表	—	—	15	☆10	2.1
公立小中学校事務職員（A区分）	公立小中学校事務A	43	25	24	非公表	—	—	15	☆8	1.7
青森県										
大学卒業程度	行政	228	190	163	151	—	—	98	非公表	1.9
大学卒業程度	警察行政	11	10	6	6	—	—	6	非公表	1.7
岩手県										
I種（アピール試験型）先行実施枠	一般行政B	125	100	59	55	—	—	27	11	3.7
I種（アピール試験型）通常枠	一般行政B	80	55	20	20	—	—	6	2	9.2
I種（専門試験型）	一般行政A	164	107	90	83	70	67	49	22	2.2
宮城県										
大学卒業程度	行政	420	330	171	144	—	—	93	★	3.5
大学卒業程度	警察行政	41	33	16	12	—	—	9	★	3.7
秋田県										
大学卒業程度（通常枠）	行政A	154	123	74	69	—	—	50	非公表	2.5
大学卒業程度（通常枠）	教育行政A	6	5	4	4	—	—	2	非公表	2.5
警察行政職員（大学卒業程度）	警察行政（事務）	27	20	13	13	—	—	8	非公表	2.5
山形県										
大学卒業程度（先行実施枠）	行政	228	177	68	64	—	—	30	20	5.9
大学卒業程度	行政	200	170	130	126	—	—	71	35	2.4
大学卒業程度	警察行政	26	19	7	6	—	—	4	4	4.8
福島県										
大学卒程度（先行実施枠）	行政事務	359	329	74	69	—	—	41	22	8.0
大学卒程度	行政事務	353	247	222	199	—	—	157	54	1.6
大学卒程度	警察事務	51	32	21	19	—	—	10	8	3.2
茨城県										
大学卒業程度（早期日程）	事務（知事部局等B）	213	205	62	45	—	—	20	★	10.3
大学卒業程度	事務（知事部局等A）	385	283	208	193	—	—	95	★	3.0
大学卒業程度	事務（警察本部）	42	27	19	18	—	—	10	★	2.7

150　公務員試験　受験ジャーナル ◉ 8年度 No.1

PART5 地方公務員試験ガイダンス

試験の区分・種類		申込者数	一次受験者数	一次合格者数	二次受験者数	二次合格者数	三次受験者数	最終合格者数	女性の内数	最終倍率
栃木県										
大学卒業程度（早期枠）	行政	565	521	118	97	—	—	42	★	12.4
大学卒業程度	行政	296	156	125	113	—	—	51	★	3.1
大学卒業程度	警察行政	45	30	13	12	—	—	11	★	2.7
小中学校事務職員（大学卒業程度）	小中学校事務	53	33	26	22	—	—	12	★	2.8
群馬県										
Ⅰ類	行政事務B	266	250	80	65	—	—	27	★	9.3
Ⅰ類	行政事務A	353	298	189	170	112	105	88	★	3.4
埼玉県										
上級	一般行政	1,341	921	846	非公表	—	—	389	★	2.4
小・中学校事務上級	小・中学校事務	140	96	73	非公表	—	—	20	★	4.8
警察事務上級	警察事務	148	103	64	非公表	—	—	24	★	4.3
千葉県										
上級	一般行政A	913	571	372	302	—	—	224	★	2.5
上級	一般行政B	194	118	116	101	—	—	52	★	2.3
東京都										
Ⅰ類A	事務	549	235	143	126	—	—	107	★	2.2
Ⅰ類B	行政（一般方式）	2,057	1,413	1,248	1,139	—	—	932	★	1.5
Ⅰ類B	行政（新方式）	732	489	449	400	324	318	296	★	1.7
警視庁警察行政職員Ⅰ類	事務	非公表	321	259	非公表	—	—	116	非公表	2.8
東京消防庁職員Ⅰ類	事務	99	45	41	40	—	—	16	非公表	2.8
神奈川県										
Ⅰ種	行政	1,068	614	574	392	—	—	218	未集計	2.8
秋季Ⅰ種	行政	921	611	288	219	—	—	75	未集計	8.1
公立小中学校等事務Ⅰ種	小中学校等事務Ⅰ種	71	41	34	33	—	—	12	未集計	3.4
警察事務Ⅰ種	警察事務Ⅰ種	246	148	127	115	—	—	55	未集計	2.7
山梨県										
大学卒業程度	行政	240	194	115	101	—	—	76	★	2.6
大学卒業程度	行政（アピール試験型）	20	12	10	9	—	—	7	★	1.7
大学卒業程度	警察行政	31	24	15	13	—	—	9	★	2.7
長野県										
大学卒業程度	行政A（一般方式）	245	174	132	118	—	—	72	36	2.4
大学卒業程度	行政B（SPI方式）	404	235	130	114	—	—	62	44	3.8
警察行政職員（大学卒業程度）	行政	119	50	20	16	—	—	9	5	5.6
新潟県										
大学卒業程度（先行実施枠）	一般行政	322	262	93	86	—	—	38	14	6.9
大学卒業程度	一般行政	305	224	180	139	—	—	59	32	3.8
大学卒業程度	警察行政	6	6	5	5	—	—	4	3	1.5
岐阜県										
大学卒程度［SPI方式］	行政Ⅱ	559	478	126	78	—	—	30	★	15.9
大学卒程度［従来方式］	行政Ⅰ	372	194	141	132	—	—	71	★	2.7
大学卒程度［従来方式］	警察行政	75	41	33	29	—	—	16	★	2.6
市町村立小中学校等事務職員大学卒程度	市町村立小中学校等事務職員	18	14	13	13	—	—	6	★	2.3
静岡県										
大学卒業程度	行政Ⅰ	312	245	229	212	—	—	131	★	1.9
大学卒業程度	行政Ⅱ	175	123	93	81	—	—	35	★	3.5
大学卒業程度	小中学校事務	19	15	15	13	—	—	9	★	1.7
大学卒業程度	警察行政	53	40	32	26	—	—	14	★	2.9
大学卒業程度	行政（静岡がんセンター事務）	0	0	0	0	—	—	0	★	—
大学卒業程度（秋募集）	行政Ⅱ	144	109	59	53	—	—	14	★	7.8

公務員試験　受験ジャーナル ⊙ 8年度 No.1　**151**

試験の区分・種類		申込者数	一次受験者数	一次合格者数	二次受験者数	二次合格者数	三次受験者数	最終合格者数	女性の内数	最終倍率
愛知県										
第1回職員	行政Ⅰ	1,363	1,087	624	非公表	—	—	295	156	3.7
第1回職員	行政Ⅱ	376	257	191	非公表	—	—	71	44	3.6
第1回警察職員	行政Ⅰ	76	56	41	非公表	—	—	14	8	4.0
第1回警察職員	行政Ⅱ	128	94	67	非公表	—	—	24	20	3.9
三重県										
A試験	一般行政分野（行政Ⅰ）	284	195	108	98	—	—	82	★	2.4
富山県										
上級（大卒程度）	総合行政	191	151	119	非公表	—	—	64	非公表	2.4
上級（大卒程度）	警察事務	26	22	10	非公表	—	—	6	非公表	3.7
石川県										
大学卒程度	行政	189	152	110	99	—	—	81	49	1.9
福井県										
Ⅰ種（アピール枠）	行政	119	93	51	47	—	—	30	☆13	3.1
Ⅰ種	行政	157	132	98	86	—	—	58	☆28	2.3
Ⅰ種	警察行政	54	35	17	16	—	—	8	☆6	4.4
滋賀県										
上級	行政（専門試験型）	274	200	122	116	—	—	74	未集計	2.7
上級	行政（アピール試験型）	159	130	54	47	—	—	31	未集計	4.2
上級	警察事務	29	18	10	9	—	—	5	未集計	3.6
京都府										
一類	行政A	556	351	274	260	—	—	200	98	1.8
一類	行政B	105	45	17	15	—	—	11	8	4.1
一類	行政A（10月）	39	16	10	10	—	—	4	2	4.0
公立学校職員	学校事務職員A	91	36	27	25	—	—	12	6	3.0
警察事務職員	警察事務職員A	91	52	32	31	—	—	12	10	4.3
大阪府										
大学卒程度	行政	1,896	1,657	669	425	367	311	185	非公表	9.0
大学卒程度	警察行政	323	277	187	127	82	76	41	非公表	6.8
兵庫県										
事務系職種（大卒程度・早期SPI枠）	総合事務職	1,385	1,143	159	139	—	—	60 (14)	34 (10)	19.1
事務系職種（大卒程度・通常枠）	総合事務職	639	377	296	240	126	117	90	48	4.2
事務系職種（大卒程度・通常枠）	警察事務職	66	32	22	19	15	15	10	8	3.2
事務系職種（大卒程度・通常枠）	教育事務職	67	43	39	36	31	30	25	23	1.7
事務系職種（大卒程度・通常枠）	小中学校事務職	50	38	29	28	18	18	12	10	3.2
奈良県										
Ⅰ種（行政分野A）［春実施］	総合職（行政）	553	391	160	142	—	—	58	45	6.7
Ⅰ種（行政分野A）［春実施］	警察行政職（警察行政）	61	47	22	20	—	—	7	7	6.7
Ⅰ種（行政分野B）	総合職（行政）	134	93	63	62	—	—	36	20	2.6
Ⅰ種（行政分野B）	警察行政職（警察行政）	10	9	6	6	—	—	4	3	2.3
Ⅰ種（行政分野A）［秋実施］	総合職（行政）	303	179	23	22	—	—	13	9	13.8
和歌山県										
Ⅰ種（早期募集枠）	一般行政職	389	368	80	66	—	—	20	☆11	18.4
Ⅰ種	一般行政職	250	148	124	116	—	—	91	☆49	1.6
Ⅰ種	学校事務職	20	14	12	11	—	—	4	☆2	3.5
Ⅰ種	警察事務職	27	16	13	13	—	—	6	☆5	2.7
鳥取県										
大学卒業程度	事務（キャリア総合コース）	191	132	70	65	—	—	40	☆26	3.3
大学卒業程度	事務（一般コース）	76	55	42	39	—	—	25	☆14	2.2
大学卒業程度	事務（総合分野コース）	45	36	24	24	—	—	14	☆7	2.6
大学卒業程度	警察行政	19	13	7	5	—	—	2	☆1	6.5

PART5 地方公務員試験ガイダンス

試験の区分・種類		申込者数	一次受験者数	一次合格者数	二次受験者数	二次合格者数	三次受験者数	最終合格者数	女性の内数	最終倍率
島根県										
大学卒業程度	行政B（面接重視型）	230	194	87	79	—	—	47	★	4.1
大学卒業程度	行政A	110	52	51	48	—	—	34	★	1.5
大学卒業程度	警察事務	14	10	7	7	—	—	6	★	1.7
岡山県										
県職員A（アピール型）	行政	228	177	48	43	—	—	26	☆23	6.8
県職員A	行政	360	266	228	201	—	—	97	☆59	2.7
警察行政職員A	警察行政職員A	132	91	53	46	—	—	15	☆13	6.1
広島県										
大学卒業程度	行政（一般方式）	423	342	254	221	—	—	134	非公表	2.6
大学卒業程度	行政（SPI・アピール方式）	86	56	46	36	31	31	27	非公表	2.1
大学卒業程度	小中学校事務	13	11	4	3	—	—	3	非公表	3.7
大学卒業程度	警察行政	37	30	15	14	—	—	10	非公表	3.0
山口県										
大学卒業程度（やまぐち型）	行政	440	406	126	96	—	—	57	非公表	7.1
大学卒業程度（やまぐち型）	警察行政	30	25	10	9	—	—	4	非公表	6.3
大学卒業程度	行政	190	121	109	101	—	—	69	非公表	1.8
大学卒業程度	警察行政	21	15	13	10	—	—	4	非公表	3.8
徳島県										
大学卒業程度	行政事務	320	264	120	114	—	—	80	★	3.3
大学卒業程度	学校事務	44	37	12	12	—	—	8	★	4.6
大学卒業程度	警察事務	36	31	12	11	—	—	10	★	3.1
大学卒業程度	病院事務	9	6	4	3	—	—	2	★	3.0
香川県										
大学卒業程度	一般行政事務A	257	203	100	94	—	—	67	★	3.0
大学卒業程度	一般行政事務B	64	49	30	27	—	—	6	★	8.2
大学卒業程度	学校事務	27	23	17	15	—	—	12	★	1.9
大学卒業程度	警察行政事務	39	28	17	15	—	—	8	★	3.5
愛媛県										
上級（アピール型）	行政事務	249	191	106	78	—	—	42	28	4.5
上級	行政事務	388	273	234	192	—	—	96	52	2.8
上級	学校事務	65	48	44	43	—	—	29	19	1.7
上級	警察事務	64	44	34	26	—	—	24	17	1.8
高知県										
大学卒業程度（チャレンジ型）	行政	222	146	36	30	—	—	17	☆11	8.6
大学卒業程度	行政（第一志望）	165	135	100	94	—	—	56	☆32	2.4
	（第二志望）	22	16							
大学卒業程度	警察事務（第一志望）	19	13	9	9	—	—	5	☆5	
	（第二志望）	50	43							
大学卒業程度	教育事務（第一志望）	17	15	16	12	—	—	8	☆6	
	（第二志望）	95	74							
福岡県										
Ⅰ類	行政	448	296	82	57	—	—	45	★	6.6
Ⅰ類	行政（早期採用）	77	53	30	25	—	—	13	★	4.1
Ⅰ類	教育行政	102	71	45	41	—	—	29	★	2.4
Ⅰ類	警察行政	78	50	27	26	—	—	11	★	4.5
佐賀県										
特別枠	行政	344	323	102	83	48	非公表	24	★	13.5
特別枠	教育行政	18	17	12	10	6	非公表	3	★	5.7
大学卒業程度	行政	206	136	32	28	—	—	16	★	8.5
大学卒業程度	教育行政	31	24	10	8	—	—	5	★	4.8
大学卒業程度	警察行政	27	25	10	8	—	—	5	★	5.0

試験の区分・種類		申込者数	一次受験者数	一次合格者数	二次受験者数	二次合格者数	三次受験者数	最終合格者数	女性の内数	最終倍率
長崎県										
大学卒業程度：A試験	行政A	182	140	107	93	—	—	71	35	2.0
大学卒業程度：A試験	交通局事務A	2	2	1	1	—	—	1	0	2.0
大学卒業程度：A試験	教育事務A	42	42	26	25	—	—	22	12	1.9
大学卒業程度：A試験	警察事務A	9	8	5	5	—	—	4	4	2.0
大学卒業程度：B試験	行政B	341	305	147	99	—	—	78	36	3.9
大学卒業程度：B試験	教育事務B	45	39	28	21	—	—	13	8	3.0
熊本県										
大学卒業程度	行政	408	288	223	206	138	137	113	非公表	2.5
大学卒業程度	警察行政	8	4	3	3	3	3	2	非公表	2.0
大学卒業程度	教育行政	58	43	26	26	25	24	19	非公表	2.3
大分県										
上級（先行実施枠）	行政	531	480	151	137	—	—	50	☆28	9.6
上級	行政	270	174	108	96	—	—	36	☆18	4.8
上級	教育事務	41	29	20	20	—	—	13	☆5	2.2
上級	警察事務	29	22	12	11	—	—	6	☆6	3.7
宮崎県										
大学卒業程度（春試験）	一般行政特別枠	202	154	91	82	—	—	48	★	3.2
大学卒業程度	一般行政	153	113	110	107	—	—	60	★	1.9
大学卒業程度	警察行政	15	7	7	7	—	—	6	★	1.2
鹿児島県										
大学卒業程度（先行実施枠）	行政	210	171	120	103	—	—	69	36	2.5
大学卒業程度	行政	283	227	140	128	—	—	79	40	2.9
大学卒業程度	警察事務	17	15	12	11	—	—	5	2	3.0
沖縄県										
上級	行政	697	588	194	164	—	—	143	☆67	4.1
上級	警察事務	59	47	10	8	—	—	5	☆5	9.4
札幌市										
大学の部（SPI方式）	一般事務（行政コース）	270	254	64	64	—	—	41	★	6.2
大学の部（一般方式）	一般事務（行政コース）	862	636	289	286	—	—	183	★	3.5
大学の部（一般方式）	学校事務	60	52	23	23	—	—	12	★	4.3
仙台市										
大学卒程度	事務	545	436	184	160	—	—	89	★	4.9
さいたま市										
大学卒業程度	行政事務A	803	579	387	288	—	—	186	★	3.1
大学卒業程度	行政事務B（4月採用）	255	172	137	92	—	—	50	★	3.4
大学卒業程度	行政事務B（10月採用）	88	69	46	34	—	—	16	★	4.3
大学卒業程度	学校事務	76	54	35	28	—	—	13	★	4.2
千葉市										
上級	事務（行政A）	452	359	192	190	—	—	110	未集計	3.3
上級	事務（行政B）	184	136	28	28	—	—	11	未集計	12.4
特別区										
Ⅰ類【春試験】	事務（一般事務）	7,580	6,868	6,323	4,965	—	—	3,035	★	2.3
横浜市										
大学卒程度【春実施枠】	事務	1,537	1,363	296	245	157	146	75	★	18.2
大学卒程度等	事務	1,452	1,018	729	651	491	450	224	★	4.5
大学卒程度等	学校事務	72	56	25	23	—	—	11	★	5.1
川崎市										
大学卒程度-夏実施	行政事務	1,018	654	443	424	—	—	286	☆137	2.3
大学卒程度-夏実施	学校事務	59	32	22	20	—	—	12	☆11	2.7

PART5 地方公務員試験ガイダンス

試験の区分・種類		申込者数	一次受験者数	一次合格者数	二次受験者数	二次合格者数	三次受験者数	最終合格者数	女性の内数	最終倍率
相模原市										
大学卒業程度	行政	513	361	260	247	163	151	93	40	3.9
大学卒業程度	学校事務	49	37	12	11	—	—	5（1）	3	7.4
新潟市										
大学卒業程度	一般行政A	163	123	95	86	68	68	40	★	3.1
大学卒業程度	一般行政B	318	296	208	180	92	90	30	★	9.9
静岡市										
大学卒程度	事務（A）	385	308	175	157	—	—	111	★	2.8
大学卒程度	事務（B）	23	16	6	5	—	—	4	★	4.0
大学卒程度	小中学校事務	15	11	9	9	—	—	5	★	2.2
浜松市										
第Ⅰ類行政職員	事務（行政A）	195	128	68	61			50	未集計	2.6
第Ⅰ類行政職員	事務（行政B）	184	103	40	38			25	未集計	4.1
第Ⅰ類行政職員	事務（学校事務）	6	5	3	3			2	未集計	2.5
名古屋市										
春実施試験 第1類	事務（行政）	1,183	983	857	非公表			368	★	2.7
春実施試験 第1類	事務（行政）（教養型）	931	737	571	非公表			197	★	3.7
春実施試験 第1類	事務（行政）（プレゼンテーション型）	157	135	133	非公表			61	★	2.2
夏実施試験 第1類	学校事務	208	99	45	非公表			13	★	7.6
第1類（追加募集）	行政（プレゼンテーション型）	208	178	100	非公表			36	★	4.9
京都市										
上級〈京都方式〉	一般事務職（行政）	1,022	985	300	非公表	178	非公表	105	非公表	9.4
上級〈一般方式〉	一般事務職（行政）	368	310	171	非公表	—	—	89	非公表	3.5
大阪市										
事務行政（22-25）	事務行政（22-25）	2,007	974	492	427	—	—	308	★	3.2
堺市										
大学卒程度	事務	757	500	390	214	169	165	108	★	4.6
神戸市										
大学卒【適性検査方式】	総合事務	478	455	98	83	45	41	20	★	22.8
大学卒【基礎的能力・専門試験方式】	総合事務	246	196	126	118	66	55	31	★	6.3
大学卒【基礎的能力・専門試験方式】	交通事務	2	2	1	1	0	0	0	★	—
岡山市										
大学卒業程度	事務一般枠A	305	215	139	126	93	86	56	未集計	3.8
大学卒業程度	事務一般枠B	176	134	62	54	30	29	21	未集計	6.4
大学卒業程度	事務特別枠	175	147	46	44	28	26	17	未集計	8.6
広島市										
Ⅰ種	行政事務（SPI枠）	412	365	53	41	20	19	11	★	33.2
Ⅰ種	行政事務（一般枠）（法律・経済・行政）	407	316	277	265	229	221	135	★	2.3
北九州市										
上級（先行枠）	一般事務員（行政（プレゼン））	210	200	108	91	58	48	32	非公表	6.3
上級（通常枠）	一般事務員（行政Ⅰ（専門択一））	255	173	61	61	—	—	45	非公表	3.8
上級（通常枠）	一般事務員（行政Ⅰ（小論文））	107	80	30	29	—	—	23	非公表	3.5
上級（秋季枠）	一般事務員（行政（プレゼン））	84	76	39	27	15	11	10	非公表	7.6
福岡市										
上級行政事務（特別枠）	行政事務（行政（特別枠））	937	874	106	93			69	★	12.7
上級（定期採用）	行政事務（行政（一般））	623	414	110	109			69	★	6.0
上級（早期採用）	行政事務（行政（一般））	92	66	32	31			21	★	3.1
熊本市										
大学卒業程度（早期枠）	事務職	467	408	80	非公表	—	—	40	非公表	10.2
大学卒業程度	事務職	321	218	176	非公表	—	—	98	非公表	2.2
大学卒業程度	学校事務職	25	16	10	非公表	—	—	4	非公表	4.0

市役所

試験の概要

　市役所試験という場合、通常は、政令指定都市を除いた市の採用試験をさす。政令指定都市の採用試験（大卒程度）の多くは県庁（地方上級）と同日に一次試験を実施しており、共通問題の出題も多い。2025年現在、20の政令指定都市を除いた市の数は772である。

　市役所の一次試験日はまちまちで、すべての市が毎年採用試験を実施しているわけではない。また、試験日程や試験内容などが変更されることも多い。とはいえ、全国的に見ると、一次試験日により、大きく以下の3つの日程に分けられる（SPI3、SCOAなどを実施する場合は除く）。

○A日程（6月中旬～下旬実施）
　県庁所在地などの比較的大きな市が該当する。一次試験は地方上級と同日の実施であり、令和2年度までは、教養試験、専門試験とも、地方上級と共通の問題が数多く出題されていた。しかし、現在の教養試験の科目別出題数および難易度は、B・C日程と同様である。
〈教養試験〉大卒程度では、後述のStandard-Ⅰを課すところが多い。高卒～大卒程度や区分なしでは、Standard-ⅡやLogical-Ⅰが多く、Logical-Ⅱは少ない。
〈専門試験〉課される市は比較的多く、地方上級との共通問題も出題されている。
○B日程（7月中旬実施）
　C日程と並び、多くの市がこの日程で一次試験を実施している。
〈教養試験〉大卒程度の場合はStandard-Ⅰが多く、Logical-Ⅰも比較的多い。Standard-Ⅱ、Logical-Ⅱは少ない。
〈専門試験〉A日程と同様、課される市は比較的

多い。
○C日程（9月中旬～下旬実施）
　B日程と並び、多くの市が該当する。大卒程度などの区分を設けていない市も多い。
〈教養試験〉大卒程度の場合はStandard-Ⅰが多く、Standard-ⅡおよびLogical-Ⅰも比較的多い。Logical-Ⅱは少ない。
〈専門試験〉A・B日程と比べて、課される市は少ない。

　隣接する市町村が共同で一次試験を実施するケースもあり、従来は、同一県内の市は同日に一次試験を実施することが多かったが、近年は、ばらつきが大きくなっている。さらに、早期枠や特別枠を設ける自治体も増えている。複数の市を併願できる可能性が高くなっているので、最新の試験情報をチェックしよう。

試験の内容

　一次試験で教養、専門（なしの場合も多い）、二次試験以降で、論文、面接が課されるのがオーソドックスであるが、試験内容（種目）は市によって大きく異なるので、十分な注意が必要である。また、近年は、申込みの際にエントリーシートや自己紹介書、面接カードなどの提出が求められたり、録画面接が課されたりして、それらを一次選考の材料とするところが増加傾向にある。

◎教養試験（択一式）
　教養試験は、公務員としての基礎的な知識や能力を評価するもので、出題数40問、解答時間120分、全問解答というのが基本である。教養試験には、StandardとLogicalの2タイプがあり、それぞれにⅠ・Ⅱの種類がある。出題内容の詳細は、158ページも参照してほしい。

○Standard（標準タイプ）

一般知識分野20問、一般知能分野20問。時事が重視され、社会的に幅広い分野の題材（ICT、環境問題、社会保障など）が出題される。古文、哲学・文学・芸術、国語（漢字の読み、ことわざなど）は出題されない。

○Logical（知能重視タイプ）

一般知識分野13問、一般知能分野27問。一般知能分野の比重が高く、知識より論理的思考力などの知能を重視する試験である。自然科学が出題されないのが特徴である。

○職務基礎力試験（BEST）

6年度から新しく実施されている試験である。詳細は、187ページを参照のこと。

○SPI3・SCOA

近年は、教養試験の代わりに、民間企業の採用試験で使われるSPI3（能力検査）やSCOA-A（基礎能力）などを実施する自治体が増えている。SPI3は、試験会場で受検するペーパーテスト（マークシート方式）の場合は、言語能力検査（30分、40問）、非言語能力検査（40分、30問）である。SCOA-A（基礎能力）は60分、120問の試験。受験案内では「教養試験」とされていても、これらの試験が実施される場合があるので、試験時間と問題数を参考に判断してほしい。詳細は、169ページで解説する。

◎専門試験（択一式）

専門試験は、事務（行政）、電気、土木などの試験区分に関連した科目から出題される。問題のレベルは、大学の専門課程程度となっている。出題数40問、解答時間120分のタイプ以外に、50問中30問選択解答（解答時間90分）、50問中40問選択解答（解答時間120分）の科目選択タイプもある（158ページ参照）。

◎事務適性検査

職務遂行に当たって、どの程度の事務適性があるかを判定する検査である。仕事を行う際に要求される正確さ、敏しょう性、熟練度といった面を評価するために行われている。主として国家一般職（高卒程度）や地方初級などで行われているが、市役所の採用試験では、大卒程度であっても事務適性検査を課すところが見られる。なお、7年度に新設される国家一般職の教養区分で課される「課題対応能力試験」も類似の内容である。

◎論文・作文試験

教養試験や事務適性検査では測ることのできない表現力や文章力などを評価するための試験。一次試験で課されることもある。60〜90分で、800〜1,200字程度で書く形式が多い。テーマとしては、一般的なもの（たとえば、「失敗した経験から学んだこと」「チームワーク」「チャレンジ」「組織で仕事をするうえで大切なこと」「公務員の仕事の魅力とやりがい」など）と、時事問題・市の政策に関するもの（たとえば、「少子化対策」「地球環境問題」「SDGsに根ざした政策」「AIの活用」「○○市の問題点とその解決方法」「○○市の未来像」など）が多く出題されている。

◎人物試験

人物試験は、一般に面接試験と呼ばれる。受験者の人間的内面を評価するのが目的。個別面接、集団面接、集団討論などの形式がある。個別面接は、受験者1人に対し試験官3人で15分程度行われることが多い。主に志望動機や自己PRなどが問われ、プレゼンテーションが課されるケースも増えている。集団面接は、1グループ5〜8人程度の受験者が同時に面接を受けるもので、市役所試験では比較的多い。集団討論は、与えられたテーマに基づいて6〜10人のグループでディスカッションを行う。グループにおける問題解決能力、協調性、役割遂行度、リーダーシップなどが評価される。ほぼすべての市が個別面接を行うが、近年では、人物重視の採用方針により、個別面接を複数回実施したり、複数の種類の面接を組み合わせて課すところが多い。

市役所の教養試験（120分、40問）は、さらに4種類に分かれる

受験案内に Standard-I などと明記されていることはまれである。見分ける目安は、大卒程度で自然科学が出題される場合は Standard-I 、されない場合は Logical-I と覚えておこう。

	大卒程度	高卒～大卒程度
時事が重視され、社会的に幅広い分野 [知能分野20問、知識分野20問]	Standard-I	Standard-II
知能分野が多く、自然科学の出題がない [知能分野27問、知識分野13問]	Logical-I	Logical-II

市役所の教養試験は、このほかに職務基礎力試験（BEST）があり、四肢択一式（60分、60問）である。レベルはこの中では最も易しい。詳しくは187ページを参照のこと。

教養試験を深掘り！

例年の科目別出題数は以下のとおり。

科目別出題数の例

	Standard-I	Logical-I	
社　会	5	5	時事が多い
法　律	1	2	
政　治	1	0	科目別の出題数は、年度により異なる。1科目1～2問の場合が多い。
経　済	2	2	
地　理	2	1	
日本史	1	2	
世界史	2	1	
数　学	1		
物　理	1		
化　学	1	自然科学の出題はない	
生　物	2		
地　学	1		
文章理解 （英文）	3	4	出題数が多い！
文章理解 （現代文）	3	5	
判断推理	8	10	出題数が多い！
数的推理	4	5	
資料解釈	2	3	
合　計	**40**	**40**	

専門試験を深掘り！

専門試験の出題分野（科目）を確認しよう。

科目選択タイプの出題分野（科目）

	必須解答 タイプ	科目選択タイプ （6分野）	科目選択タイプ （8分野）
憲　法	5	5	5
行政法	6	5	5
民　法	5	5	5
経済理論	10 （経済学）	5	5
経済政策・ 経済事情		5	5
財政学・ 金融論	3 （財政学）	5	5
社会政策	3	5	5
政治学・ 行政学	4	5	5
国際関係	4	5	5
社会学・ 教育学	0	5	5
合　計	**40**	**30／50**	**40／50**

選択解答制の場合は、問題を選択するのではなく分野（科目）を選択するので、受験者は選択した分野（科目）の5問すべてに解答する必要がある。

市役所［中核市］ 事務系試験データ

　この表は、6年度の受験案内および各市役所へのアンケート結果をもとに作成したものである。中核市（62市。2025年3月現在）のみを掲載している。各市において、大卒事務系の代表的な区分の概要を掲載した。色文字は過去の情報。試験構成は、当初予定を変更して実施されている場合もあるため、受験案内の記載とは一致しないことがある。適性検査（性格検査）、資格加点、体力検査、身体検査、健康診断などは省略した。年齢上限は試験実施翌年の4月1日現在のもの。①〜④は、それぞれ一次〜四次で実施の意味。事務適性検査は「10分、100問、3形式」のものをさす。中核市を含めた全772市役所（政令指定都市を除く）の事務系試験データは、受験ジャーナル7年度試験対応Vol.6に掲載している。

自治体	一次試験 6年度	年齢上限	教養等	専門	事務適性検査	論（作）文	面接	集討・GW	備考
北海道函館市	5/下〜6/上	29	①SCOA	×	×	×	②	×	
北海道旭川市	書類選考、5/上〜下	30	②SPI3	×	×	×	①③	×	
青森県青森市	6/中	29	①Standard-Ⅰ	①120分、40問	×	②	②	×	
青森県八戸市	6/中	※	①Standard-Ⅰ	①120分、40問	×	②	②	②	※大学をH30年3月以降に卒業、またはR7年3月に卒業見込者
岩手県盛岡市	6/中	29	①Standard-Ⅰ	×	×	×	②	×	
秋田県秋田市	6/中	29	①Standard-Ⅰ	①120分、40問	×	②	②③	×	
山形県山形市	6/中	34	①Standard-Ⅰ	①120分、40問	×	②	②	×	
福島県福島市	6/中	30	①Standard-Ⅰ	①120分、40問	×	②	②	②	4月試験（先行実施枠〈SPI3〉）もあり
福島県郡山市	4/中〜5/中	35	①SPI3	×	×	×	②③	②	6月試験（専門）もあり
福島県いわき市	6/中	30	①Standard-Ⅰ	①120分、40問	×	②	②③	×	4月試験（SPIコース）もあり
茨城県水戸市	6/上〜中	30	①SPI3	×	×	×	②③	×	
栃木県宇都宮市	書類選考、4/下〜5/中	29	①	×	×	②	②③	×	
群馬県前橋市	6/上	29	①SPI3	×	×	×	②③	×	
群馬県高崎市	6/上	29	①60分	×	×	①	②③	×	
埼玉県川越市	8/上〜中	30	①Standard-Ⅰ	①120分、40問※	×	②	①②	×	※A区分（専門試験なし）、C区分（SPI3-GAT試験）、6月試験（10月採用）もあり
埼玉県川口市	5/上〜中	31	①120分	×	×	×	①②	×	
埼玉県越谷市	6/下〜7/上	27	①SCOA	×	×	×	②③	×	①SCOA-C。1月試験もあり
千葉県船橋市	6/中	30	①Standard-Ⅰ	①120分、40問	×	×	②③	②	②SCOA-C。一般行政B区分（SCOA）、4月試験（先行実施枠〈SPI方式〉）もあり
千葉県柏市	書類選考	26	②Standard-Ⅰ	②120分、40問	×	×	③④	×	一般事務B区分（SPI3）、8月試験（SPI3）もあり
東京都八王子市	書類選考、5/上〜中	31	①30分、21問	×	×	×	③	②	12月試験もあり
神奈川県横須賀市	書類選考	29	①SPI3	×	×	×	①②③	×	
山梨県甲府市	9/下	28	①Standard-Ⅰ	×	①	×	②	②	②面接は2回実施
長野県長野市	6/中	29	①SCOA	①120分、40問	×	①	②③	×	4月試験（チャレンジ枠〈行政C〉）もあり
長野県松本市	6/下	26	①BEST	①120分、40問	×	×	②③	×	②録画面接。B区分、11月試験、1月試験もあり
岐阜県岐阜市	6/下	29	①Standard-Ⅰ	①120分、40問	×	②	②	②	9月採用、10月試験もあり
愛知県豊橋市	4/中〜5/上	30	①Logical-Ⅱ	×	×	×	①②③	②	SPIコース区分、秋実施試験もあり
愛知県岡崎市	4/上〜中	27	②	×	×	×	③	×	①録画面接。SPIコース区分もあり

公務員試験　受験ジャーナル ◉ 8年度 No.1　**159**

自治体	一次試験 6年度	年齢上限	試験構成 教養等	専門	事務適性検査	論(作)文	面接	集討・GW	備考
愛知県一宮市	5/中〜下	28	①※	×	②	②	②③	×	※教養試験とSPI3の選択制
愛知県豊田市	4/上〜中	27	①SPI3	×	×	×	②③	③	
富山県富山市	6/中	30	①Standard-I	①120分、40問	×	①	①②	×	9月試験もあり
石川県金沢市	6/中	29	①Standard-I	①120分	×	①	②	×	4月試験（一般区分B〈SPI3〉）もあり
福井県福井市	6/中	29	①Logical-I	①120分、40問	×	×	②	②	
滋賀県大津市	7/下	28	①SPI3	×	×	×	②③④	×	
大阪府豊中市	6/上〜中	39	①SPI3	×	×	③	②③④	④	9月試験もあり
大阪府吹田市	6/上〜下	25	①SPI3	×	×	×	③	②	事務（26-30）区分もあり
大阪府高槻市	6/中〜下	30	①SCOA	×	×	×	②③④	③	①SCOA-C。10月採用、9〜10月試験もあり
大阪府枚方市	7/下〜下	59	③SCOA※	×	×	③	②③	×	※二次試験後三次までに受検。①録画面接。大学卒区分もあり
大阪府八尾市	5/中	24	②SCOA	×	×	×	①②③	×	B区分、10月試験もあり
大阪府寝屋川市	5/中〜下	25	×	×	×	×	④	×	①録画面接。②個別面談。③ディベート。10月試験もあり
大阪府東大阪市	6/中〜下	24	①SCOA	×	×	×	②③	③	①録画面接。②SCOA-C
兵庫県姫路市	6/中	25	①Standard-I	①120分	×	②	②③	×	10月採用（教養試験〈60分〉）、7月試験（専門試験なし）、9月試験（専門試験なし）もあり
兵庫県尼崎市	6/下〜7/上	35	①SPI3	×	×	×	②③	②	一次前に録画面接あり。既卒区分もあり
兵庫県明石市	書類選考、6/上〜上	28	②SCOA※	×※	×	×	①②③	②※	※SCOA＋集団討論または公務員専門試験を選択。10月試験もあり
兵庫県西宮市	6/下〜7/上	28	①SCOA	×	×	×	②	②	
奈良県奈良市	書類選考、〜4/上	27	①SPI3	×	×	×	②	×	①口述試験
和歌山県和歌山市	6/中	35	①120分	①120分	×	②	②	×	2型区分（SCOA）もあり
鳥取県鳥取市	6/中	29	①Standard-I	×	①	②	②	×	②自己アピール審査
島根県松江市	6/中	26	①Standard-I	×	×	②	①②	×	①文章要約試験。4〜5月試験（SPI3）もあり
岡山県倉敷市	6/中	29	①120分	①120分	×	×	②③	②	10月採用（SPI3）、B区分（SPI3）もあり
広島県呉市	6/中	34	①	①120分	×	×	②③	×	9月試験（SCOA枠）、10月試験、1月試験もあり
広島県福山市	6/中	33	①Logical-I	①120分、40問	×	×	①②	×	1種B区分（SPI3）、12月試験（SPI3）もあり
山口県下関市	7/中	28	①Logical-I	①120分、40問	×	×	②③	×	4月試験（しものせきチャレンジ枠〈SCOA〉）もあり
香川県高松市	6/中	32	①Standard-I	①120分、40問	×	×	②③	②	
愛媛県松山市	6/上	33	①Standard-I	①120分、40問	×	×	②③	×	
高知県高知市	6/中	29	①	×	②	×	②③	②	①録画面接。8〜9月試験（大学等新卒者〈3年以内〉限定）、11月試験（特別募集）もあり
福岡県久留米市	6/中	35	①120分	①120分	×	×	①②	×	①事務能力試験（50分）。事務職B（論文）区分（SPI3）もあり
長崎県長崎市	5/上〜下	30	①SPI3	×	×	×	②③	×	1月試験もあり
長崎県佐世保市	6/中	30	①60分、120問	×	×	×	②③	×	①録画面接。4月試験（先行実施枠〈教養試験60分〉）もあり
大分県大分市	5/上〜下	27	①SCOA	②120分、40問	×	×	②③	×	
宮崎県宮崎市	6/中	28	①Standard-I	×	×	×	②③	②	①録画面接。4月試験（10月採用含〈BEST〉）もあり
鹿児島県鹿児島市	7/中	29	①Standard-I	②120分、40問	×	×	②	②	4月試験（SCOA）もあり
沖縄県那覇市	9/下	29	①Standard-I	①120分、40問	×	×	②	②	②ケース記述試験

PART5 地方公務員試験ガイダンス

6年度 市役所B日程 教養試験（Standard-Ⅰ）出題内訳

No.	科目	出題内容
1	社　会	データの収集や分析（一次データ、度数分布表、外れ値等）
2		ガザ地区（第三次中東戦争、人種・民族、ハマス、2023年の衝突等）
3		人口と世帯（東京都の転出入、合計特殊出生率、単独世帯等）
4		日本の農林水産業（食料自給率、就農者、木材、輸出額等）
5		LGBTQ（定義、LGBT理解増進法、同性婚の違憲訴訟等）
6	法　律	日本国憲法の改正（三大基本原則、憲法審査会、国民投票等）
7		内閣（内閣総理大臣の指名、文民規定、総辞職、閣議等）
8	経　済	需要曲線と供給曲線（A社の自動車の需要曲線シフトと価格）
9		GDPとGNI（家事労働、名目GDPと実質GDP、海外生産等）
10	地　理	日本の各地域の世界遺産（沖縄、九州、瀬戸内海、近畿、関東）
11	日 本 史	14〜15世紀の日本の政治（建武の新政、徳政令、応仁の乱等）
12		第二次世界大戦後の日本の外交（日ソ共同宣言、沖縄返還等）
13	世 界 史	古代から近世の帝国の拡大（漢帝国、オスマン帝国等）
14		第一次世界大戦前後の欧米諸国（ドイツ、オーストリア、ロシア等）
15	数　学	関数とグラフ（絶対値記号を含む不等式の表す領域）
16	物　理	光の屈折（凸レンズを通る光の進み方と像）
17	化　学	原子（原子と原子核、陽子と中性子、質量、イオン）（空欄補充）
18	生　物	細胞分裂（体細胞分裂、染色体、減数分裂等）
19		ヒトの体を構成する物質（水、炭水化物、脂質、無機塩類等）
20	地　学	天体の動き（北極、日本、赤道上、オーストラリア、南極）
21	文章理解	英文（要旨把握、イタリア料理におけるトマトの使用の歴史）
22		英文（要旨把握、高速道路の車線を減らすことによる渋滞対策）
23		英文（内容把握、アフリカにおける食料の入手）
24		現代文（要旨把握、社会保険と加入者のリスク）
25		現代文（要旨把握、個人が集団に属して自己同一性を保つこと）
26		現代文（空欄補充、1970年代の自動車の普及）
27	判断推理	命題（生徒が5種類の昆虫を見た経験の有無）
28		対応関係（5人が選んだアイスクリームのフレーバー）
29		位置関係（4階建てのビルに入っている4社の業種）
30		操作の手順（100枚のカードを操作した後の黒いカードの位置）
31		立体の切断（円柱の切断）
32		展開図（表面に3本の線を引いた立方体の展開図）
33		移動・回転・軌跡（直角三角形の内部の点が描く軌跡）
34		位相と経路（正五角柱上を最短経路で移動するときの経路数）
35	数的推理	商と余り（正の整数 x を15で割ったときの余り）
36		整数問題（3つの正の整数の十の位に用いられている数の和）
37		濃度（2種類の食塩水を混ぜて水を加えた後の食塩水の量）
38		旅人算（ジョギングコースを走る2人の1周にかかる時間の差）
39	資料解釈	図書館における貸出対象別の貸出冊数と開館日数（実数、数表）
40		ある製品の4社における10年間の生産量の推移（実数、グラフ）

Standard、Logicalともに40問必須解答。A・B・C日程とも科目別出題数はほぼ同じ。

社会はほとんどが時事の出題である。近年は1問目が「情報」の内容となっている（データ、情報処理、メール、デジタル化など）。

知識科目は各科目1〜2問の出題。文学・芸術、倫理などの出題はない。Logicalはさらに出題数が少ない。

文章理解は、英文と現代文がほぼ同数出題される。いずれも問題文は短めで、難易度も高くない。

判断推理の出題数が最も多い。出題テーマ・出題順ともほぼ固定されている。Logicalはさらに出題数が多い。

数的推理は4〜5問、資料解釈は2〜3問の出題。いずれも難易度は平均〜やや易。

※この出題内訳表は、受験者からの情報をもとに作成したものである。したがって、No.や出題内容が実際とは異なっている場合がある。

6年度 市役所Ｂ日程 専門試験（必須解答タイプ）出題内訳

No.	科目	出題内容
1	憲　法	プライバシー権と名誉権（個人の容ぼう等の撮影、住基ネット等）
2		信教の自由と政教分離原則（宗教法人の解散命令、政教分離規定等）
3		勤労の権利と労働基本権（社会権、労働基本権の保障、争議行為等）
4		議員の特典（地方議会議員の特典、不逮捕特権、免責特権等）
5		司法審査権の限界（審査の対象外となる事項、抽象的違憲審査等）
6	行 政 法	法規命令（委任命令と執行命令、行政手続法、裁量範囲の逸脱等）
7		行政指導（申請の取下げ、医療法に基づく病院開設中止の勧告等）
8		行政事件訴訟法における取消訴訟（裁判所による証拠の収集等）
9		行政事件訴訟法における執行停止制度（処分の効力の停止等）
10		国家賠償法（損害賠償責任の範囲、公務員に対する求償等）
11		地方公共団体（種類、権能、都道府県と市町村の関係等）
12	民　法	取得時効（事例）
13		抵当権（抵当権の効力が及ぶ範囲）
14		債務の性質（3人が共同で別荘を購入した場合に負う債務）
15		組合（3人がそれぞれ出資をして組合を結成した場合）
16		財産管理における注意義務（未成年後見人、法定相続人等）
17	経 済 学	需要の価格弾力性（空欄補充）
18		労働市場におけるシグナリング理論（資格の取得等）（空欄補充）
19		独占市場における二部料金制（空欄補充）（計算）
20		地域貿易協定（FTAとEU、ドミノ効果、締約国の経済厚生等）
21		株式と株式会社（上場、経営参加権、政策保有、金融資産等）
22		所得税率と政府支出（計算）
23		IS-LM曲線とAD曲線（グラフがシフトする要因）（空欄補充）
24		日本の物価指数（消費者物価指数、GDPデフレーター等）
25		投資の効果と資本ストックの蓄積が経済成長に与える影響（空欄補充）
26		日本銀行の金融政策（物価安定の目標、量的・質的金融緩和等）
27	財 政 学	近年の日本の税制（直間比率、租税総額の内訳、法人実効税率等）
28		ローレンツ曲線とジニ係数（2世帯の所得）（グラフ）（空欄補充）
29		地方交付税（機能、普通交付税、2022年度の不交付団体数等）
30	社会政策	日本の労働時間（時間外労働の上限規制、年次有給休暇取得率等）
31		日本の公的医療保険（医療費の自己負担割合、後期高齢者医療制度等）
32		日本の人口動向と少子化（生産年齢人口、未婚率、出生率等）
33	政 治 学	民主化（プラトン、ミヘルス、ハンチントン、民主的平和論等）
34		サルトーリの政党システム（一党優位政党制、原子化政党制等）
35	行 政 学	ウェーバーの近代官僚制（職員の採用や昇進、大部屋主義等）
36		指定都市と中核市（特別地方公共団体、人口、区の設置等）
37	国際関係	国連と安全保障（集団安全保障制度、国連軍、PKO、総会等）
38		IAEAとNPT（IAEAの目的、「核兵器国」の定義、NPTの課す義務等）
39		EUとNATO（EU拡大、イギリス、フィンランドとスウェーデン等）
40		国際社会における開発援助や人権（ODAとNGO、SDGs、条約難民等）

専門が実施される場合は、40問必須解答が多い。Ａ・Ｂ・Ｃ日程とも科目別出題数は同じ。Ａ日程では、地方上級との共通問題が確認されている。

法律系は、憲法、行政法、民法で16問の出題。刑法、労働法の出題はない。

受験案内では経済学と記載されていることが多いが、内容はミクロ経済学＋マクロ経済学。出題数が多い。

財政学では、時事的な出題も見られる。

行政系では、社会政策と国際関係の出題がやや多い。時事的な内容が含まれるため、対策本を使って準備しよう。政治学、行政学は頻出テーマからの出題がほとんど。

※この出題内訳表は、受験者からの情報をもとに作成したものである。したがって、No.や出題内容が実際とは異なっている場合がある。

PART5　地方公務員試験ガイダンス

市役所［中核市］ 実施結果 （事務系区分・6年度）

　この表は、6年度の市役所大卒程度事務系区分（基本的に新卒者が受験可能な試験）の試験実施結果をまとめたものである。中核市（62市。2025年3月現在）のみを掲載している。これ以外にも追加募集などを実施している場合がある。中核市を含めた全772市役所（政令指定都市を除く）の実施結果は、受験ジャーナル7年度試験対応Vol. 6に掲載している。

＊空欄は不明。

＊最終倍率＝一次受験者数÷最終合格者数。

＊女性の内数：★…男女別の集計は実施していない

　　　　　　　☆…任意項目として集計（例：10人の場合→☆10）。

自治体		試験の区分・種類	申込者数	一次受験者数	一次合格者数	最終合格者数	女性の内数	最終倍率
北海道函館市	大学卒以上	一般事務（10月または4月採用）	179	159	109	50	25	3.2
北海道旭川市	大学卒の部	事務（一般行政）（10月採用の場合もあり）	245	225	121	36	21	6.3
青森県青森市	大学卒業程度	事務	127	107	64	34	15	3.1
青森県八戸市	大学卒業程度	大学行政	55	49	32	21		2.3
岩手県盛岡市	大学卒程度	一般事務職	200	157	90	41	20	3.8
秋田県秋田市	大学卒業程度	行政A	97	86	65	38	★	2.3
	大学卒業程度	行政B	3	3	3	2	★	1.5
山形県山形市	上級	行政	109	85	30	20	13	4.3
	上級	行政（特別選考）	1	1	1	1	0	1.0
福島県福島市	大学卒程度	一般行政（先行実施枠）	140	131	25	7	4	18.7
	大学卒程度	一般行政A	91	78	30	15	8	5.2
福島県郡山市	テストセンター方式	一般行政（SPI）	329	298	114	23	11	13.0
	前期	一般行政（専門）	31	26	12	6	1	4.3
福島県いわき市		一般事務職（SPIコース）	104	98	31	3	1	32.7
		一般事務職（教養・専門コース）	53	50	37	16	5	3.1
茨城県水戸市	大学卒業程度	事務	333	278	106	4	非公表	69.5
栃木県宇都宮市	age22-29	一般行政	439	399	256	81		4.9
	age22-29（自己アピール）	一般行政	12	10	7	3		3.3
群馬県前橋市		事務Ⅰ	273	243	123	22	非公表	11.0
群馬県高崎市	Ⅰ種（大学卒業程度）	一般事務	435	382	199	42	非公表	9.1
	特別選抜採用	一般事務	20	20	1	1	非公表	20.0
埼玉県川越市	大学	事務A（10月採用）	38	19	5	2	1	9.5
	大学	事務B（10月採用）	6	4	1	1	0	4.0
	大学	事務C（10月採用）	21	13	4	1	1	13.0
	大学A	事務	214	59	41	21	9	2.8
	大学B	事務	57	9	5	0	0	―
	大学C	事務	133	49	25	13	5	3.8
埼玉県川口市	大学卒	事務	470	330	177	97	★	3.4
埼玉県越谷市	大学卒	事務職員	569	466	287	33	11	14.1
	大学卒	事務職員（1月）	41	32	20	11	2	2.9
千葉県船橋市	上級	一般行政（先行実施枠（SPI方式））	483	451	159	74	★	6.1
	上級	一般行政A	124	95	70	30	★	3.2
	上級	一般行政B	235	197	152	56	★	3.5

公務員試験　受験ジャーナル ◉ 8年度 No.1　**163**

自治体	試験の区分・種類		申込者数	一次受験者数	一次合格者数	最終合格者数	女性の内数	最終倍率
千葉県柏市	上級	一般事務（自己推薦）	24	24	16	6	1	4.0
	上級	一般事務A	85	85	69	21	12	4.0
	上級	一般事務B	174	132	97	27	16	4.9
	上級	一般事務C	139	139	85	5	4	27.8
東京都八王子市	大卒程度	一般行政職（A行政）（R7〜9・4月採用）	678	678	419	97	非公表	7.0
	大卒程度	一般行政職（m行政）（R7〜9・4月採用）	161	161	54	20	非公表	8.1
神奈川県横須賀市	大卒程度	事務						―
山梨県甲府市		行政事務職	147	106	58	25	★	4.2
長野県長野市	大学卒業程度	チャレンジ枠（行政C）	128	114	69	32	19	3.6
	大学卒業程度	行政A	83	65	30	10	7	6.5
長野県松本市	大学卒業程度	行政A	128	120	61	20	8	6.0
	大学卒業程度	行政B	48	45	9	2	0	22.5
	大学卒業程度	行政B（11月）	7	5	5	3	1	1.7
	大学卒業程度	行政B（1月）（1次テストセンター方式）	5					―
	大学卒業程度	行政B（1月）	8	7				―
岐阜県岐阜市	大学卒程度	事務職（9月採用）	41	31	25	9	3	3.4
	大学卒程度	事務職	182	123	104	54	34	2.3
	大学卒程度	事務職（10月）	69	48	35	4	2	12.0
愛知県豊橋市	SPIコース	事務職（春実施）	181	162	90	20	非公表	8.1
	教養コース	事務職（春実施）	254	234	82	30	非公表	7.8
		事務職（秋実施）	61	61	23	6	非公表	10.2
愛知県岡崎市	大学・短大・高専卒	一般事務（SPIコース）	230	非公表	非公表	非公表	非公表	―
	大学・短大・高専卒	一般事務（教養コース）	230	非公表	非公表	非公表	非公表	―
愛知県一宮市	大学卒・短大卒	一般事務	661	592	260	35	非公表	16.9
愛知県豊田市	Ⅰ種	行政職（事務）	652	608	429	51	非公表	11.9
富山県富山市	上級	行政（A）	112	84	36	32	17	2.6
	上級	行政（A）（9月）	46	27	6	6	3	4.5
石川県金沢市	大学卒業程度	事務（一般区分B）	194	142	28	10	7	14.2
	大学卒業程度	事務（一般区分A）	137	115	83	49	28	2.3
	大学卒業程度	事務（一般区分B）（2回目）	17	14	8	6	5	2.3
福井県福井市	大学卒業程度	事務A	88	67	48	26	非公表	2.6
滋賀県大津市	上級	事務職	544	345	211	33	20	10.5
大阪府豊中市	大学卒	事務職（希望者は10月採用の場合もあり）	1,052	971	666	40	非公表	24.3
	大学卒	事務職（9月）	316	286	87	5	非公表	57.2
大阪府吹田市	事務（22-25）	事務	675	628	314	21	★	29.9
大阪府高槻市	大学卒	事務A	773		207	21		―
	大学卒	事務C（10月採用）	80		15	3		―
	大学卒、短大卒、高校卒	事務	154		27	3		―
大阪府枚方市	大学卒	事務員	294	259	171	24	非公表	10.8
	一般枠	事務員	250	218	71	10	非公表	21.8
大阪府八尾市	大学卒業程度	事務職A	209	170	55	15	8	11.3
大阪府寝屋川市	大学卒	事務系（新卒程度枠）	331	189	118	29	非公表	6.5
	大学卒	事務系	297	199	102	21	非公表	9.5
大阪府東大阪市	上級	事務	360	270	180	25	★	10.8

PART5 地方公務員試験ガイダンス

自治体	試験の区分・種類		申込者数	一次受験者数	一次合格者数	最終合格者数	女性の内数	最終倍率
兵庫県姫路市		事務ⅠA－1	173	119	59	25	非公表	4.8
		事務ⅠA－2	230	141	70	14	非公表	10.1
		事務ⅠB	171	108	47	14	非公表	7.7
兵庫県尼崎市	A大学	事務（新卒）	131	108	99	8	★	13.5
	A大学	事務（既卒）（キャリア採用含）	150	128	116	22	★	5.8
兵庫県明石市	新卒・第2新卒、社会人経験	事務職（合格発表後～4月採用）	849	545	111	22	☆11	24.8
	新卒・第2新卒、社会人経験	事務職（合格発表後～4月採用）（10月）	496	312	56	10	☆4	31.2
兵庫県西宮市	大学卒程度	事務A	775	704	221	18	8	39.1
奈良県奈良市	大学	一般事務職	599	575	74	49	★	11.7
和歌山県和歌山市	行政職Ⅰ種	事務職（1型）	60	43	28	13	★	3.3
	行政職Ⅰ種	事務職（2型）	246	213	98	36	★	5.9
鳥取県鳥取市	大学卒業程度	一般事務A	130	111	70	37	☆22	3.0
島根県松江市	先行日程	一般事務員（22-26）	114	107	32	18	6	5.9
	前期日程	一般事務員（22-26）	94	65	32	14	4	4.6
岡山県倉敷市	大学卒	事務職C（10月採用）	53	44	24	8	★	5.5
	大学卒	事務職A	115	85	48	20	★	4.3
	大学卒	事務職B	108	83	46	15	★	5.5
広島県呉市		一般行政	85	73	55	24	非公表	3.0
		一般行政（SCOA枠）	105	75	25	5	非公表	15.0
		一般行政（2次募集）	43	31	21	8	非公表	3.9
		一般行政（3次募集）	18	16	10			—
広島県福山市	1種A	事務職	113	非公表	57	30	★	—
	1種B	事務職	94	非公表	27	11	★	—
	1種・デジタル	事務職	6	非公表	3	1	★	—
	1種B	事務職（12月）	68	非公表	12	4	★	—
山口県下関市		行政（しものせきチャレンジ枠）	82	63	34	7	★	9.0
	上級職	行政	100	54	37	16	★	3.4
香川県高松市	大学	事務	227	166	135	44	★	3.8
愛媛県松山市	上級	事務職（A）	290	236	168	65	★	3.6
	上級	事務職（自己アピール型（M））	31	24	15	7	★	3.4
高知県高知市	上級	A事務	140	114	60	22	非公表	5.2
	上級	K事務（大学等新卒者（3年以内）限定）	88	83	51	16	非公表	5.2
	上級	事務（特別募集）	180	109	44	10	非公表	10.9
福岡県久留米市	Ⅰ種	事務職A（専門）	122	92	36	18	非公表	5.1
	Ⅰ種	事務職B（論文）	155	117	26	15	非公表	7.8
長崎県長崎市	大卒程度	事務	297	280	92	42	19	6.7
	大卒程度	事務（1月）						—
長崎県佐世保市	大学	事務職（先行実施枠）	121	115	57	33	★	3.5
	大学	事務職	101	69	42	19	★	3.6
大分県大分市	Ⅰ種	事務職（障がい者を含む）	435	378	127	42	★	9.0
宮崎県宮崎市	既卒者特別枠（大卒）	一般事務（10月採用）	67	63	17	10	★	6.3
	大卒程度	一般事務Ⅰ	263	217	100	44	★	4.9
	大卒程度	一般事務Ⅱ	147	90	43	15	★	6.0
鹿児島県鹿児島市	上級職	一般事務（特別枠採用）	152	143	60	11	7	13.0
	上級職	一般事務	383	292	152	48	23	6.1
沖縄県那覇市	上級	行政職Ⅰ（行政）	304	180	68	26	★	6.9

経験者

試験の概要

　一次試験日は、大卒程度一般枠の試験と同一の自治体と、別日程の自治体がある。受験資格は、職務経験の年数が指定される試験が大半である。「職務経験が5年以上の者」というように指定される試験が多いが、その場合でも「1社で連続して5年以上」「直近の7年中5年以上」などの条件が付いていることがある。

◎試験種目

　教養、論文、面接試験が課される場合が多く、専門が課されることは少ない。

　教養試験は一般枠の試験と同等か、やや易しいレベルで、出題数が多いのは知能分野である。近年は、教養試験ではなく、SPI3、SCOA、BESTなどが課されるケースが増えている。対策としては、出題レベルに合わせて一般枠の試験向け（大卒程度用もしくは高卒程度用）の教材を使えばよい。出題数が多い一般知能分野で得点を伸ばしたい。

　論文試験は、ほとんどの試験で課される。社会人経験者の場合は、「職務経験論文（経験小論文）」が課されることが多い。民間企業等での職務経験の内容・実績などについて記述するもので、取り上げる職務経験は、大きなプロジェクトに携わったなど、特別なものでなくてもよい。「○○を成し遂げた」という実績があり、「公務員になったら××という点で貢献できる」と示すことが大切だ。

　面接試験では、志望動機、前職を辞める／辞めた理由、これまでにやってきた仕事の内容、また、それをどのように今後に活かしたいかなどは必ず聞かれる。なぜその自治体を志望するのか、これまでの経験によって何を得たか、その経験をどう活かしたいかを明確に伝えよう。

オススメBOOK
『社会人が受けられる
公務員試験
早わかりブック [年度版]』
資格試験研究会編
実務教育出版　1,650円

技術系

試験の概要

　技術系職種は、国家総合職、国家一般職をはじめ、地方上級、市役所などで採用がある。試験区分は、土木、建築、機械、電気、デジタル、化学、農業、林業、水産など、細かく分かれている。いずれの区分も、採用予定人数は多くないが、近年は全体的に受験者数が減少しており、倍率は低めで推移している。教養試験が課される場合は、行政系区分と共通のことが多い。近年は、教養試験の代わりにSPI3などが課されるケースが増えている。専門試験は、各区分の専門科目が出題される。出題範囲が広いので、公務員試験用の問題集を使って効率的に対策しよう。

オススメBOOK
『公務員試験　技術系
新スーパー過去問ゼミ』
シリーズ
資格試験研究会編
実務教育出版
2,970円〜3,300円

警察官

試験の概要

　警察官試験は、都道府県（東京都の場合は警視庁）ごとに行われる地方公務員試験である。大卒程度と高卒程度に分かれており、それぞれ「警察官Ａ」「警察官Ｂ」という区分で募集するのが一般的である。男性と女性を分けて募集しているところがほとんどであるが、警察官（女性）では大卒・高卒の区分のない自治体も見受けられる。一般の警察官試験のほかに、語学力や柔・剣道の指導力、情報処理技能といった特殊な能力を活かした職務につく警察官の採用試験も行われている。近年は、社会人経験のある人を対象とした区分の新設も増えている。大卒程度と高卒程度の採用試験を分けて実施しているところでは、大卒程度の試験は高卒者は受験不可のところが多い。年齢上限は、都道府県ごとに異なる。

　一次試験日は自治体によってまちまちだが、早いところでは４月下旬から始まる。全体としては、５月中旬と７月中旬に一次試験日が集中しており、その後も９月中旬にややまとまって、いくつかの自治体が採用試験を実施している。１年間に２回以上採用試験を実施するところも多い。試験の内容は、どの日程でも大きな違いはない。

　なお、警察官試験（男性）には「共同試験」という特殊な試験制度がある。これは各道県が警視庁など大都市圏の都府県と協力して採用試験を実施し、受験者は志望都道府県をその中から選択して併願できるという制度である。ただし、「志望できるのは第二志望までで、かつ受験地を第二志望にはできない」といった条件が付いているケースがほとんどである。

◎試験種目

　教養試験、論（作）文試験、適性検査、面接試験、体力検査などが課される。

　教養試験は、一次試験日が同じ自治体では共通の問題が出題されている。出題科目は多くの公務員試験と同様、教養試験は、一般知識分野と一般知能分野がほぼ同数で、計50問出題されるという形式が多い。全体的に地方上級よりも易しい内容となっている。なお、自治体によっては、教養試験に代えてSPI3やSCOAを実施する区分を設けているところもある。

　論（作）文試験は、ほぼすべての都道府県で課されている。試験時間は60〜120分、字数は800〜1,200字程度。警察官としての心構えや犯罪に対する意見などを問うものが多い。

　面接（口述）試験は、すべての自治体で個別面接が課される。主に二次試験で実施されるが、複数回実施したり、集団面接や集団討論を併せて実施したりするところもある。警察官の面接試験は独特の傾向があるので、特徴を踏まえてしっかり準備しておきたい。警察官試験の面接対策に特化した書籍としては、『元面接官が教える！ホントの警察官面接対策』（実務教育出版）がオススメだ。

　警察官試験では、体力検査も重要なポイントである。検査項目は、腕立て伏せ、反復横跳びなど、自治体によってさまざまだが、必ずしっかりと準備しておこう。そのほかに、柔・剣道実技が課される自治体もある。また、自治体によっては一次試験で柔・剣道や語学、情報処理等の資格取得者に一定点を加算する「資格加点」が導入されている。

オススメBOOK
『警察官試験
早わかりブック［年度版］』
資格試験研究会 編
実務教育出版
1,650円

消防官

試験の概要

　消防官は、自治体により消防士、消防吏員、消防職員などと呼ばれる。消防業務を統括するのは市町村に設置される消防本部であるため、採用試験は、基本的に市町村単位で実施される。ただし、小規模な市町村では複数の自治体が共同で一部事務組合や広域連合を組織して消防本部を置く場合が多く、採用試験も共同で実施される。例外的な存在が東京消防庁で、島しょ地域と多摩地区の稲城市を除いた東京都のほぼ全域をカバーしている。

　職務内容は消火活動、救助活動、救急活動、防火指導などで、自治体によっては消防士と救急救命士とを分けて募集する場合がある。

　試験区分は、大卒程度と高卒程度に分かれる場合が多い。職務の性質上、男女別に実施される場合がある。年齢要件は、一般行政系と同等か、やや年齢上限が高いことが多いが、低い場合もある。また、視力、聴力などについて身体要件（基準）が課されるところも多い。

　そのほか、「市内に在住」「1時間以内に通勤が可能」といった住所要件を設けているところもある。

◎試験種目

　試験の構成は、教養試験、論（作）文試験、適性試験、体力検査・身体検査、面接試験が一般的であるが、一部の自治体では専門試験も課される。

　政令指定都市の教養試験は、大部分が同日に一次試験が実施される一般行政系と共通である。出題は一般知識・一般知能分野から40～45問程度、時間は120分が平均的であるが、50問、150分という形式も見られる。詳細は133ページの地方上級の記述を参考にしてほしい。

　市町村の場合も、教養試験の内容は事務系と共通と考えてよい。市役所試験は158ページで詳しく解説している。市役所の場合は、教養試験ではなく、SPI3、SCOA、BESTなどが課される自治体が増加傾向にある。志望先の受験案内でよく確認してほしい。東京消防庁でも、一次試験で教養試験ではなくSPI3を課す区分が設けられている。

　論（作）文は試験時間60～120分、字数は800～1,200字程度という形式が一般的である。論文課題は、事務系区分とは別の場合が多く、消防の職務内容に関連したものが出題される。

　面接試験は個別面接が中心だが、集団討論などが課される場合もある。

　適性検査は全体の半数程度の市で実施されており、クレペリン検査、Y-G検査などの性格検査である場合がほとんどである。また、消防職員としての適応性を機器運用技能などの面から見る、「消防適性検査」を課す自治体もある。

　消防官試験では、体力検査を課されることが多い。検査項目は、握力、長座体前屈、反復横跳び、上体起こし、20mシャトルランなど。身体検査は、定められた基準を満たしているかがチェックされる。二次試験以降に行われる場合が多い。

オススメBOOK
『消防官試験
早わかりブック［年度版］』
資格試験研究会編
実務教育出版
1,650円

『大卒・高卒消防官
教養試験
過去問350［年度版］』
資格試験研究会編
実務教育出版
2,640円

PART5　地方公務員試験ガイダンス

SPI・SCOA試験対策ガイド

　近年、地方公務員では、通常枠（従来型）以外に早期枠・特別枠などの新設が続いている。これらの区分では、教養試験に代えて、民間企業の就活ではおなじみの「SPI3（能力検査）」や「SCOA-A（基礎能力）」が導入されていることが多い。

SPI3

　SPI3は、リクルートマネジメントソリューションズ社が作成している適性検査（総合能力試験）で、「能力検査」と「性格検査」で構成される。能力検査はさらに「非言語（計数）分野」と「言語分野」に分かれる。

　非言語分野では、数学的な知識を問う問題や論理的な思考を問う問題（推論問題など）が出題される。言語分野では、語彙に関する知識や簡単な文章理解などが出題される。

　試験会場で受検するペーパーテスト（マークシート式）の場合の能力検査（70分・70問）の内訳は、言語能力検査（30分・40問）、非言語能力検査（40分・30問）である。近年は、会場に設置されたパソコンで受検する「テストセンター方式」が増えている（解答時間は約35分）。

SCOA-A

　SCOAとはNOMA総研が作成している総合適性検査のことで、SCOA-A（基礎能力）は、計120問を60分で解く試験である。

　言語20問（文章読解、語彙・熟語・慣用句・同音）、数理25問（四則演算、方程式・不等式、数列、数的推理）、論理25問（推論、判断推理、立体・平面図形等）、常識25問（社会、理科、時事）、英語25問（発音、会話の応答、空所補充、和文英訳）の5尺度から出題される（出題数は目安）。45分・70問（3尺度）の試験もある。

　SPIやSCOAが課される試験区分は、「民間志望者でも受けやすい」「特別な対策は必要ない」試験だと説明されている場合が多い。試験自体のハードルは低いが、採用人数が少ないため、倍率が高くなる。また、短時間で多くの問題を解かなければならず、スピードと正確性が求められるため、事前の対策が重要だ。したがって、これらの区分を受験する場合に、まったく準備をせずに臨むのはNG。次ページから紹介するオススメ本を活用して、高得点をめざそう。

試験を見分けるポイント

	従来型の公務員試験	SPI3（能力検査）	SCOA-A（基礎能力）
受験案内上の名称	教養試験	SPI3、SPI3（能力検査）、適性検査、基礎能力検査、基礎能力試験など	基礎能力検査、基礎能力試験、教養試験など
試験時間・問題数など	120分・40問	70分・70問（ペーパーテストの場合）	60分・120問（5尺度の場合）
出題内容に関する記載例	知識分野（時事、社会・人文、自然に関する一般知識）、知能分野（文章理解、判断・数的推理、資料解釈に関する能力）	言語的理解力、数的処理能力、論理的思考力	言語、数理、論理、常識、英語
見分けるコツ	時事、社会、自然などの一般知識科目がある	「特別な公務員試験対策は不要」と書かれていることが多い	SCOA-Aと明記されることはほとんどない。教養試験とあっても、試験時間が60分の場合はSCOA-Aの可能性が高い

SPI本の紹介

テストセンター独自の問題も再現！
『SPI3＆テストセンター 出るとこだけ！完全対策［年度版］』
就活ネットワーク編
実務教育出版　1,430円

概要　よく出る問題のみを集めて短期攻略をめざした問題集。

オススメ理由　解答スピードを上げるための「スッキリ解くと」と、数学や国語の苦手な人でもわかりやすい「くわしく解説」という2つの解法が比較対照でき、短時間で理解度がアップする。コンパクトな分量ながら、テストセンター方式にも対応している。

多くの就活生の報告をもとに制作！
『これが本当のSPI3だ！［年度版］』
SPIノートの会編著
講談社　1,650円

概要　受検の流れ、効果的な対策、応募企業に届く報告書、SPI以外の採用テストの見分け方などを細かく解説している。

オススメ理由　「主要3方式（テストセンター・ペーパーテスト・WEBテスティング）対応」と銘打ち、3方式を「出る順」で対策できる。出題傾向を踏まえた攻略法を細かく解説しており、多くの就活生からの報告をもとにしていることから、情報の正確性・網羅性には定評がある。

SPI・SCOA本の紹介

PART5 地方公務員試験ガイダンス

似たジャンルの問題を
ひとまとめに学習！
『SCOA 出るとこだけ！完全対策[年度版]』

就活ネットワーク編
実務教育出版　1,540円

概要　「SCOA対策本が少ない」という受験者の声に応えて新登場。

オススメ理由　似たジャンルの問題をひとまとめに学習できるよう構成され、国数英社理の全科目の解説がわかりやすい。移動中にも読みやすい見開き完結方式をとっている。テストセンター方式にも対応。

従来型の試験とSPI・SCOAを
効率的に学習！
『公務員試験で出るSPI・SCOA[早わかり]問題集[年度版]』

資格試験研究会編
実務教育出版　1,760円

概要　従来型の公務員試験と「特別枠」「新方式」を併願する人、もともと民間企業志望の人の、どちらにも役立つ画期的な問題集。

オススメ理由　SPI・SCOA・従来型の市役所と地方上級の出題頻度を明記し、それぞれの出題傾向と対策、問題の解き方と最重要ポイントを凝縮してまとめている。例題と解説は見開き構成で見やすくわかりやすい。SPI・SCOAと従来型の共通点・相違点を押さえて効率良く学習できる。

誰でもできる「やりたい仕事」の見つけ方

著者 八木 仁平（やぎ じんぺい）

3か月10STEPでやりたいこと探しを終わらせる「自己理解プログラム」代表。早稲田大学卒業後すぐに独立したものの、お金以外の働く目的を見失って鬱状態に。本当にやりたいことを見つけるため、独自の「自己理解」に取り組む。その手法を発信し始めたところ、ブログは累計2,600万PV、X（旧Twitter）フォロワー数5万人超に。自己理解プログラムには全国から問合せが殺到している。最終目標は「国語・算数・理科・社会・自己理解」といわれる世界をつくること。共に実現するメンバーを募集中。主な著書に、38万部を突破した『世界一やさしい「やりたいこと」の見つけ方』、7万部を突破した『世界一やさしい「才能」の見つけ方』（いずれもKADOKAWA）がある。

第1回 やりたいことを見つけるための3本柱と2つの公式

あなたが本当にやりたいことはなんですか？

皆さんこんにちは。八木仁平です。私は「やりたいこと探し」を終えて、夢中な自分で生きるための「自己理解メソッド」を開発し、「自己理解プログラム」という形で提供しています。これから1年間、あなたが「本当にやりたい仕事」にたどり着くためのお手伝いをさせていただきます。

さて、このページを読んでいるあなたは「公務員になりたい」という思いを持っているはずです。しかし自己理解メソッドの考え方では、単に「公務員になりたい」というだけでは「本当にやりたいことにたどり着いた」とはいえません。なぜなら、それは「お金が稼ぎたい」「起業したい」のような「やりたいこと」に似た別の言葉だからです。

公務員の職種や業務内容はさまざまです。その中からあなたが「本当にやりたいこと」を明確にすれば、面接重視の傾向が高まる公務員試験において、大きな武器になります。

なぜ「やりたいこと探し」が必要なのか？

就職活動において、「やりたいこと探し」には大きなメリットがあります。それは、「やりたいこと探し」の過程で自分を徹底的に掘り下げるからです。

自分の過去の経験を深掘りすることで、自分は何が好きで、どんなことが得意で、何を大事にしているのかが明確になっていきます。それが自分の価値観や優先順位、つまり「自分はどんな人間なのか」を言語化していくことにつながるのです。

こうして「本当にやりたいこと」が定まれば、面接で「なぜ自分は公務員を選んだのか」「どうやって仕事で成果を出すのか」「どんな部署で働きたいのか」を、自信を持って伝えられるようになるはずです。

そもそも「やりたいこと」ってなんだろう？

よく「自己啓発本を何冊読んでもやりたいことがわからなかった」という言葉を耳にします。それは、そもそも「やりたいこと」という言葉の定義を曖昧にしたまま、「やりたいこと探し」をしているからです。

「やりたいこと探し」で陥りがちなのが、「やりたいこと＝運命的な出会いがある」という勘違いです。そんな奇跡や偶然に期待しているようでは、いつまでもどこかにある「理想の仕事」を追い求める、「ジョブホッパー」になってしまいます。

「やりたいこと」はイメージではありません。次の3つの要素で構成された、論理的で再現可能なものです。

やりたいことを見つけるための3本柱

やりたいことを構成する3つの要素、それは

1 好きなこと

2 得意なこと

3 大事なこと

です。自己理解メソッドでは、これを2つの公式に当てはめ、以下のように定義しています。

①好きなこと×得意なこと＝やりたいこと
②好きなこと×得意なこと×大事なこと
　＝本当にやりたいこと

公式①

多くの人は「好きなこと＝やりたいこと」と考えていますが、それだけでは「やりたいこと」の意味は曖昧なままです。「好きなこと」とは「自分の情熱がある分野」のことです。興味があって、もっと知りたくなる、問いが自然と湧いてくるものだといえます。

そして「得意なこと」とは「自然と人よりもうまくできるもの」のことです。これを「才能」と言い換えることもできます。頑張らなくても自然とできて、ストレスを感じないものです。

たとえば、ファッションに情熱を感じる人に、この公式を当てはめてみましょう。どんな人とでもストレスなく話せるなら、販売や広報といった業務が向いています。一方、ものづくりに没頭できるなら、デザイナーやパタンナーという業務が合っているでしょう。

ただし、「得意なこと」と「スキル・知識」を混同しないでください。「スキル・知識」は、英会話やプログラミングのように後天的に習得でき、特定の仕事や場面でしか活かせません。つまり、スキルや知識は「やりたいこと」を実現するための「手段」であり、必要なら「本当にやりたいこと」が見つかってから身につけてもいいわけです。逆に、スキルや知識を活用することが「目的」になってしまうと、本来あるはずの選択肢を狭め、「やりたいこと」にたどり着けなくなる可能性があります。

公式②

では、さらにもう一歩踏み込んで、先ほどの公式に「大事なこと」も含めていきます。この「大事なこと」は、一般には「価値観」と呼ばれているものです。

公式①の「好きなこと」「得意なこと」は「行動」に焦点を当てていますが、「大事なこと」は「自由に生きたい」「人に優しくしたい」といった「状態」を示しています。つまり、行動だけでなく「状態」も掛け合わせたものが「本当にやりたいこと」になるというわけです。

あなたがどれだけやりたい仕事をやっていても、大事なことが「自由に生きたい」ということなら、プライベートの時間がなければつらさを感じてしまうでしょう。逆に「仕事第一だ！」と、仕事の成果に価値を置くなら、成果を実感しづらい職場では不満を感じるかもしれません。

ここまでご紹介したように、「なぜ働くのか？」という問いには「大事なこと」を使って答えます。「どんな仕事をしたいのか？」という問いには「好きなこと」で答えます。さらに「どうやって仕事をするのか？」という問いには「得意なこと」で答えることができるわけです。

たとえば、僕の場合は「好きなこと＝自己理解」「得意なこと＝体系立てて伝える」「大事なこと＝人生に夢中になりたい、誰もがそうなってほしい」という答えが当てはまり、「人生に夢中になってほしいから、自己理解を体系立てて人に伝える」という「本当にやりたいこと」が導き出されます。

「好きなこと」「得意なこと」「大事なこと」を明確にする具体的な方法については、次回以降ご紹介していきます。全6回の連載を読み終えたころ、あなたが「本当にやりたいこと」にたどり着けるよう、僕と一緒に自分自身を掘り下げていきましょう。

ワークもライフも充実させる！
これからの公務員の仕事術

第1回
公務員ライフを続けるために必要な視点

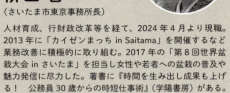

柳田 香（やなぎだ かおり）
（さいたま市東京事務所長）

人材育成、行財政改革等を経て、2024年4月より現職。2013年に「カイゼンまっち in Saitama」を開催するなど業務改善に積極的に取り組む。2017年の「第8回世界盆栽大会 in さいたま」を担当し女性や若者への盆栽の普及や魅力発信に尽力した。著書に『時間を生み出し成果も上げる！ 公務員30歳からの時短仕事術』（学陽書房）がある。

　皆さん、はじめまして。私は、短大を卒業してすぐに公務員となり、30年以上公務員ライフを続けてきました。特に新設の組織への異動が多かったため、困難な仕事に直面したことも多く、仕事と育児の両立に悩み、正直、つらいと思ったこともあります。でも、そのたびに多くの先輩や上司に支えられ、なんとか乗り切ることができました。今では、かかわっていただいたすべての人に感謝し、この仕事を続けてきて本当に良かったと思います。

　どんな仕事もそうですが、仕事は一人で完結するものではありません。不安がらずに、まずは公務員の世界へ飛び込んでみてください。若いうちは、失敗を恐れず、何事にもチャレンジしてほしいです。

　それでは、私の経験を踏まえながら、公務員ライフを続けるために必要な視点をご紹介します。

職場の雰囲気に慣れよう

　職場の雰囲気に慣れるとはいっても、すぐにはできません。毎日、出勤して、「おはようございます」の積み重ねです。1か月もすれば、自席からの風景、職場全体の雰囲気、人間関係にもなじんできて、自分自身の居場所としてしっくりくるようになるはずです。

　新人職員には、育成担当として先輩職員が配置されることが多いです。初めのうちはわからないことばかりだと思いますが、その先輩を通して職場のルール、仕事の内容を学ぶことができます。先輩職員も育成担当者として事前に入念な準備をして臨みます。このように、新人職員が職場に慣れるような仕組みができているのです。

　私が人材育成課長だった数年前のこと。4月採用の新人職員を対象とした半年後研修の際、新人職員へ「お悩みアンケート」を実施しました。そこで最も多かった悩みは、「先輩職員が忙しそうで、質問したくてもなかなか声を掛けることができない」というもので、正直驚きました。皆さん、安心してください。先輩職員は、たとえ忙しくても、新人職員からの質問にはしっかりと答えてくれます。事前に質問したいことをメモしておくと、落ち着いて尋ねることができます。先輩からの回答もしっかりメモすれば、何度も同じことを聞かなくて済みますね。

窓口や電話対応では基本的な手順を踏もう

　公務員の仕事として、窓口や電話対応は基本中の基本です。そこで、その際のコツを紹介します。

●ステップ1　正しく聴く

　窓口や電話対応では、相手が何をどうしたいのか、どのような情報を知りたいのかを把握することが大切です。その際は、スピードよりも正確性を重視しましょう。「それはお困りですね」「そうでしたか」など、時には合の手を入れながら、メモしていきます。そして、「〇〇について、〇〇したいということでよろしいでしょうか」と確認をします。

●ステップ2　正しい情報を伝える

　情報を整理して相手に正しく伝えます。自分で調べて少しでも不安なところがあれば、先輩職員に必ず確認をしておきましょう。この段階で、伝えるべき情報を確定させておくと安心です。回答する際は、ゆっくりと話します。回答内容以外にも伝えておいたほうが良い情報があれば、プラスの情報としてお伝えします。

●ステップ3　伝わったかどうかを確認する

　相手の反応を見ながら、繰り返し内容を伝えていくと、どこまで伝わったのか、表情や言葉からわかるようになります。説明する側は説明に慣れ

ていても、相手は日々異なり、伝わり方もさまざまですから、気を抜いてはいけません。

以上の3つのステップを踏めば、窓口も電話対応も怖くありません。ただ、曖昧な言葉、たとえば、「たぶん」「おそらく」「思います」といった言葉はトラブルの元になりますので、使わないよう日頃から注意しておきたいものです。

私の場合、慣れてきた頃にミスが……

私は入庁後、国民健康保険課に配属されました。窓口も電話対応もある程度こなせるようになっていた半年後のこと。当時の私は、頭の片隅で、毎日同じ内容の説明の繰り返しで、つまらないと感じていました。そして、たまたま窓口に来ていた高齢男性に対して、丁寧さを欠いた説明をしてしまったのです。「わからないから聞いているのにその態度はなんだ！」と指摘され、ハッとしました。頭の中が真っ白になりましたが、すぐに先輩職員が飛んできて一緒に謝罪してくれたおかげで大事にはなりませんでした。

その日から気持ちを引き締め、説明する内容をしっかりと理解し、わかりやすい言葉でノートにまとめ、表なども活用して丁寧に説明できるよう工夫しました。すると、「ありがとう」「よくわかりました」とお声掛けいただくことも多くなり、伝わって良かったとほっとしたものです。

慣れることも大切ですが、慣れた頃にトラブルを起こさないためには、自分に与えられた仕事に真剣に向き合い、努力を怠らないことが重要です。私は、職場が変わっても、どのような場面でも、誰に対しても、丁寧な応対を心掛けるようにしています。

趣味を続けてライフもワークも充実させよう

就職したら仕事中心の生活になり、大好きな趣味の時間がなくなってしまうのかと不安に思っている人も多いのではないでしょうか。趣味を持っているということは、とても素敵なことです。忙しい職場に配属されると、しばらくは趣味の時間を持てないこともあるかもしれませんが、基本的に自治体職員の職場は趣味を充実させやすいところが多いと思います。趣味の時間のために、今日の仕事は集中して終わらせようとか、効率的に仕事を進める工夫ができるなど、働き方にもメリハリが効くこともあります。

また、公務員は、趣味つながりで、庁内での仲間も増えていくことがあります。その仲間を通じて、活動の幅も広がります。私は、着物仲間とまち歩きや美術館巡りを楽しんでいます。皆さんも、趣味や「推し活」をぜひ続けてください！

Column　いつも笑顔でいよう

30代の頃、先輩職員に「仕事に一生懸命なのはわかるけど、いつも怖い顔しているね」と言われたことがあります。自分では、いつも笑顔でいると思っていただけに、かなりショックを受けました。当時は子育てに忙しく、常に時間に追われ、周りを気にする余裕はありませんでした。自分でもわからないうちに怖い顔つきになっていたのでしょう。本当に損をしていたなあと思います。

笑顔で元気に返事ができる人、いつも相手の目を見て笑顔で話す人は、親しみやすく感じがいいという印象を与えます。心強いアドバイスやサポートをしてくれる人も現れるなど、周りの人の気持ちもプラスに変えていきます。私は、仕事が大変なときでも、「笑顔で明るく」を心掛け、いつしか、「いつも楽しそうだね」と言われるようになりました。私がいいなあと思う人は、電話で声を聞いただけで、その人の笑顔が浮かんでくる人です。いつもよりワントーン明るい声で、口角も上げていきましょう。

教養・論文・面接の時事 第1回

PROFILE
全国各地の大学生協講座、エクスタディ、スタディング等で講師を務める。著書に『寺本康之の小論文バイブル』『寺本康之のザ・ベストハイパー』シリーズ（ともにエクシア出版）、『わが子に公務員をすすめたい親の本』『2026年度版 公務員試験 寺本康之の面接回答大全』（ともに実務教育出版）などがある。最新刊『2026年度版 公務員試験 寺本康之のプレゼンテーション大全』（実務教育出版）が好評発売中！

寺本康之

少子化社会

POINT解説

近時、少子化の進行や児童虐待相談件数の増加、不登校・ネットいじめなど、子ども・若者を取り巻く状況が深刻化している。この課題に対応するため、2023年4月に「**こどもまんなか社会**」実現の司令塔として**こども家庭庁**が設立され、同時に**こども基本法**も制定された。現在もこども家庭庁を中心に、国や地方自治体、社会全体で子どもを最優先する社会づくりが推進されている。そこで、今回は子どもを取り巻く状況や政府全体の子ども関連施策についてまとめていく。

1．子ども・若者を取り巻く環境

2023年の出生数は72万7,277人で、2年続けて80万人を下回った。厚生労働省によると、2024年の出生数は、統計を取り始めた1899年以降で最少の72万988人だったという（速報値）。日本人だけに限れば、70万人を割る公算が大きい。出生数は、第一次ベビーブーム期（1947～1949年）には約270万人、第二次ベビーブーム期（1971～1974年）には約210万人であったが、その後減少を続け、ピークの3分の1以下にまで減少している。

合計特殊出生率の推移を見ると、第一次ベビーブーム期には4.3を超えていたが、第二次ベビーブーム期には約2.1まで低下、2005年には1.26まで落ち込んだ。その後、**2015年には1.45まで回復**したものの、その後は再び低下に転じ、2023年には**1.20と過去最低**となった。

一方、安心・安全は脅かされている。2022年度における児童相談所の児童虐待相談対応件数（速報値）は、21万9,170件と過去最多、小・中学校における不登校児童生徒数や、学校におけるいじめの重大事態の発生件数も過去最多となっている。いわゆる「ネットいじめ」の件数は増加が続き、2022年度は2万3,920件と、こちらも過去最多となっているよ。**10代の死因の最多が自殺で、15歳以上の死因の半数を自殺が占めている**現状はなんとかしなければならない。

2．こども家庭庁の創設とこども基本法

2023年4月1日、「こどもまんなか社会」の実現を見据え、こども家庭庁が発足した。こども家庭庁は**内閣府の外局**として設置され、厚生労働省、内閣府が所管していた保育所（保育園）、認定こども園を一括して所管することになった。ただし、幼稚園は「学校教育法」に基づく学校なので、文部科学省が引き続き所管しているんだ。幼保一元化とまではいかなかった。

また、同日に「こども基本法」が施行された。この法律の主な目的は、**日本国憲法の理念と児童の権利に関する条約の精神を取り入れて、すべての子どもが自立した個人として成長できる社会の実現**をめざすことにある。

基本理念として、①すべての子どもの個人としての尊厳と基本的人権の尊重、②適切な養育を受ける権利の保障、③教育を受ける機会の確保、④**意見表明権の保障と社会参加の促進**、⑤意見の尊重と最善の利益の優先、⑥子どもの養育・支援における**家庭の役割の重要性**が挙げられている。

表1　こども・子育て支援加速化プラン

経済的支援の強化	児童手当の所得制限撤廃と高校生までの支給延長、第3子以降の手当月額の3万円への引上げ、支給頻度の年6回への増加（支給については12月から）。高等教育費負担軽減として、多子世帯や中間層への支援拡大、大学院の授業料後払い制度創設、2025年度からの多子世帯の大学授業料・入学金の無償化などを実施。
すべてのこども・子育て世帯への支援	0歳6か月～3歳未満の未就園児向け「こども誰でも通園制度」の創設、出産・子育て応援交付金（計10万円）の継続、保育所の職員配置基準改善（4・5歳児を30：1から25：1へ）、放課後児童クラブの拡充、児童虐待防止やひとり親家庭支援の強化（児童扶養手当の所得上限引上げ等）。
共働き・共育ての推進	男性育休取得率目標の引上げ（2030年に民間・公務員ともに85％）、育休給付の拡充（最大28日間、給付率80％へ）、中小企業への支援強化、柔軟な働き方の推進。
意識改革	こども・子育てにやさしい社会づくりのための意識改革。各施策が社会や職場で活用され、子育て世帯に届くよう意識改革を推進。

3．こども未来戦略

政府は2023年12月、「こども未来戦略」を閣議決定し、少子化対策として前例のない3.6兆円規模の政策強化を盛り込んだ。2030年代までを少子化傾向反転の最後のチャンスと位置づけ、2026年度までの3年間を集中取組期間とする「こども・子育て支援加速化プラン」を実施することになった。このプランは主に4つの柱で構成されている（前ページの表1を参照）。

財源確保については、既定予算の活用（1.5兆円程度）と歳出改革等（1.1兆円程度）に加え、「子ども・子育て支援金制度」（1.0兆円程度）を2026年度から導入し、全世代・全経済主体での支え合いを実現する。これらの施策を実現するため、2024年通常国会に法案が提出され、2024年6月に可決・成立した。

CHECK! 教養試験ではこう問われる！

□「児童手当法の一部を改正する法律」が2024年10月から施行され、児童手当の所得制限が撤廃されて、支給対象年齢も高校生年代まで延長された。

◯ ほかにも第3子以降の手当月額の3万円への引上げや支給頻度の年3回から年6回（偶数月）への変更などもある。なお、これらの変更により、2024年12月が拡充後の初回支給となった。

□合計特殊出生率の推移を見ると、第一次ベビーブーム期から現在まで、一貫して低下し続けている。

✕ 2005年に1.26まで落ち込んだ後、2015年には1.45まで回復したものの、再び低下に転じ、2023年には1.20と過去最低となった。

WRITE! 論文試験にトライ！

> **例題** 現在、出生数が減少し少子化に歯止めがかからない状況である。このような現状を踏まえ、誰もが安心して子どもを産み、育てやすい環境を整備するために、行政がなすべき取組みは何か。

まずは「このような現状を踏まえ」とある以上、現在の少子化の現状に触れるところからスタートしよう。ここでは出生数や合計特殊出生率が過去最低となっている点に触れるとよい。次に、子どもを産み、育てようと思えない原因にアプローチする必要があるね。たとえば、子育てにかかる経済的負担への不安や仕事と家庭の両立の困難さなどである。これらを解消する取組みが行政には求められる。第一の経済的支援としては、出産費用の実質無償化や児童手当の支給拡大など、出産や子育てにかかるコストの負担を軽減することが重要だ。義務教育段階での教育費負担軽減に加え、高校・大学の学費支援制度の拡充なども検討していく必要がある。第二の仕事と家庭の両立支援については、育児休業の長期取得に向けた支援や、復職後の短時間勤務制度の拡充、そしてテレワーク、フレックスタイム制の活用を促進していくとよいだろう。併せて病児保育の受入れを強化すると、いざというときにも安心して仕事に励むことができるね。このように、経済的支援と仕事と家庭の両立支援を同時に進めていくことで、若い世代が安心して子どもを産み育てられる社会の実現をめざすべきだ。

TALK! 面接回答のヒント！

少子化問題、特に「子育て支援」については毎年数多くの受験者が「挑戦してみたいこと」として回答を用意している。しかし、一般的な回答だと「またこのパターンか……」と面接官に思われてしまう可能性もあるため、オリジナルの回答を用意しておくことが大切だ。その際のテクニックとしてオススメなのが受験先特有の課題を示すこと。受験先の課題を自分事として捉えている姿勢を見せることで、意欲をアピールすることができ、説得力も高まるからだ。たとえば次のような回答が考えられる。「私は子育て支援の充実に挑戦したいと考えています。現在、0～5歳の待機児童数は減少傾向にありますが、○○市ではいわゆる『小1の壁』が新たな課題として浮き彫りになってきています。そこで、子どもたちの居場所を作るための取組みを今以上に加速させ、官民が連携して多様な受け皿を作っていく必要があると考えます」。このように答えると、受験先ならではの問題解決に挑みたいという姿勢が伝わるだろう。

メッセージ ▶ 初心を大切に、今日から合格に向けて頑張ろう！

公務員の仕事FILE ①

福島県

環境創造センター　総務企画部
企画課　副主査

大沼 沙織さん
(おおぬま　さおり)

震災の教訓を次世代へつなぎ、新しい"ふくしま"の未来を切り拓く

福島県が運営する「環境創造センター」は、2025年で開所11年目を迎える。
モニタリング、調査研究、情報収集・発信、教育・研修・交流を軸に
福島の環境回復と創造をめざす拠点だ。
福島県に化学職として採用され、現在は同センターの企画課職員として活躍する大沼さんに、
日々の業務について伺った。

Q. 福島県で働きたいと思ったきっかけは?

私の出身地は福島県南部の町で、町内に広がる美しい田園風景が子どもの頃から好きでした。高校卒業後は茨城県の大学・大学院に進学し、化学を専攻していたのですが、金属素材の研究に取り組む中で、化学の知識を活かして福島の環境保全に貢献したいと思うようになりました。

2011年3月11日、大学の卒業旅行の帰路に、千葉県内を走る列車の中で震災に遭遇しました。大好きだった福島の環境は大きく損なわれ、地元の人たちは風評被害にも苦しむことになりました。震災を経験したことで、「福島のために働きたい」という思いが一層強まり、本県の化学職を志しました。

Q. これまでどのような仕事に携わりましたか?

最初に配属された水・大気環境課では、県内の海や河川、湖沼の水質調査を2年間担当しました。2015年に「福島県環境創造センター」が開所したのに伴い、同センターの研究部に配属され、猪苗代湖の水質保全に関する研究に従事しました。環境省の調査で「水質日本一」と評価されたこともある猪苗代湖ですが、中性化が進み、水質浄化能力が低下している状態であり、その原因を探求し、水質改善につなげることが研究の目的でした。2019年からは2児の子育ての

ために5年間の育休を取得し2023年5月から復職。現在は同センター・総務企画部企画課に在籍しています。

Q.「環境創造センター」とは?

原 子力災害からの環境の回復・創造に取り組むための4つのプロジェクトを進めています。大気や土壌などに含まれる放射性物質などを継続的に測定する「モニタリング」、放射線計測や環境動態など環境回復や創造に向けた研究を行う「調査研究」、モニタリングや調査研究事業の取組み成果を一般向けにもわかりやすく伝える「情報収集・発信」、最後に、交流や学びの場を提供する「教育・研修・交流」。これらを通じ、福島の環境の回復と創造に取り組んでいます。

環境創造センターは三春町、南相馬市などに5施設を構え、日本原子力研究開発機構（JAEA）、国立環境研究所（NIES）、福島県の職員ら約300人が在籍しています。

Q. 大沼さんの業務内容は?

企 画課では、「情報収集・発信」と「教育・研究・交流」にかかわる事業を担当しています。たとえば、環境創造センターではJAEA、NIES、福島県の3機関が連携した研究の成果を発表する「成果報告会」を毎年開催しています。直近の2024年6月に開催した報告会では口頭発表11件、ポスターセッション39件を実施。その運営に携わる中で、特に重視したのは早めの広報でした。報告会には、県内外の大学や研究機関の研究者に加え、研究成果を施策に活かそうとする自治体関係者も数多く参加します。メールやSNSだけではなく、開催の1か月以上前にチラシを完成させ、約600機関に配布。広報の成果もあり、参加者数は会場とオンラインを合わせて前年度の2倍となる200人に増えました。

2024年の報告会では、「電解濃縮装置を用いた海水の極低濃度トリチウム分析」が注目を集めました。その口頭発表では、当センターが継続的な調査を行う海水中のトリチウム（放射性物質）について、従来は検出が難しかった極めて濃度が低いものも検出できる分析手法を紹介。2024年8月、福島第一原発から海へALPS処理水の排出が始まり、環境影響評価の分析ニーズが高まる中、この研究は今後のモニタリング強化に貢献すると期待されています。

Q. ほかにはどのような業務を?

環 境創造センター交流棟「コミュタン福島」でのイベントや情報発信を担当しています。「コミュタン福島」は、放射線や福島の環境の現状をわかりやすく学べる学習施設です。館内ではプロジェクションマッピングを活用し、原子力災害による自然環境への影響を直感的に理解してもらう展示を設けたり、センターの研究者のキャリアや研究内容をデジタルサイネージで紹介しています。子どもから大人まで、幅広い来館者が興味を持ちやすい展示や伝え方になるように工夫しています。

今年2月、70万人を超える来場者をお迎えいたしました。小・中・高校生の利用が比較的多く、県内小学校の利用率は約60％。震災後に生まれた世代も増える中、私たち企画課職員は県内の学校訪問を通じ、来館を促す"PR活動"を行っています。震災の教訓を次世代に伝える意義を感じながら、この仕事に取り組んでいます。

↑「コミュタン福島」の展示コーナー

↑「研究体験講座」で高校生に震災時の状況を説明している大沼さん

Q. 仕事の中で喜びや感動を味わったことはありますか?

2024年7月から8月にかけて、県内の高校生を対象に、本館と研究棟で研究体験講座を実施しました。この講座は、JAEA、NIES、福島県の3機関の研究員が講師となり、学校では扱うことがない実験機器を使って、試料の調製や測定を生徒たちに体験してもらい、得られた結果をもとに考察・発表まで行うという内容です。この取組みはセンターとして初の試みで、準備段階から携わらせてもらいました。高校の教員と研究者の間に立ち、講座内容を決定するための調整を行うことが私の役割でした。

準備段階で教員の方から出された要望は、「研究の難しさを実感できるように専門的な内容にする」ことと、「生徒自身が考察し、発表する機会を設けてほしい」というもので、その言葉からは教員の方の熱意がひしひしと伝わってきました。

その要望を研究者に伝え、専門的な内容を生徒たちにいかにわかりやすく伝えるかを一緒に話し合い、内容を固めていきました。

研究体験講座は5日間にわたり、県内3校から約100人の高校生が参加しました。生徒たちは触れたことのない実験機器に戸惑いながらも少しずつ慣れ、データサイエンスのコースでは統計解析を基礎から学び、プログラミングを用いて解析を行い仮説と解析結果をまとめ、最終的には生徒たちがパワーポイントを使って堂々とした発表を披露してくれました。正直、その理解力と成長スピードには驚かされました。講座の最後には、教員の方から「生徒たちに"わからないことがわかるようになる楽しさ"を体験させる貴重な機会になりました」とのお言葉をいただき、うれしさが込み上げてきました。来年度の研究講座は、もう少し規模を大きくして開催したいと考えています。

Q. 最後に、読者にメッセージを。

私は化学職として福島の環境回復と創造に携わることにやりがいを感じてきました。今は研究職を離れ、企画の業務が中心ですが、職場のみんなとチームで仕事を進める楽しさがあります。自分の幅を広げられる環境があることが、福島県で働く魅力の一つだと感じています。

(取材:興山英雄)

Column 仕事と育児を両立しやすい職場環境

大沼さんは2019〜2023年までの5年間にわたり育児休業を取得した。福島県では出産・子育て支援制度が充実し、育休取得率も高い。2023年度の実績では、同年に育休が取得可能となった女性職員で100%、男性職員も84.1%。

「私の場合、第1子の子育てに長くかかわりたかったので、まず3年の育休を取りました。その間に第2子を出産し、結果として計5年になりました」と話す大沼さん。5年のブランクに不安はなかったのだろうか?

「もちろん不安でした。本当に仕事モードに戻れるのかなと。でも、復帰1年目は業務量を抑えてもらい、周囲のサポートのおかげで徐々に慣れることができました。企画課はイベント業務があり、土日出勤もありますが、まだ子どもが小さいので休日出勤の数を減らしてもらうなど、制度面だけでなく、職場のサポート体制にも助けられています」

男女問わず、仕事と育児を両立しやすい職場環境がここにはある。

「人口減少に打ち勝ち 笑顔で暮らせる島根」 の実現に取り組む

高齢化・少子化により、日本人口は減少の一途にある。
特に地方では人口減少が顕著であり、対策が必須の状況だ。
島根県でもその対策に追われている。では、どのようなことを行っているのか？
政策企画監室の安田さんに、仕事内容も含めて伺った。

Q. 島根県での人口減少はどのような状況でしょうか？

本 県の人口は2024年の推計で約64万1,000人で、1955年のピーク時の約92万9,000人から、約31％の減少となっています。本県の合計特殊出生率は2023年時点で1.46と、全国順位では第6位。順位は高めでしたが、本県の出生児数も減少傾向にあります。また、死亡者数は増加傾向にあり、出生数から死亡数を引いた自然動態は、2023年10月1日から2024年9月30日までは、6,729人の減少となっています。

さらに、転入・転出に伴う社会移動では、景気動向や外国人人口の移動状況がある中で、年によって変動があるものの、2023年10月1日から2024年9月30日時点では、出生児数同様、減少傾向にあります。特に深刻なのが15歳から24歳までの転出です。これが顕著で、本県としては、人口減少を食い止める仕組みづくりを考えなくてはならない状況です。

Q. そうした中でどのようなことを行っていますか？

本 県では第2期「島根創生計画」を策定しました。これは、2025年度から2029年度にかけて行う5か年計画で、本県の施策運営の総合的・基本的な指針です。この中で本県の将来像として、「人口減少に打ち勝ち、笑顔で暮らせる島根」という目標を掲げています。具体的な目標としては、合計特殊出生率を2045年までに2.07に上げること、人口の社会移動を2040年ま

でに均衡（プラスマイナスゼロ）にすることをめざしており、さまざまな取組を行っています。

Q. 現在担当している業務について教えてください。

本県では若者の転出に歯止めをかけることを目標として、次世代を担う若者の「育成」と、本県の出身者などが再び県へ戻る「還流」を戦略的に推進するため、庁内で部局横断的に「島根を創る人づくりプロジェクト」を進めています。このプロジェクトを推進するために、各部署での人口減少対策における施策の進捗状況の確認や課題のあぶり出しに加え、新たな施策の提案などを行っています。

ここ最近の具体的な取組を例に挙げると、子どもが地元就職を決める際に大きな影響を及ぼすものの一つとして保護者からのアドバイスであることが本県の調査で判明したことから、保護者向け就活セミナーの実施や保護者が島根の暮らし・企業の情報を収集できる専用サイトを新設するなど、保護者への情報発信を強化することとしました。このように、新規施策の検討や関連施策のフォローアップを行うとともに、「足らざる取組みはないか」、「より効果的な施策はないか」といった視点に立ち、本プロジェクトを通じて施策の点検と立案に取り組んでいます。

Q. 施策とはどのようなことを指すのでしょうか？

「**島**根創生計画」には、「人口減少に打ち勝つための総合戦略」「生活を支えるサービスの充実」「安全安心な県土づくり」という政策の3本柱があります。この3本柱それぞれの中に「魅力ある農林水産業づくり」や「人材の確保・育成」といった政策があり、その各政策にさらに付随して「農業の振興」や「多様な就業の支援」といった施策があります。

また、各施策には、進捗状況を確認し、次年度以降の改善につなげるための目安となる指標（KPI）を設定しています。目標値を達成できなかったのであれば、「なぜ達成できなかったのか」、達成できた場合は「達成できた要因は何か」を関連部署と一緒に分析します。私はその調整業務も担当しており、必要であれば施策実現のために、新たな事業を提案したり、既存事業の見直しなどを提案しています。

Q. ほかに担当している業務はありますか。

「**し**まね企業EXPO」（東京・大阪）や「しまね移住フェア」（東京・大阪）といった若者との交流イベントや、若者が参加する地域活動に参加し、若者の生の声をヒアリングしています。これらの意見を参考に、新たな施策として、現在、「就活感」の薄いイベントの開催を考えています。これまでは大学1～2年生を対象とした、学生の就職活動を見据えたイベントを行っていましたが、それに参加した学生・しなかった学生それぞれにアンケートを取ったところ、「就活感が出すぎているとイベントに参加しづらい」という意見が複数ありました。そこで、今後は就活感を前面に出さない「企業と学生の緩やかなつながり」を

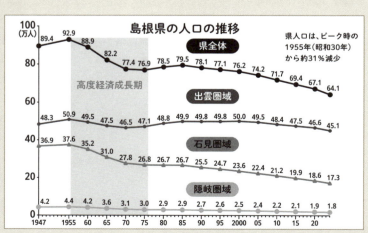

資料：「国勢調査」（総務省統計局）、2023年は「島根県人口移動調査」（島根県統計調査課）〔各年10月1日現在〕

持てるイベントを企画しようと考えています。

Q. このお仕事をしていて、うれしかったことなどは。

先日、東京都で開催した「しまね企業EXPO」にスタッフとして参加したところ、来場者の中に「しまね留学（県外に住む中学生が島根県の高校を受験・入学し、高校3年間を過ごす制度）」を活用して、高校時代を島根県で過ごした複数の大学生と話をすることができました。東京都出身でありながら、「大学卒業後は、島根県での就職を真剣に考えている」と語ってくれたことに感動を覚えましたね。また同時に、「島根県を愛し、島根県の未来を考える子ども」が育成されていることを大変うれしく思いました。

Q. 仕事をおもしろいと感じた経験はありますか。

現在の部署では、若者の生の声に耳を傾ける機会が少なくありません。そこで集約した意見を参考にしながら、新たな事業の提案や構築をしたり、既存事業の見直しを行ったりしています。目まぐるしく変化する今の時代に合った施策を切れ目なく展開できるよう、毎日さまざまな部署とディスカッションしています。「人口減少に打ち勝ち、笑顔で暮らせる島根」という県が掲げる目標の実現のための業務に携わることができることに、やりがいやおもしろさを感じています。

↑職場の方々と

Q. 最後に、読者へメッセージをお願いします。

県職員の仕事は、県民生活のさまざまな場面に密接にかかわるため、内容は多種多様です。幅広い業務を経験する中で、たくさんの人々と出会います。その縁は、きっと皆様の新たな強みを引き出し、人生を豊かにしてくれるでしょう。「島根県に残ろう、島根県に帰ろう、島根県で暮らしてみよう」という人に、島根県職員として働くことを選択肢の一つに加えていただけると幸いです。みなさまの無限の可能性を、島根で見つけてみませんか。みなさまと一緒に働けることを楽しみにしています。

（取材：武末典子）

Column　個性を活かして職場で活躍！

　最後の質問として「ご自身の個性を活かせる場はありましたか？」と聞いたところ、「あります」との答えが返ってきた。
　「私は自分自身を、ものごとをはっきり言う性格だと思っています。私は海外旅行が好きでこれまで世界40か国くらい旅をしてきました。海外は日本と違い、「言わなくても雰囲気で伝わる」ということが少ないため、自分から意見を言わないとわかってもらえません。自分の考えを伝えるために、ものごとをはっきり言うようにしていたことで、自分のそうした個性が強くなったと感じています。今の業務はさまざまなことを各部署に提案する機会がありますが、その提案をする相手がたとえ目上の人であっても、物おじせずに意見を言えるところは、仕事を進めるうえで役に立っていると感じています」と安田さん。
　海外での経験を活かして、日々島根県の人口減少対策に奮闘している。

公務員の仕事FILE 3

沖縄県
保健医療介護部
地域包括ケア推進課

森川 雅士さん(36歳)
(もりかわ まさし)

少子超高齢化の沖縄でめざす、認知症バリアフリー社会

沖縄県は平成30年に超高齢社会を迎えた。
2025年以降、75歳以上の人口が急増し、2050年まで増加が続くと予測されている。
こうした状況の中、高齢者が住み慣れた地域で安心して暮らせる社会をめざし、
支援の仕組みを整えているのが沖縄県保健医療介護部地域包括ケア推進課だ。
今年度創設されたこの部署で、認知症バリアフリー社会の実現に取り組む森川さんに、
その挑戦や葛藤、仕事にかける思いを聞いた。

Q. 所属部署の概要を教えてください。

高 齢者施策をより効果的に進めるため、令和6年度の県庁組織改編で新設された課です。沖縄県高齢者保健福祉計画の基本理念「高齢者誰もが住み慣れた地域で、生き生きと安心して暮らし、お互いに支え合う地域社会の実現」をめざし、高齢者の方が住み慣れた地域で安心して暮らせるよう、介護や福祉の充実を図り、元気に過ごしやすいまちづくりを進めています。

Q. 沖縄県が抱える高齢化の課題について教えてください。

要 介護度3や4の認定率が全国平均より高く、介護の負担が大きい状況です。沖縄の高齢者は「おじい」「おばあ」と呼ばれ、近所の人とも顔見知りで助け合うイメージが強いですが、時代の流れとともにそのつながりも薄れつつあるので、公的な支援の重要性が増しています。

県では、認知症の人が希望を持って暮らすことができるように、認知症の人自らが経験を伝える「沖縄県認知症希望大使」を2023年9月に創設しました。認知症に対する偏見をなくし、バリアフリー社会の実現に向けて一緒に取り組んでいます。

Q. 森川さんが担当されているお仕事を教えてください。

私 は2024年4月に地域包括ケア推進課に異動しました。新設されたばかりの課のため、2024年度は準備期間として調査や試験的なイベントを実施し、2025年度から本格的に活

動を開始する予定です。

担当しているのは認知症バリアフリー社会推進事業です。高齢化が進む中で認知症は身近なものになります。県民向けの認知症バリアフリーイベントや専門職を対象としたフォーラム、民間企業向けのシンポジウムの開催などを行っています。

Q. どのようなイベントを開催されたのですか?

3つのイベントの企画から開催まで携わりました。

9月に開催した県民向け認知症普及啓発イベントには、約340人の方が来場し、多くの県民が関心を寄せているのだと実感しました。イベントでは、お母様の認知症介護を10年間経験した沖縄出身の人気漫才コンビの泉さんが、介護の現実をテーマにしたコントを披露してくださったほか、認知症のご本人が登壇し、体験を語ってくださいました。笑いあり、涙ありの一日となり、認知症への理解を深める貴重な機会となりました。

12月には、医療・福祉の専門職向けフォーラムを開催し、約60人が参加しました。

そして1月には、企業向け認知症バリアフリーシンポジウムを開催しました。基調講演のほか、県内外の先進的な取組み事例を紹介しました。認知症の方にとって、電車やホテルの標識が見づらいといったハード面での課題も大きな問題です。こうした課題の解決には、企業の皆様の協力が欠かせません。シンポジウムを通じて、企業の皆様が認知症の方の抱える困難を理解し、自社の取組みに活かしていただけると期待しています。

Q. 異動されて1年目。気づいたことを教えてください。

沖縄県の少子高齢化の進行スピードの速さに驚きました。異動前から言葉は知っていましたが、実際にデータを目にすると、少子「超」高齢化といわざるをえないほどの深刻さ。今後、医療・介護の負担がさらに増し、支え手が不足す

↑1月に開催したシンポジウムのチラシ

る危機的な状況です。「このままでは沖縄の地域社会そのものが立ち行かなくなるのではないか」と強い危機感を抱きました。今、私たちが取り組んでいる地域包括ケアの推進は、大きなプレッシャーを伴う仕事ですが、それだけにやる意義の大きい、ミッションだと感じています。

Q. 多くのイベントに携わる中で、感動したことを教えてください。

9月に担当したイベントでは、アンケートに回答してくださった300人の方全員が「大変満足」または「満足」と感じてくださいました。県としては初めての大規模な認知症関連のイベントで、私も緊張していましたが、多くの方に喜んでいただけて本当にうれしかったです。「こんな機会を作ってくれて本当にありがとう」といった声が多く、みなさんのニーズを痛感せずにはいられませんでした。当日も参加者の方から直接、「家族が認知症でずっと悩んでいたけど、気持ちが楽になりました」「自分だけじゃないと思えた」などの言葉をいただきました。その瞬間、このイベントが誰かの希望につながったんだと感じ、胸が熱くなりました。

Q. 当日、会場で心に残った出来事はありますか?

イベントの最中、スタッフ用の椅子が余っていたところ、1人の高齢者の方が「こ

こに座ってもいいですか？」と話しかけてきました。隣の方と自然に雑談が始まり、その方が「県がこんな大きなイベントを開催してくれるとは思わなかった。ありがとうね」と声をかけてくれました。さらに、「自分も物忘れが増えてきて、認知症が怖くて来てみたんだ」と、不安な気持ちを正直に話してくださいました。普段はなかなか言葉にしづらい気持ちを、こうした場で誰かと共有できることの大切さを改めて実感しました。イベントが単なる情報提供の場ではなく、人と人とがつながる場になっているのだと目の当たりにして、開催してよかったと心から思いました。

Q. 「これは失敗したな……」と思ったことは？

私 が体調不良で仕事に穴を開けてしまい、上司や先輩に急きょ作業をお願いしたときには、申し訳なく思うとともに、「もっと余裕を持って進めていれば、こんなに迷惑をかけずに済んだのに……」と痛感しました。

事務手続に関しては、班長や課長、主管課のチェックがあるため、大きなミスは起こりづらいのですが、仕事ではどうしても想定外のアクシデントが起こるもの。だからこそ、余裕を持って進めなければなりませんね。

Q. 自分の特技や個性を仕事に活かすことができた経験はありますか？

高 校と大学で、陸上部の主将として、大勢の部員をまとめていました。人をまとめるにはコミュニケーションが絶対に必要です。「メールで済ませていい」と言われても、電話で話して細かなニュアンスを汲み取ったり、沖縄ならではの「ゆんたく」を大事にしたりして、会話を交えながら信頼関係を築こうと考えています。

Q. 今後の展望を教えてください。

若 い世代は「まだ関係ない」と思いがちですが、高齢化の影響は誰にでも訪れるものです。その意識を高めてもらうために、周りの仲間と胸を張って自慢できるような取組みを形にしたいと考えています。

Q. 読者にメッセージをお願いします。

沖 縄県では、人事異動を通じて幅広い経験を積めるだけでなく、海外事務所での勤務のチャンスもあります。私も日々、新しいことに挑戦しながら、沖縄の未来を支える仕事にやりがいを感じています。皆さんも、自分の力を活かして沖縄の発展に貢献してみませんか？

（取材：黒澤真紀）

Column 認知症への理解広げる場、離島にも

9月に開催したイベントには、多くの方が関心を寄せた。しかし、会場が沖縄本島南部だったため、「石垣や宮古でも開催してほしい」という声が寄せられた。「YouTubeでも配信しましたが、実際に足を運んで話を聞きたいという方が多かった。今後は、もっと多くの人が参加できる方法を考えたい」と森川さんは話す。

イベントでは、認知症の方が「自分の人生は終わりだと思ったが、そうではないと気づけた」と話した。医療の進歩により、認知症の進行を遅ら

せる薬や予防法がある。希望を持てるようになった。「認知症だからといって、できることを奪わないでほしいんです」とも。森川さんは、この言葉を強く受け止める。「認知症の方もできることがたくさんあります。周囲が一方的に制限するのではなく、選択肢を増やしてあげることが大切なんです」。

認知症になっても、自分らしく生きられる社会を作るために、これからも取組みは続く。

連載

新しい公務員試験 BEST攻略ゼミ

第1回 国内外の社会情勢への理解など

　地方公務員試験では、従来型の教養試験の代わりに、さまざまな試験が課されるようになっている。その中でも、6年度から導入された注目の新試験が**職務基礎力試験「BEST」**である。社会人経験者試験だけでなく、大卒程度の試験でもBESTが課される自治体が急増している。BESTはテストセンターでの実施にも対応しており、今後、ますます増えることが予想される。

　BESTは、職務能力試験（BEST-A）と職務適応性検査（BEST-P）の2つで構成され、セットで実施されることが多い。BEST-Pは、いわゆる性格検査であり、対策は不要である。

　BEST-Aの特徴および対策としては、以下の点を挙げることができる。

- 試験時間は60分、問題数は60問 ▶▶ 負担は軽いが、1問1分で解く必要がある
- 四肢択一式 ▶▶ 従来の教養試験に比べて正誤判断がしやすい

　受験案内にBESTという表記がなくても、「60分、60問」「職務能力試験」「職務基礎力試験」などと記載されている場合は、BESTの可能性が高い。

　小社の調査により、BEST-Aの60問の出題分野別の内訳は、おおむね以下のとおりと判明している。これらの問題が、①→②→③→①→②→③→①……というような順番で出題される。

- ①国内外の社会情勢への理解など（一般知識、時事、地方行政など）　　　　24問程度
- ②文章を正確に理解する力（国語、英語など）　　　　　　　　　　　　　　18問程度
- ③論理的に思考する力、統計などの資料を分析する力（判断推理、数的推理、資料解釈）　18問程度

　試験の内容として、受験案内に「**国内外の社会情勢への理解**」「**地方行政**」「**文章を正確に理解する力**」「**論理的に思考する力**」といった記載がある場合もBESTの可能性が高い。次ページには、公表されているBEST-Aの例題・正答を掲載した。例題を見ればわかるように、従来の教養試験と比べて明らかに問題文が短く、内容も平易である。教養試験の学習を進めていれば、特別な試験対策は必要ないだろう。

　ただし、これらを1問1分で解いていくのはなかなか大変だ。知識分野は素早く解いて、知能分野に時間をかけるのがセオリーではあるが、やはり**スピードが重要**である。出題内容を把握して、しっかりと準備を進めておきたい。今のところ、右の囲みで紹介している書籍が、唯一の対策本である。

　189ページからは、BESTの予想問題を掲載する。次回以降も予想問題を掲載していくので、ぜひ活用してほしい。

これがオススメ！
2026年度版
公務員試験
職務基礎力試験BEST
早わかり問題集

実務教育出版◎1,760円

〔例題1：国内外の社会情勢への理解〕

地方公共団体の財源は、地方公共団体が自主的に徴収できる財源である自主財源と、国などから受け取る財源である依存財源とに分けられる。地方公共団体の財源のうち、地方交付税交付金と地方税はそれぞれ、自主財源と依存財源のいずれに該当するか。

	地方交付税交付金	地方税
1	自主財源	自主財源
2	自主財源	依存財源
3	依存財源	自主財源
4	依存財源	依存財源

正答 ③

〔例題2：文章を正確に理解する力〕

次の文で述べられていることとして最も妥当なのはどれか。

I had five meetings today, and I'm completely worn out. I'm taking the day off tomorrow, but that won't be enough to get my energy back.

1　明日休暇を取るので、今日一日の疲れは十分取れるだろう。
2　明日休暇を取るが、それだけでは今日一日の疲れは取れないだろう。
3　明日休暇を取って今日一日の疲れを取りたいが、忙しくて休暇どころではない。
4　今日はさほど疲れなかったので、明日は休暇を取るのをやめて出勤するつもりだ。

正答 ②

〔例題3：論理的に思考する力〕

A～Eの5人は互いに年齢が異なっている。この5人の年齢について次のことがわかっているとき、正しく言えるものはどれか。

・Aよりも年齢が高く、Eよりも年齢が低い人は2人である。
・Bよりも年齢が低い人がいる。
・Dよりも年齢が高い人は1人である。

1　AはBよりも年齢が高い。
2　BはCよりも年齢が高い。
3　CはBよりも年齢が高い。
4　DはEよりも年齢が高い。

正答 ②

〔例題4：統計などの資料を分析する力〕

表は、日本のある年におけるA～Dの4か国との貿易額を示したものである。この表に関する次の文中のア、イに入るものがいずれも妥当なものはどれか。

・A～Dの4か国への輸出額の合計は、20兆円を　ア　。
・A～Dの4か国のうちで、日本が貿易黒字となっている国は　イ　である。

	輸出額（億円）	輸入額（億円）
A	18,502	23,246
B	14,872	29,012
C	129,282	68,148
D	16,556	49,769

	ア	イ
1	超えている	1か国
2	超えている	3か国
3	下回っている	1か国
4	下回っている	3か国

正答 ③

BEST 予想問題

No. 1

次のア〜エのうちには、地方財政の中で、国から移転される財源が2つある。それらはどれか。

ア　事業税

イ　地方交付税

ウ　都市計画税

エ　国庫支出金

1　ア、イ

2　ア、ウ

3　イ、エ

4　ウ、エ

No. 2

日本国憲法において、衆議院の優越が定められている例はどれか。

1　憲法改正の発議

2　国会議員の逮捕への許諾

3　内閣総理大臣の指名

4　緊急集会を開くこと

No. 3

中央銀行による経済政策のうち、国内における通貨の供給量を増加させるものはどれか。

1　預金準備率の引上げ

2　買いオペレーション

3　政策金利の引上げ

4　金融機関に対する貸付の抑制

No. 4

2024年に行われたアメリカ大統領選挙に関する次の記述中の空欄ア、イに入る語句の組合せとして、妥当なものはどれか。

2024年に行われた大統領選挙において、　ア　党のトランプ氏が勝利した。なお、同時に行われた連邦議会選挙において、同党は過半数の議席を　イ　。

	ア	イ
1	共和	獲得した
2	民主	獲得した
3	共和	獲得できなかった
4	民主	獲得できなかった

BEST 正答と解説

No. 1

　地方財政における収入は、地方公共団体が自ら徴収等を行う「自主財源」と、国から定められた額を交付されたり、割り当てられたりする「依存財源」に分類される。なお、依存財源には、地方債の発行による借り入れも含む。問題文の「国から移転される財源」は「依存財源」のことであり、選択肢イの「地方交付税」とエの「国庫支出金」が該当する。ちなみに、アの「事業税」やウの「都市計画税」は「自主財源」に分類され、ほかに住民税や自動車税などがある。

　以上より、正答は3である。

正答　③

No. 2

1．衆議院は、参議院と比較して議員の任期が短く、解散されることもあるため、民意を反映しやすいとされることなどから、一定の優越が認められている。衆議院にのみ認められている権限としては、内閣不信任決議権と予算の先議権がある。さらに、内閣総理大臣の指名、予算案や条約の承認、法律案の再議決についても、衆議院が優越する。一方、憲法改正の発議については、衆参両院で総議員の3分の2以上の賛成で発議されるため、両院は対等である。

2．国会の会期中、国会議員には不逮捕特権があるが、所属する院の許諾があれば逮捕される。それぞれの院が自律的に判断するため、衆議院の優越の例としては不適切である。

3．妥当である。衆議院と参議院で異なる者を内閣総理大臣に指名した場合、両院協議会を開いても一致しない場合、あるいは、衆議院の指名後、参議院が国会休会中の期間を除き10日以内に指名しない場合、衆議院の議決が国会の議決とみなされる。

4．緊急集会は、衆議院の解散中に国会の議決が必要な際に内閣によって召集される参議院の集会である。

正答　③

No. 3

1．預金準備率は、銀行の預金総額から一定割合を中央銀行に預けさせる制度である。これを引き上げた場合、通貨が中央銀行に吸収されるため、市場に供給される通貨の量は減少する。

2．妥当である。中央銀行は、保有する公債等の有価証券の売買を行っており、これは、公開市場操作と呼ばれる。買いオペレーションによって市場の有価証券を中央銀行が購入すると、中央銀行から供給される通貨の量は増加する。

3．一般に、各国の中央銀行がコントロールする金利を政策金利という。これを引き上げると、貸出や借入が行われにくくなるため、市場に供給される通貨の量は減少する。

4．中央銀行は、手形割引などを通じて金融機関に対して貸付を行うが、これが抑制されると、市場に供給される通貨の量は減少する。

正答　②

No. 4

　2024年に行われた大統領選挙において、共和党のトランプ氏が民主党のハリス氏を下して勝利した。同時に行われた連邦議会選挙の結果、上院（元老院）、下院（代議院）ともに共和党が多数を占めた。よって、　ア　には「共和」、　イ　には「獲得した」が入るため、正答は1である。

正答　①

190　公務員試験　受験ジャーナル ● 8年度 No.1

公務員試験 受験ジャーナル
定期購読のご案内

役立つ情報が満載！

『公務員試験 受験ジャーナル』の定期購読を始めませんか？

公務員試験受験者にとって必要不可欠な情報を掲載している『公務員試験受験ジャーナル』。令和8年度リニューアルしたラインアップで【令和8年度「定期購読」を受付中】です！
お届け開始は5月上旬。
順次お送りします。
「公務員試験って、どうやって情報収集すればいいの？」そんなあなたにもオススメの情報誌です♪

定期購読のメリット

- **メリット1** 定価より1,280円お得！
- **メリット2** 最新号が発売日頃に自宅に届く
- **メリット3** 送料はもちろん無料！
- **メリット4** 『受験ジャーナル［精選］合格体験記～先輩はこうして合格した』（小冊子・非売品）を全員にプレゼント！

- ●お届け冊数　：8冊（受験ジャーナルNo.1～6／「国立大学法人等職員採用試験攻略ブック」「市役所試験徹底攻略ブック」）
- ●定期購読料金　：15,000円（税込）
- ●お届け開始予定：5月上旬～順次
- ●特典　：先着20人限定！『わが子に公務員をすすめたい親の本』（寺本康之 著）もプレゼント

公務員試験情報をお寄せください！

情報内容の程度により、謝礼（文房具、図書カードなど）を進呈いたします。
事務系・技術系を問いません。ご記憶の範囲でけっこうです。

合格体験記　執筆者募集！

試験に合格されましたら、ぜひ合格体験記をお寄せください。
合格記念品を進呈いたします。
受験した試験名・職種・区分の合格・不合格、決定採用先を明記のうえ、juken-j@jitsumu.co.jp
までメールをお送りください。

公務員試験 受験ジャーナル　　年間発行予定（8年度）

8年度試験に向けた「公務員試験　受験ジャーナル」は、定期号6冊（8年度No.1～6〈隔月刊〉）、別冊2冊を発行します。
年間の発行予定は下表をご覧ください（記事の内容等は変更する場合があります。2025年4月2日現在）。

	発売予定	内容予定
公務員試験 受験ジャーナル 8年度No.1 学習スタートブック 定価1,980円（本体1,800円）	2025年 5月1日	PART1　公務員試験入門講座 PAPT2　合格への最短ルート！ PART3　科目別合格勉強法＆オススメ本 PART4　国家公務員試験ガイダンス　　　PART5　地方公務員試験ガイダンス 連載　公務員の仕事FILE、合格体験記　など
公務員試験 受験ジャーナル 8年度No.2 仕事研究ブック 定価1,980円（本体1,800円）	2025年 7月1日	公務員の仕事とは PART1　地方公務員の仕事と部署 PART2　国家公務員の仕事と官庁情報 PART3　スペシャリストの仕事 連載　公務員の仕事FILE、合格体験記、地方上級必携データ　など
公務員試験 受験ジャーナル 8年度No.3 主要5科目強化ブック 定価1,980円（本体1,800円）	2025年 9月1日	PART1　合格へのセオリーと主要科目学習法 PART2　判断推理・数的推理　徹底強化ゼミ PART3　憲法、行政法、民法　徹底強化ゼミ PART4　経済学　徹底強化ゼミ　スペシャル企画　SPI&SCOA速攻対策 連載　公務員の仕事FILE、合格体験記、地方上級必携データ　など
公務員試験 受験ジャーナル 8年度No.4 出題予想ブック 定価1,980円（本体1,800円）	2025年 11月1日	PART1　教養試験　徹底分析からの大胆出題予想 PART2　専門試験　徹底分析からの大胆出題予想 PART3　論文試験　絶対出るテーマと合格答案 PART4　今から始める面接準備　　　PART5　官庁訪問採用データ 連載　公務員の仕事FILE、合格体験記、地方上級必携データ　など
公務員試験 受験ジャーナル 8年度No.5 直前対策ブック 定価1,980円（本体1,800円）	2026年 1月1日	PART1　ニュースカレンダー＆試験に出る定番データ PART2　最新白書　早わかり解説＆要点チェック PART3　今年出る時事予想問題　　PART4　教養試験の「出る文」チェック PART5　専門試験の「出る文」チェック　PART6　知能科目タイムトライアル 連載　公務員の仕事FILE、合格体験記、地方上級必携データ　など
公務員試験 受験ジャーナル 8年度No.6 面接完全攻略ブック 定価1,980円（本体1,800円）	2026年 3月1日	PART1　個別面接シミュレーション　　PART2　面接対策直前講義 PART3　面接カードのまとめ方　　　　PART4　合格者の面接再現＆体験記 PART5　典型質問と模範回答　　　　　PART6　個別面接データバンク PART7　集団討論・グループワーク　　PART8　官庁訪問 連載　公務員の仕事FILE、合格体験記　など

別　冊	発売予定	内容予定
8年度 国立大学法人等職員　採用試験攻略ブック 定価2,200円（本体2,000円）	2025年 12月15日	PART1　「これが私の仕事です」　　　PART2　こんな試験が行われる！ PART3　過去問を解いてみよう！　　　PART4　8年度予想問題
8年度 市役所試験　徹底攻略ブック 定価2,200円（本体2,000円）	2026年 3月15日	PART1　市役所の仕事　　　　　　　　PART2　最新試験情報 PART3　復元問題と解説　　　　　　　PART4　8年度予想問題 PART5　事務系試験早見表　　　　　　PART6　実施結果

公務員試験 受験ジャーナル
8年度 No.1　学習スタートブック

2025年5月1日　初版第1刷発行
第51巻8号　通巻第686号

編集人／加藤幸彦
　　【編集】川辺知里／田村初穂／笹原奈津子／谷本優子
発行人／淺井　亨
発行所／株式会社　実務教育出版
　　〒163-8671　東京都新宿区新宿1-1-12
印刷・製本／TOPPANクロレ株式会社
編集協力／アスラン編集スタジオ／ヒャクミリデザイン／
　　　　　南貴之（4U design）／明昌堂／Isshiki
表紙デザイン／KOGUMA OFFICE（鳴田小夜子）
表紙イラスト／中島花野

《問合せ先》
●編集（記事内容について）
　FAX.03-5369-2237
　TEL.03-3355-1813
　E-mail　juken-j@jitsumu.co.jp
　※原則として、メール、FAXでお願いします。

●販売（当社出版物について）
　TEL.03-3355-1951
　※万一、乱丁、落丁などの不良品がありましたら、上記までお問い合わせください。

©JITSUMUKYOIKU-SHUPPAN 2025　本誌掲載記事の無断転載および複製を禁じます。

【個人情報の取り扱いについて】本誌で募集している合格体験記、試験情報等により、皆様からご提供いただきました個人情報は、企画の参考にさせていただきますとともに、個人情報保護法など関連法規を遵守し、厳重に管理・使用いたします。小社個人情報の取り扱い方針は実務教育出版ホームページをご覧ください。

実務教育出版

公務員受験 BOOKS ご購入方法

本誌に掲載されております小社発行の書籍および『受験ジャーナル』は、全国の書店でご購入いただけます。書店品切れの場合は、店頭にてお取り寄せください。また、インターネット書店やお電話でご注文いただくこともできます。詳細は下記をご参照ください。

インターネット書店でご注文の場合

主要なインターネット書店のホームページは以下の通りです。在庫状況ならびにご注文方法・お支払い方法等は各店により異なりますので、それぞれのホームページにてご確認ください。

アマゾン	https://www.amazon.co.jp
楽天ブックス	https://books.rakuten.co.jp
セブンネットショッピング	https://7net.omni7.jp
e-hon	https://www.e-hon.ne.jp
Honya Club	https://www.honyaclub.com

お電話でご注文の場合

ブックサービス	TEL.0120-29-9625（フリーダイヤル）

公務員受験BOOKSのご案内

2025年3月現在

公務員受験者必読の定番書籍です！

受験ジャーナル

受験ジャーナル編集部編

受験ジャーナル　8年度　No.1
学習スタートブック
●定価：1,980円

7年度試験対応
公務員の仕事入門ブック
●定価：1,760円

7年度
国立大学法人等職員採用試験攻略ブック
●定価：2,200円

7年度　公務員試験
直前対策ブック
●定価：1,870円

7年度　公務員試験
面接完全攻略ブック
●定価：1,870円

7年度　公務員試験
直前予想問題
●定価：1,870円

I

公務員受験BOOKSのご案内

2025年3月現在

基礎固めから実戦演習まで、ここを押さえれば試験で差がつく！

基本書

公務員試験
最初でつまずかない数的推理
佐々木淳著●定価：1,870円

公務員試験
最初でつまずかない行政法
吉田としひろ著●定価：1,870円

公務員試験
最初でつまずかない民法Ⅰ [改訂版]
鶴田秀樹著●定価：2,200円

公務員試験
最初でつまずかない民法Ⅱ [改訂版]
鶴田秀樹著●定価：2,200円

公務員試験
最初でつまずかない経済学 ミクロ編 [改訂版]
村尾英俊著●定価：2,200円

公務員試験
最初でつまずかない経済学 マクロ編 [改訂版]
村尾英俊著●定価：2,200円

上・中級公務員試験
一問一答 スピード攻略 社会科学
資格試験研究会編●定価：1,430円

上・中級公務員試験
一問一答 スピード攻略 人文科学
資格試験研究会編●定価：1,430円

公務員試験
文章理解 すぐ解ける〈直感ルール〉ブック [改訂版]
瀧口雅仁著●定価：1,980円

公務員試験
無敵の文章理解メソッド
鈴木鋭智著●定価：1,540円

令和7年度試験完全対応 公務員試験
速攻の時事
資格試験研究会編●定価：1,320円

令和7年度試験完全対応 公務員試験
速攻の時事 実戦トレーニング編
資格試験研究会編●定価：1,210円

公務員試験
速攻の自然科学
資格試験研究会編●定価：1,320円

公務員試験
速攻の英語
資格試験研究会編●定価：1,320円

2026年度版 地方公務員
寺本康之の超約ゼミ ここだけ！時事&知識分野
寺本康之・中條将汰 著●定価：1,430円

上・中級公務員
一般知識まるごとチェック！ [改訂版]
資格試験研究会編●定価：1,320円

上・中級公務員
一般知識まるごとクエスチョン [改訂版]
資格試験研究会編●定価：1,320円

公務員試験
法律5科目 まるごとエッセンス [改訂第4版]
九条正臣著●定価：1,430円

公務員試験
行政5科目 まるごとパスワード neo 2
高瀬淳一著●定価：1,430円

公務員試験
行政5科目 まるごとインストール neo 2
高瀬淳一著●定価：1,430円

算数・数学を忘れている受験者でも取り組めるザセツ知らずの親切問題集！

公務員試験
判断推理がわかる！新・解法の玉手箱
資格試験研究会編●定価：1,760円

公務員試験
数的推理がわかる！新・解法の玉手箱
資格試験研究会編●定価：1,760円

一般知識分野を効率的に学習するための要点整理集！

上・中級公務員試験
新・光速マスターシリーズ
資格試験研究会編●定価：各1,320円

社会科学 [改訂第2版]
[政治／経済／社会]

人文科学 [改訂第2版]
[日本史／世界史／地理／思想／文学・芸術]

自然科学 [改訂第2版]
[物理／化学／生物／地学／数学]

https://www.jitsumu.co.jp/

公務員のガイドから、論文・面接・官庁訪問対策まで！

ガイド・他

2026年度版 公務員試験 現職人事が書いた
「公務員になりたい人へ」の本
大賀英徳編著●定価：1,540円

公務員試験 現職人事が書いた
「自己PR・志望動機・提出書類」の本
大賀英徳著●定価：1,430円

公務員試験 現職人事が書いた
「面接試験・官庁訪問」の本
大賀英徳著●定価：1,540円

2026年度版 公務員試験
独学で合格する人の勉強法
鶴田秀樹編著●定価：1,650円

2026年度版 地方上級・国家一般職[大卒]・市役所上・中級
論文試験 頻出テーマのまとめ方
吉岡友治著●定価：1,760円

公務員試験 論文・面接で問われる
行政課題・政策論のポイント
高瀬淳一編著●定価：1,650円

公務員試験
無敵の論文メソッド
鈴木鋭智著●定価：1,320円

2026年度版 公務員試験
採点官はココで決める！合格論文術
春日文生著●定価：1,540円

2026年度版 公務員試験
採点官はココで決める！合格面接術
春日文生著●定価：1,540円

2026年度版 公務員試験 採点官はココで決める！
社会人・経験者の合格論文＆面接術
春日文生著●定価：1,870円

大事なことだけ シンプル面接術
後藤和也著●定価：1,430円

2026年度版 公務員試験
寺本康之の面接回答大全
寺本康之著●定価：1,650円

2026年度版 公務員試験
寺本康之のプレゼンテーション大全
寺本康之著●定価：1,650円

わが子に公務員をすすめたい親の本
就活生の親がやるべきこと、やってはいけないこと
寺本康之著●定価：1,430円

公務員面接を勝ち抜く力
小紫雅史著●定価：1,320円

厳選1000問をeラーニングで完全マスター！

eラーニング【公務員試験】
大卒[教養]過去問1000

eラーニング【公務員試験】
大卒[専門]過去問1000

「過去問1000」は、スマートフォン・タブレット・PCなどで、いつでもどこでも学習できるeラーニングシステムです！

■利用期間：お申込日から1年間有効
■定価：各5,500円（税込）

詳細はこちら

公務員受験 BOOKS 取扱い書店一覧

公務員受験BOOKSは、掲載書店以外の書店・大学生協でも取扱っております。
書店で品切れの場合は、店頭での注文により、取り寄せることができます。

●北海道	紀伊國屋書店（札幌本店・厚別店）／MARUZEN&ジュンク堂書店札幌店／三省堂書店札幌店／コーチャンフォー（美しが丘店・ミュンヘン大橋店・新川通り店・釧路店・旭川店・北見店）／喜久屋書店小樽店／函館蔦屋書店／ジュンク堂書店旭川店／リリァブルブックス運動公園通り店／くまざわ書店アリオ札幌店／江別 蔦屋書店
●青森県	宮脇書店青森本店／成田本店しんまち店
●秋田県	ジュンク堂書店秋田店／未来屋書店秋田店／宮脇書店秋田本店／スーパーブックス八橋店
●岩手県	さわや書店フェザン店／ジュンク堂書店盛岡店／エムズ エクスポ盛岡店／東山堂イオンモール盛岡南店／MORIOKA TSUTAYA
●山形県	八文字屋（本店・北店・鶴岡店）／ヤマト屋書店（寿町本店・堀川町店）／戸田書店（三川店・山形店）／TENDO八文字屋
●宮城県	八文字屋（泉店・セルバ店）／紀伊國屋書店仙台店／丸善書店仙台アエル店／あゆみBOOKS仙台一番町店／ヤマト屋書店（仙台三越店・東仙台店）／未来屋書店名取店／くまざわ書店エスパル仙台店／蔦屋書店イオンタウン泉大沢店
●福島県	岩瀬書店（福島駅西口店・富久山店）／鹿島ブックセンター／ヤマニ書房本店／みどり書房（イオンタウン店・桑野店・福島南店）／ジュンク堂書店郡山店／くまざわ書店エスパル会津若松店
●茨城県	ACADEMIAイーアスつくば店／コーチャンフォーつくば店／川又書店（県庁店・エクセル店）／WonderGOOつくば店／未来屋書店（水戸内原店・土浦店・つくば店）／蔦屋書店（ひたちなか店・守谷店）／ブックエース茨大前店／くまざわ書店取手店／リブロトナリエキュートつくば店
●栃木県	落合書店（イトーヨーカドー店・宝木店・トナリエ店）／うさぎや（自治医大店・栃木城内店）／くまざわ書店（宇都宮インターパーク店・宇都宮店）／TSUTAYA小山ロブレ店・ビッグワンTSUTAYA（佐野店・さくら店）
●群馬県	戸田書店高崎店／ブックマンズアカデミー（高崎店・太田店）／喜久屋書店太田店／紀伊國屋書店前橋店／くまざわ書店高崎店／蔦屋書店前橋みなみモール店／未来屋書店高崎店
●埼玉県	須原屋（本店・コルソ店・武蔵浦和店・川口前川店）／三省堂書店大宮店／ジュンク堂書店大宮高島屋店（川越店・さいたま新都心店・浦和パルコ店）／東京旭屋書店（新越谷店・志木店・イオンモール浦和美園店）／ブックファーストルミネ川越店／ブックデポ書楽／くまざわ書店（アズセカンド店・宮原店）／蔦屋書店フォレオ菖蒲店／ACADEMIA蔦屋店／文教堂書店川口駅店／未来屋書店レイクタウン店／明文堂書店TSUTAYA戸田／TSUTAYAレイクタウン店／丸善書店桶川店／リブロ（ららぽーと富士見店・ララガーデン春日部店）／ツタヤブックストアグランエミオ所沢
●千葉県	三省堂書店（千葉そごう店・カルチャーステーション千葉店）／東京旭屋書店船橋店／丸善書店津田沼店／堀江良文堂書店松戸店／くまざわ書店（松戸店・ペリエ千葉本店・柏高島屋店）／紀伊國屋書店（流山おおたかの森店・セブンパークアリオ柏店）／喜久屋書店（千葉ニュータウン店・松戸店）／未来屋書店イオン成田店／精文館書店（木更津店・市原五井店）／蔦屋書店（幕張新都心店・茂原店）／ジュンク堂書店南船橋店／丸善ユニモちはら台店／ツタヤブックストアテラスモール松戸／有隣堂ニッケコルトンプラザ店
●神奈川県	有隣堂（横浜駅西口店・ルミネ横浜店・戸塚モディ店・本店・藤沢店・厚木店・たまプラーザテラス店・新百合ヶ丘エルミロード店・ミウィ橋本店・テラスモール湘南店・ららぽーと海老名店・ららぽーと湘南平塚店・キュービックプラザ新横浜店）／三省堂書店海老名店／文教堂書店（溝ノ口本店・横須賀MORE'S店）／八重洲B.C京急上大岡店／ブックファースト（青葉台店・ボーノ相模大野店）／紀伊國屋書店（横浜店・ららぽーと横浜店・武蔵小杉店）／丸善書店ラゾーナ川崎店／丸善日吉東急アベニュー店／ジュンク堂書店藤沢店／くまざわ書店（相模大野店・本厚木店・横須賀店）／ACADEMIAくまざわ書店橋本店／ACADEMIA港北店
●東京都	くまざわ書店（八王子店・錦糸町店・桜ヶ丘店・武蔵小金井北口店・調布店・アリオ北砂店）／丸善書店（丸の内本店・日本橋店・お茶の水店・多摩センター店）／オリオン書房（ルミネ店・ノルテ店・イオンモールむさし村山店）／有隣堂（アトレ目黒店・アトレ恵比寿店・グランデュオ蒲田店）／久美堂本店（神保町本店・池袋本店・有楽町店・成城店・東京ソラマチ店・経堂店）／紀伊國屋書店（新宿本店・玉川高島屋店・国分寺店・小田急町田店・アリオ亀有店）／東京旭屋書店池袋店／書泉芳林堂書店高田馬場店／啓文堂書店（府中本店・多摩センター店・渋谷店）／文教堂書店（二子玉川店・赤羽店・市ヶ谷店）／ジュンク堂書店（池袋本店・吉祥寺店・大泉学園店・立川高島屋店）／ブックファースト（新宿店・アトレ大森店・レミィ五反田店・ルミネ北千住店・中野店）／コーチャンフォー若葉台店／喜久屋書店亀戸店
●新潟県	紀伊國屋書店新潟店／ジュンク堂書店新潟店／戸田書店長岡店／知遊堂（三条店・亀貝店・上越国府店）／蔦屋書店（新通店・新発田店）／未来屋書店新潟南店
●富山県	文苑堂（福田本店・富山豊田店・藤の木店）／BOOKSなかだ本店／喜久屋書店高岡店／紀伊國屋書店富山店／くまざわ書店富山マルート店
●石川県	うつのみや金沢香林坊店／金沢ビーンズ明文堂書店／明文堂書店TSUTAYA（野々市店・KOMATSU店）／未来屋書店杜の里店
●長野県	平安堂（新長野店・上田店・東和田店）／宮脇書店松本店／MARUZEN松本店
●福井県	紀伊國屋書店福井店／Super KaBoS（新二の宮店・大和田店・敦賀店）
●山梨県	朗月堂本店／ブックセンターよむよむフレスポ甲府東店／くまざわ書店双葉店／未来屋書店甲府昭和店
●静岡県	谷島屋書店（新流通店・浜松本店・イオンモール浜松志都呂店・ららぽーと磐田店・マークイズ静岡店）／未来屋書店浜松市野店／マルサン書店仲見世店／戸田書店（江尻台店・藤枝東店）／MARUZEN&ジュンク堂書店新静岡店
●岐阜県	丸善書店岐阜店／カルコス（本店・穂積店）／三省堂書店各務原店／ACADEMIA大垣店／三省堂書店岐阜店／三洋堂書店アクロスプラザ恵那店
●三重県	宮脇書店四日市本店／本の王国文化センター前店／MARUZEN四日市店／コメリ書房鈴鹿店／TSUTAYAミタス伊勢店
●愛知県	三洋堂書店いりなか店／三省堂書店名古屋本店／星野書店近鉄パッセ店／精文館書店（本店・新豊田店）／ジュンク堂書店（名古屋店・名古屋栄店）／らくだ書店本店／MARUZEN名古屋本店／丸善書店（ヒルズウォーク徳重店・イオンタウン千種店）／未来屋書店（ナゴヤドーム店・大高店）／夢屋書店長久手店／TSUTAYA（春日井店・瀬戸店・ウイングタウン岡崎店・ららぽーと愛知東郷）／紀伊國屋書店（名古屋空港店・mozoワンダーシティ店）
●滋賀県	ジュンク堂書店滋賀草津店／ブックハウスひらがきAスクエア店／大垣書店フォレオ大津一里山店／くまざわ書店草津店／サンミュージック（ハイパーブックス彦根店・ハイパーブックスかがやき通り店）
●京都府	丸善書店京都本店／大垣書店（烏丸三条店・イオンモールKYOTO店・イオンモール京都桂川店・京都ヨドバシ店・イオンモール北大路店・京都店）／未来屋書店高の原店
●奈良県	啓林堂書店奈良店／喜久屋書店（大和郡山店・橿原店）／三洋堂書店香芝店／ジュンク堂書店TSUTAYA天理店／奈良蔦屋書店
●和歌山県	TSUTAYA WAY（ガーデンパーク和歌山店・岩出店・田辺東山店）／くまざわ書店和歌山ミオ店／未来屋書店和歌山店
●兵庫県	喜久屋書店（北神戸店・須磨パティオ店・神戸学園都市店）／ジュンク堂書店（三宮店・三宮駅前店・西宮店・姫路店・神戸住吉店・明石店）／紀伊國屋書店（加古川店・川西店）／ブックファースト阪急西宮ガーデンズ店／大垣書店神戸ハーバーランドumie店／未来屋書店伊丹店／メトロ書店神戸御影店／旭屋書店ららぽーとと甲子園店／TSUTAYA尼崎つかしん店
●大阪府	旭屋書店なんばCity店／紀伊國屋書店（梅田本店・グランフロント大阪店・泉北店・堺北花田店・京橋店・高槻阪急スクエア店・天王寺ミオ店・アリオ鳳店）／ジュンク堂書店（大阪本店・難波店・天満橋店・近鉄あべのハルカス店・松坂屋高槻店）／喜久屋書店阿倍野店／田村書店千里中央店／大垣書店高槻店／MARUZEN&ジュンク堂書店梅田店／未来屋書店（大日店・りんくう泉南店・茨木店）／TSUTAYAららぽーとEXPOCITY／梅田蔦屋書店／丸善（八尾アリオ店・セブンパーク天美店）／水嶋書店くずはモール店／枚方蔦屋書店
●鳥取県	本の学校 今井ブックセンター／今井書店（湖山店・吉成店・錦町店）／宮脇書店鳥取店
●島根県	ブックセンタージャスト浜田店／今井書店（グループセンター店・学園通り店・出雲店・AERA店）／宮脇書店イオンモール出雲店
●岡山県	丸善（岡山シンフォニービル店・さんすて岡山店）／紀伊國屋書店（クレド岡山店・エブリィ津高店）／宮脇書店岡山本店／喜久屋書店倉敷店／TSUTAYA津島モール店／啓文社岡山本店／未来屋書店岡山店／TSUTAYA BOOKSTORE岡山駅前
●広島県	紀伊國屋書店（広島店・ゆめタウン広島店・ゆめタウン廿日市店）／廣文館広島駅ビル店／フタバ図書（TERA広島府中店・東広島店・MEGA・アルティアルパーク北棟店・アルティ福山店）／啓文社ポートプラザ店／ジュンク堂書店広島駅前店／MARUZEN広島店／TSUTAYA（東広島店・フジグラン緑井店）／広島蔦屋書店／エディオン蔦屋家電
●山口県	宮脇書店（宇部店・徳山店）／明屋書店（南彦国店・MEGA大内店・MEGA新下関店）／くまざわ書店下関店／紀伊國屋書店ゆめタウン下松店
●香川県	宮脇書店（本店・南本店・総本店・高松天満屋店・丸亀店）／紀伊國屋書店丸亀店／くまざわ書店高松店／ジュンク堂書店高松店
●徳島県	紀伊國屋書店（徳島店・ゆめタウン徳島店）／附家書店（松茂店・国府店）／宮脇書店徳島本店／BookCity平惣徳島店／未来屋書店徳島店
●愛媛県	明屋書店（中央通店・MEGA平田店・石井店）／ジュンク堂書店松山三越店／TSUTAYA（エミフルMASAKI店・BOOKSTORE 重信・フジグラン松山店）／紀伊國屋書店いよてつ高島屋店
●高知県	TSUTAYA中万々店／宮脇書店高須店／金高堂／金高堂朝倉ブックセンター／高知 蔦屋書店／未来屋書店高知店
●福岡県	ジュンク堂書店福岡店／紀伊國屋書店（福岡本店・ゆめタウン博多店・久留米店）／福岡金文堂福大店／ブックセンタークエスト（小倉本店・エマックス久留米店）／丸善書店（博多店・リバーウォーク北九州店）／喜久屋書店小倉店／フタバ図書（TERA福岡店・GIGA春日店）／くまざわ書店（小倉店・福岡西新店・ららぽーと福岡店）／蔦屋書店イオンモール筑紫野／黒木書店七隈店／未来屋書店（津津店・直方店）／六本松蔦屋書店／TSUTAYA和白店／ツタヤブックストアマークイズ福岡ももち店
●佐賀県	積文館書店佐大通り店／くまざわ書店（佐賀店・モラージュ佐賀店）／紀伊國屋書店佐賀店／TSUTAYA鳥栖店
●長崎県	紀伊國屋書店長崎店／メトロ書店本店／くまざわ書店佐世保店／ツタヤブックストアさせぼ五番街店／TSUTAYA長崎COCOWALK
●熊本県	金龍堂まるぶん店／紀伊國屋書店（熊本光の森店・熊本はません店・あらおシティモール店）／蔦屋書店（熊本三年坂店・嘉島店・小川町店）／明林堂書店（長嶺店・白山店）／紀伊國屋書店熊本本店
●大分県	明林堂書店（別府本店・大分本店）／リブロ大分わさだ店／紀伊國屋書店アミュプラザおおいた店／くまざわ書店大分明野店
●宮崎県	田中書店妻ヶ丘本店／蔦屋書店宮崎高千穂通り店／くまざわ書店延岡ニューシティ店／未来屋書店イオンモール宮崎店／紀伊國屋書店アミュプラザみやざき店／ツタヤブックストア宮交シティ
●鹿児島県	ブックスミスミ（オプシア店・鹿屋店）／ジュンク堂書店鹿児島店／紀伊國屋書店鹿児島店／TSUTAYA BOOKSTORE 霧島
●沖縄県	宮脇書店（太陽書房宜野湾店・太陽書房美里店・南風原店・うるま店・イオン名護店・経塚シティ店）／TSUTAYA那覇新都心店／球陽堂書房（那覇メインプレイス店・西原店）／くまざわ書店那覇店／ジュンク堂書店那覇店／未来屋書店ライカム店／HMV&BOOKS OKINAWA

(2025年3月現在)